JIANSHE GONGCHENG JIJIA JIUFEN
TIAOJIE ANLI

工程造价改革系列丛书

建设工程计价纠纷调解案例

——广东省数字造价管理成果（2023年）

● 广东省工程造价协会｜主编

中国建筑工业出版社

图书在版编目（CIP）数据

建设工程计价纠纷调解案例：广东省数字造价管理
成果.2023年/广东省工程造价协会主编.—北京：
中国建筑工业出版社，2024.2
（工程造价改革系列丛书）
住房和城乡建设领域"十四五"热点培训教材
ISBN 978-7-112-29593-7

Ⅰ.①建… Ⅱ.①广… Ⅲ.①建筑工程－工程造价－
经济纠纷－案例－中国 Ⅳ.①D922.297.5

中国国家版本馆 CIP 数据核字（2024）第 011760 号

数字造价管理是工程造价专业创新发展的重要举措，是建筑工业化、智慧化对工程造价管理的发展。本书旨在通过业务牵引、成果展示，对传统业务模式进行创新改进，对工程造价专业的可持续发展提供新动能。本书包括三部分：第一部分是纠纷案例复函；第二部分是定额动态管理问题解答；第三部分是定额动态调整管理。本书可供造价专业人士、造价行业协会和主管部门学习参考。

读者阅读本书过程中如发现问题，可与编辑联系。微信号：13683541163，邮箱：5562990@qq.com。

责任编辑：周娟华
责任校对：赵　力

住房和城乡建设领域"十四五"热点培训教材　工程造价改革系列丛书
建设工程计价纠纷调解案例——广东省数字造价管理成果（2023 年）
广东省工程造价协会　主编

*

中国建筑工业出版社出版、发行（北京海淀三里河路 9 号）
各地新华书店、建筑书店经销
北京龙达新润科技有限公司制版
北京圣夫亚美印刷有限公司印刷

*

开本：787 毫米×1092 毫米　1/16　印张：26　字数：438 千字
2024 年 3 月第一版　　2024 年 3 月第一次印刷
定价：165.00 元
ISBN 978-7-112-29593-7
（42326）

本书编委会

主　审：卢立明　许锡雁

主　编：汤景昭　张　河

副主编：薛　瑞　李慧萍

编制人（按姓氏笔画排序）：

马建图	王红星	方雪慧	甘红梅	龙星宇	卢宇东
叶志远	田翠玲	冯　洁	吕　强	吕海燕	朱宏伟
刘　斌	刘少华	刘明群	关丽芬	许志凌	麦小慧
巫　娟	李　寅	李　强	李海旭	杨从碧	杨昌梅
吴文天	吴伟英	吴增衡	沈素瑶	张　宏	张　泉
张　瑛	张汝翊	张承鑫	张映丹	陈锐伟	罗　燕
罗瑛玮	郑　伟	郑永贞	赵　耿	胡伟刚	徐　略
徐春红	黄永鹏	梁建鑫	彭志勇	彭晓之	董淑敏
韩春玲	程建辉	谢穗贞	魏小新		

审核人（按姓氏笔画排序）：

于明秋	万贻亮	王　军	王　超	史田良	刘纯旭
刘海霞	苏兴杰	杨晓敏	肖汉元	张卫东	张建平
张素华	陈天才	陈曼文	林建成	林海胜	罗小兰
洪　瑶	姚静兰	黄伟伟	黄浩华	曹　龙	曹　萍
梁国康	黎华权				

参编单位（排名不分先后）：

广州市恒盛建设集团有限公司

国众联建设工程管理顾问有限公司

广东省吉光工程咨询有限公司

广州同诚工程造价咨询有限公司

3

众为工程咨询有限公司

广东粤能工程管理有限公司

建成工程咨询股份有限公司

广东华审工程咨询有限公司

广东精信工程造价咨询有限公司

中建三局第一建设工程有限责任公司

深圳市龙城工程咨询有限公司

建银工程咨询有限责任公司

广东宏正工程咨询有限公司

广州市宏正工程造价咨询有限公司

广东广信粤诚工程咨询有限公司

深圳市航建工程造价咨询有限公司

广东省国际工程咨询有限公司

中建八局第一建设有限公司

广东顶立工程咨询有限公司

中国建筑第四工程局有限公司

广州机场建设投资集团有限公司

广东生态工程职业学院

广东泰通伟业工程咨询有限公司

中量工程咨询有限公司

中国建设银行股份有限公司广东省分行

前　　言

随着工程项目管理的高质量发展，工程造价作为工程项目管理的核心要素之一，迈向与国际趋同的市场定价机制是必然选择。工程合同是定价基础，蕴含着发承包双方的权责利，其与一般工业产品购销合同存在本质差异，工程合同价格并非可以事前约定、明确固定，而是包含工程变更、物价波动、索赔费用等不确定款项，需双方在履约过程中适时核对并确认。然而，受长期依赖政府定价或指导价的影响，发承包双方在工程合同中未能约定明细事项，普遍采用"秋后算账"的竣工结算方式。因此，在工程建设过程中，造价纠纷屡见不鲜。

造价纠纷是指在工程建设过程中，由于合同约定、工程设计、工程施工等因素导致确定经济费用的争议。为更好规范计价行为，维护市场秩序，我们将2022、2023年度通过"广东省建设工程造价纠纷处理系统"处理的部分造价纠纷案例汇编为本书，希望通过众多案例的分享，以案释法、以案促解、以案防治，引导从业人员秉承专业服务精神，遵循"法定优先，有约从约"法制化理念，共同在工程项目管理中定分止争、守护正义。

最后衷心感谢参与解决造价纠纷的专家们以及给予汇编工作大力支持的编委会成员。本书在编辑过程中可能存在不足之处，敬请读者谅解并不吝赐教。

目　　录

第一部分

纠纷案例复函

关于番禺电力科技园三期
工程计价争议的复函

粤标定复函〔2022〕97号

南方鼎元资产运营有限责任公司、中铁建工集团有限公司：

你们通过广东省建设工程造价纠纷处理系统，申请解决番禺电力科技园三期工程计价争议的来函及相关资料收悉。

2021年8月18日签订的施工合同显示，本工程位于广州市番禺区，资金来源为企业资金，发包人南方鼎元资产运营有限责任公司采用公开招标方式，确定由中铁建工集团有限公司中标承建。工程采用工程量清单计价方式，合同价格形式为单价合同，目前处于合同竣工结算阶段。根据上传资料及9月16日发承包双方见面会所了解情况，现对来函涉及的工程计价争议事项答复如下：

本工程因地质条件原因，开展方案论证比选历时一个多月，发包人将止水桩工法由五排单轴搅拌桩改为二排三轴搅拌桩；工法变更后，搅拌桩在实施期间刚好遇到水泥材料价格波动，发承包双方就水泥是否参与材料调差产生争议。发包人认为，合同专用条款第11.1条第（1）款约定钢筋、钢材、商品混凝土用量价差可调整。水泥不在调差范围内，故不能进行材料价差调整。承包人认为，水泥用量占比较高，应属主要材料，且施工期间的水泥价格上涨已超出有经验的承包人所能预见与避免的风险范围，故应参照《广东省住房和城乡建设厅关于加强建筑工程材料价格风险管控的指导意见》（粤建市函〔2018〕2058号），对水泥价格按合同专用条款第11.1条约定进行材料价差调整。

我站认为，本工程因工程变更及发包人论证变更而延误工期，导致实际施工期间水泥材料价格上涨，且发承包双方见面会反映，完成三轴搅拌桩工程后发承包双方协商解除了合同，从而导致水泥材料费用占实际已完工程造价的权重更大，且与水泥材料费用在原合同价的占比发生重大变化，故建议发承包双方遵循合同签订时的真实意思，协商调整水泥材料价差。

专此函复。

广东省建设工程标准定额站

2022 年 9 月 28 日

关于保利阳光城（四期）建筑安装
工程申请复议的复函

粤标定复函〔2022〕98 号

惠州市保利建业房地产开发有限公司、中国建筑第二工程局有限公司和深圳市金世纪工程实业有限公司：

你们通过广东省建设工程造价纠纷处理系统，申请复核《关于保利阳光城（四期）建筑安装工程计价争议的复函》（粤标定复函〔2022〕38 号）中"电气配管砖墙凿槽与恢复计价"及相关资料收悉。2022 年 4 月 13 日，我站依据 2022 年 3 月 16 日线上提交的《关于保利阳光城（四期）建筑安装工程工程结算争议问题的咨询函》和有关资料，就争议事项作出回复，具体见《关于保利阳光城（四期）建筑安装工程计价争议的复函》（粤标定复函〔2022〕38 号，以下简称"原复函"）。承包人对原复函意见无异议，发包人有不同意见，现申请复议。为此，我站于 8 月 9 日组织发承包双方见面会，充分听取意见，就涉及的工程计价争议再次回复如下：

发包人认为，原复函与我站前期纠纷函复结论有矛盾之处，如《关于广东省怀集监狱"十二五"基础设施建设项目（一标段）施工总承包项目涉及工程计价争议问题的复函》和《关于国通外贸产业城一期 A 区工程项目涉及计价争议的复函》（粤标定函〔2019〕244 号），关于凿槽、刨沟费用计算的回复意见均是不予计取。

我站认为，本工程 1、2、3、4、5、6、14 号地下室负一层、负二层，垃圾处理站 A、B 区商业有关配管的招标工程量清单未列明"凿槽、刨沟"，也无相应的特征描述，招标文件与施工合同亦未见对此有专门的计量计价约定。根据《通用安装工程工程量计算规范》GB 50856—2013 附录 D.11 配管、配

5

线备注第 7 条："配管安装中不包括凿槽、刨沟……"，明确凿槽、刨沟应按 D.13 附属工程相关项目编码列项；《建设工程工程量清单计价规范》GB 50500—2013 第 4 章工程量清单编制的第 4.2.1 条："工程量清单应根据……项目特征……进行编制"，即工作内容不能作为工程量计价的依据。另外，本工程合同条款及招标投标文件等资料与我站前期公布的类似问题回复的工程合同条款等资料不完全吻合，无可比性，不能简单参照。因此，原复函意见不作改变，本工程电气配管发生的凿槽、刨沟费用应按合同清单另行单独计取。

专此函复。

广东省建设工程标准定额站

2022 年 9 月 30 日

关于中山火炬职业技术学院扩建
工程计价争议的复函

粤标定复函〔2022〕99号

中山火炬职业技术学院、广东丰伟建设有限公司：

你们通过广东省建设工程造价纠纷处理系统，申请解决中山火炬职业技术学院扩建工程计价争议的来函及相关资料收悉。

2020年11月30日签订的施工合同显示，本工程位于中山市，资金来源是财政资金，发包人中山火炬职业技术学院通过公开招标方式，确定由广东丰伟建设有限公司承建。工程采用工程量清单计价方式，合同价格形式为总价合同，目前处于合同履行阶段。现对来函涉及的工程计价争议事项答复如下：

一、关于施工区域内地上及地下障碍物等破除或迁改的计价争议

本工程施工区域内原有混凝土路面、建筑物基础、承台、桩基础、化粪池、挡土墙、给水管、榕树等阻碍物，需破除外运或迁改，双方就障碍物的破除、改迁工程的计价产生争议。发包人认为，合同价格形式为总价合同，承包人应对施工图和相关资料明示隐含的工作内容按中标价包干。承包人认为，发包人提供的资料、图纸、清单等相关资料均无上述内容，应予计算。

我站认为，本工程发包人未在招投标阶段提供地质勘察资料，也未组织现场踏勘，且地下管线、相邻建筑物、构筑物和地下工程等有关基础资料因缺失而无法在移交施工现场前提供给承包人。本工程是基于招标图纸、技术规范以及相应合同条款达成的总价合同，根据《建设工程工程量清单计价规范》GB 50500—2013第3.4.1条款"建设工程发承包，必须在招标文件、合

同中明确计价中的风险内容及其范围，不得采用无限风险、所有风险或类似语句规定计价中的风险内容及范围"的规定，建议双方应厘清施工范围内，可遇见的地面以上及以下障碍物范围，超出招标风险的障碍物破除、迁改的工程计价应予计算。

二、关于地下室侧壁防水等级由二级变一级的计价争议

本工程原设计地下室侧壁防水等级为二级，地下室顶板防水等级为一级，因地下室顶板种植对地下室防水有影响，为提高地下室防水质量，侧壁的防水等级由二级变更为一级。双方就侧壁防水等级的变更工程计价产生争议。发包人认为，合同价格形式为总价合同，承包人应根据实际情况对施工图和相关资料明示隐含的工作内容按中标价包干。承包人认为，发包人提供的资料、图纸、清单等相关资料均无上述内容，应予计算。

我站认为，本次变更由发包人提出，由设计单位下达变更通知单，属于非承包方原因造成的设计变更。根据招标文件第 10.5.1 条第（13）款"由于非承包方原因，由设计单位所作的工程修改、变更，按……合同已有类似于变更工程的单价……变更合同价款"，以及合同补充条款第一.4（3）款"施工期间如因发包人要求或同意的修改、变更……按承包人的分项工程清单项目的综合单价调整结算"。因此，按照合同专用条款第 10.4.1 条"变更估价原则：（1）已标价工程量清单……按照相同项目单价认定"，在结算时应予计算相应的变更费用。

三、关于地下室基坑增设钢板桩的计价争议

本工程新建综合楼基坑施工中，发现坑中有淤泥质土，土层深度达 8.95m，为保证 11 号宿舍楼及施工人员安全，经甲乙双方会议纪要确认，在靠近 11 号宿舍楼增设拉森钢板桩。现双方就增设拉森钢板桩的工程计价产生争议。发包人认为，合同价格形式为总价合同，承包人应根据实际情况对施工图和相关资料明示和隐含的工作内容按中标价包干。承包人认为，发包人提供的资料、图纸、清单等相关资料均无上述内容，应予计算。

我站认为，本工程增设拉森钢板桩是经甲乙双方在第 24 次工程会议上洽商通过并经监理确认的，根据合同补充条款第一.4（3）款"施工期间如因发包人要求或同意的修改、变更……按承包人的分项工程清单项目的综合单价调整结算"。因此，按照合同专用条款第 10.4.1 条"变更估价原则：（2）已

标价工程量清单……参照类似项目的单价认定"，建议双方结合经批准的施工组织方案，参考市场价格水平协商计算合理的施工成本与利润，结算时予以计取。

四、关于地下室基坑设置大口径井点降水的计价争议

本工程新建综合楼地下室基坑的地下水位需保持在筏板以下，为保证结构安全、降低地下室水位，需设置大口径井点降水。双方就基坑井点排水工程计价产生争议。发包人认为，合同价格形式为总价合同，承包人应根据实际情况，对施工图和相关资料明示和隐含的工作内容按中标价包干。承包人认为，发包人提供的资料、图纸、清单等相关资料均无上述内容，应予计价。

我站认为，施工降水、排水在招标工程量清单中已列项，承包方投标报价已在综合单价中综合考虑。因此，根据招标文件第 10.5.1 条第（7）点"投标人应结合现场施工条件，将工程的所有临时设施……施工排水……考虑在投标报价中"约定，结算时不予计算。

专此函复。

广东省建设工程标准定额站

2022 年 9 月 30 日

关于陈头岗停车场场站一期
工程计价争议的复函

粤标定复函〔2022〕100 号

广州市品荟房地产开发有限公司、中铁二局集团有限公司：

你们通过广东省建设工程造价纠纷处理系统，申请解决陈头岗停车场场站一期工程计价争议的来函及相关资料收悉。

2019 年 8 月签订的施工总承包合同显示，本工程位于广州市番禺区，资金来源为企业资金，发包人广州市品荟房地产开发有限公司通过邀请招标的方式，确定由中铁二局集团有限公司负责承建。工程采用工程量清单计价方式，合同价格形式为单价合同，目前处于合同履行阶段。根据上传资料，现对来函涉及的工程计价争议事项答复如下：

一、关于窝工费计取的争议

本工程在地铁上建设，工程承包范围由（1-1）组团和（1-2）组团组成。工程竞价文件第九章施工条件约定（1-2）组团较（1-1）组团的计划开工时间迟 2 个月，承包人进场时按满足（1-1）组团及（1-2）组团同时施工的需求配置了现场管理人员。工程实施中（1-2）组团地块发包人未按照合同约定的开工时间移交施工场地，也未明确具体移交时间，承包人未能及时将该组团配备的管理人员调配至其他项目，致使承包人的管理人员窝工。现发承包双方对窝工计价产生争议。发包人认为，根据合同专用条款第 2.4.1 条约定"发包人应最迟于实际开工日期前一天向承包人移交施工场地……发包人有权按照项目的实际进度和计划分批移交工作面，承包人应考虑到场地不能一次性移交而产生的相关费用"，故承包人应在报价中综合考虑由此产生的窝工费用。承包人认为，根据竞价文件第一章竞价人须知第 6.50 条约定"基于盖板可能存在延迟移交的情况，延迟移交时间在 3 个月内引起的措施费增加及其他相关费用由竞价人在总报价中综合考虑。承包人不得因此向发包人提出索赔"，故计划开工日期延迟 3 个月内的已在投标报价中综合考虑，发包人应承担延迟 3 个月以外场地移交期间的管理人员的窝工费用。

我站认为，根据竞价文件和合同约定，场地延迟移交时间在 3 个月内引起的措施费增加及其他相关费用由承包人在投标报价中综合考虑。因发包人原因致延迟开工 3 个月之外的，由此导致承包人损失的，承包人可根据合同有关索赔的约定向发包人索赔。但对于属承包方的责任，诸如管理不善、未及时采取减损措施等而导致项目管理人员窝工的费用部分，则由承包人自行承担。

二、关于延迟移交场地机械费用的计价争议

本工程发包人延迟移交（1-2）组团场地，工程实施期间市场机械租赁费大幅上涨。发承包双方就因工期延误导致机械增加的费用计价产生争议。发包人认为，根据合同专用条款第 2.4.1 条约定，承包人应考虑场地不能一次性移交而产生的相关费用，且本工程合同为措施费用总价包干，大型机械费属于总价措施费用，故其机械租赁费上涨增加的费用不予计算。承包人认为，根据《建设工程工程量清单计价规范》GB 50500—2013 第 9.8.3 条款第 1 条"因非承包人原因导致工期延误的，计划进度日期后续工程的价格，应采用计划进度日期与实际进度日期两者的较高者"的规定，发包人原因造成工期延误，应参照广州市建设工程造价管理站发布的机械设备租赁价格计算，所增加的机械费应由发包人承担。

我站认为，非承包人原因导致工期延误且在延误期间物价波动影响价款，由此导致承包人损失的，承包人可根据合同有关索赔的约定向发包人索赔。但由于承包方管理不善、未及时采取减损措施等责任而导致机械费用增加的，则由承包人自行承担。

专此函复。

广东省建设工程标准定额站

2022 年 9 月 30 日

关于东福苑公寓纱门纱窗采购工程计价争议的复函

粤标定复函〔2022〕101 号

武警广东省总队保障部、广州金缘装饰材料有限公司：

你们通过广东省建设工程造价纠纷处理系统申请解决东福苑公寓纱门纱窗采购工程计价争议的来函及相关资料收悉。

2022 年 2 月 28 日签订的采购合同显示，本工程位于广州市天河区，资金来源为财政资金，发包人武警广东省总队保障部通过公开招标方式，确定由广州金缘装饰材料有限公司负责承接。工程采用工程量清单计价方式，合同价格形式为单价合同，目前处于竣工结算阶段。现对来函涉及的计价争议事项答复如下：

本工程属于住宅纱门纱窗材料采购及安装工程，采购清单列明不同类型的纱门纱窗尺寸及其相应数量，要求投标人以"樘"或"户"为单位报价。在实施过程中，为加强纱窗的抗风强度和安全性，双方同意高层户型的纱窗进行设计优化。双方就优化设计后的纱窗是否需要调整合同单价发生争议。发包人认为，可将中标单价换算成以平方米为单位的单价进行结算。承包人认为，应按采购合同的第三条第一点"本合同执行期间合同单价款不变，最终以实际数量结算"的规定执行，工程通过竣工验收后应按双方确认的数量结算。

我站认为，本工程采购清单已统计了拟施工的工程量，且列明了不同类型的纱门纱窗尺寸及其相应数量，要求投标人以"樘"或"户"为单位进行报价。结算时，对符合采购清单的工程量以"樘"或"户"执行相应中标价格的，不宜换算为平方米进行单价计算。若换算为平方米进行计价，不仅背离合同约定，而且因门框窗框、五金等配件的摊销，将导致平方米单价与中标价偏离。属于工程变更的部分，因合同未约定结算方式，建议发承包双方协商解决。

　　专此函复。

广东省建设工程标准定额站
2022 年 9 月 30 日

关于从化区江埔街九里步果场地块
工程计价争议的复函

粤标定复函〔2022〕102 号

广州市从化区越恒房地产开发有限公司、中冶建工集团有限公司：

你们通过广东省建设工程造价纠纷处理系统，申请解决关于从化区江埔街九里步果场地块工程涉及工程计价争议的来函及相关资料收悉。

2019 年 9 月 20 日签订的施工总承包合同显示，本工程位于从化区温泉镇，资金来源为企业自筹，广州市从化区越恒房地产开发有限公司采用邀请招标方式，确定由中冶建工集团有限公司负责承建。工程采用工程量清单计价方式，合同价格形式为单价合同，目前处竣工结算阶段。现对来函涉及的工程计价争议事项答复如下：

工程地下室部分区域两层、部分区域一层，负二层建筑面积小于负一层，合同附件十《竞价文件第八章工程量清单计价说明》中约定，马凳筋工程量计算范围只是算地下室底板，其他部位的马凳筋不予计取。发承包双方对"地下室底板"的理解和两层地下室区域负一层板中的马凳筋是否应计量产生争议。发包人认为，合同中约定接触天然土的底板才算底板，两层地下室区域的负一层板为楼板，该层板不在马凳筋计算范围内；承包人认为，两层地下室区域的负一层板也属于负一层底板，且与马凳筋设置方式相同，应在马凳筋的计算范围内。

我站认为，地下室底板是指地下室与天然地基接触的混凝土底板。根据结构施工图显示，本工程的地下室底板为基础层筏（底）两层地下室区域的负一层板为楼板，不属于地下室底板。按照合同附件十《竞价文件第八章工程量清单计价说明》中"马凳筋工程量计算范围只是算地下室底板，其他部位的马凳筋不予计取"的约定，本工程两层地下室区域的负一层板马凳筋不予计算。

专此函复。

广东省建设工程标准定额站

2022 年 9 月 30 日

关于珠海市斗门区白蕉新港水产品深加工物流园基础配套工程计价争议的复函

粤标定复函〔2022〕103 号

珠海格力建设投资有限责任公司、珠海市建安集团有限公司：

你们通过广东省建设工程造价纠纷处理系统，申请解决珠海市斗门区白蕉新港水产品深加工物流园基础配套工程计价争议的来函及相关资料收悉。

2018 年 1 月 24 日签订的施工合同显示，本工程位于珠海市斗门区，资金来源为财政投资，发包人珠海格力建设投资有限责任公司通过公开招标方式，确定由珠海市建安集团有限公司负责承建。工程采用工程量清单计价方式，合同价格形式为总价合同，目前处于竣工结算阶段。现对来函涉及的计价争议事项答复如下：

本工程由于征地拆迁等的影响，大部分施工作业面于 2018 年 6 月之后才交付。2018 年 6 月以来，珠海市建材市场中的砂、石、水泥、混凝土、砌体、砂浆等主要建材价格持续上涨，发承包双方依据珠海市斗门区住房与城市建设局颁布的"斗住建字〔2018〕174 号"文件要求，签订了补充协议。期间，2018 年第 8 期之前的《珠海工程造价信息》材料中有"石粉（石屑）"，2018 年第 8 期以后则只有"石屑"。发承包双方在价差调整时，就信息价中的名称发生了变化，是否仍按信息价中的石屑单价调整价差产生争议。发包人认为，以珠海市建设工程造价管理站的回复意见为准。承包人认为，应按补充协议的约定进行材料调差计价。

我站认为，本工程有关石屑名称变化的争议，珠海市建设工程造价管理站发布的《关于斗门区白蕉镇新港水产品深加工物流园基础配套工程计价依据咨询的复函》（珠建造价函〔2022〕2 号）已进行答复，明确 2018 年第 8 期之前的《珠海工程造价信息》材料中石粉与石屑同一价格，但后续市场价格波动引起差异，导致石粉与石屑不同价，并根据本地市场使用情况，2018年第8期只发布石屑价格，则石粉价格由发承包双方按市场价格确定。因此，发承包双方应根据已签订的合同及补充协议有关约定，按照珠海市建设工程造价管理站回复意见进行相关材价调差。

专此函复。

广东省建设工程标准定额站

2022 年 9 月 30 日

关于五矿·哈施塔特五期二区高层
一标段工程计价争议的复函

粤标定复函〔2022〕104号

博罗县碧华房地产开发有限公司、五矿二十三冶建设集团第二工程有限公司：

你们通过广东省建设工程造价纠纷处理系统，申请解决五矿·哈施塔特五期二区高层一标段工程计价争议的来函及相关资料收悉。

2020年8月3日签订的施工总承包合同显示，本工程位于惠州市博罗县，资金来源为企业自筹，发包人博罗县碧华房地产开发有限公司通过公开招标方式，确定由五矿二十三冶建设集团第二工程有限公司负责承建。工程采用工程量清单计价方式，合同价格形式为单价合同，目前处于竣工结算阶段。根据上传资料，现对来函涉及的工程计价争议答复如下：

一、斜屋面构架层的计价争议

本工程高层屋顶斜屋面高约为7m，构架层坡度约为70°，发承包双方就斜屋面构架层是否计算因人工、机械降效及措施费调整所增加的费用产生争议。发包方认为，根据合同约定，支撑斜板混凝土及模板、屋面斜板下女儿墙混凝土及模板、屋面独立柱混凝土及模板、屋面独立柱抹灰、屋面独立柱刮腻子的综合单价可按相应合同单价换算，人工费乘以系数1.2，其他混凝土、钢筋、斜板外墙抹灰按合同单价不予调整；实体措施费和非实体措施费均不予调整。承包方认为，招标时的模拟清单未列斜屋面构架清单，斜屋面构架层混凝土浇筑一次成型，施工操作难度大、工效低，构架层混凝土、模板、钢筋、抹灰的人工费因此增加，同时施工工期延长，外架、塔式起重机、人货电梯的成本也相应增加，故应按专项方案计价，并在所在构架层的综合

18

单价中考虑相关增加的费用。

我站认为，本工程采用模拟清单招标，招标文件明确投标人须在投标前组织考察现场，中标后不得以不了解施工现场为借口而提出额外赔偿或延长工期的要求。建议发承包双方根据招投标时的真实意愿，如投标人知晓招标人的需求，则斜屋面构架层因人工、机械降效及措施费调整增加的费用不予计算。对于非承包方原因引起的工期延长所产生的费用，通过索赔进行处理。

二、基础埋深部分措施费计价的争议

本工程的基础埋深部分深度为 3～10 米不等，合同就措施费有特别约定，措施费分为实体措施费和非实体措施费，工程量计算规则均以建筑面积为计量标准，发承包双方就基础埋深部分的措施费用计算产生争议。发包方认为，合同约定措施费以建筑面积计算，综合单价包干，建筑面积以最终建设工程规划许可证面积为准进行结算；承包人在原承包的工程四期高层施工中已发生过基础埋深措施施工，招标文件投标须知第 3.1 点也要求投标人进行现场考察，本次投标报价时应已综合考虑了基础埋深部分的费用，不予调整。承包人认为，招标模拟清单没有基础埋深部分的清单子目，无法考虑埋深部分具体费用；基础埋深部分属于危大工程，承包人为确保安全，编制了埋深结构回填专项方案进行施工。由此施工工期延长，导致混凝土、模板、钢筋、内外架、塔式起重机等费用增加，故应按专项方案的施工内容计价，并在所有涉及埋深部分工程量的综合单价中考虑相关费用。

我站认为，本工程采用模拟清单招标，招标文件明确投标人须在投标前组织考察现场，中标后不得以不完全了解施工现场为借口而提出额外赔偿或延长工期的要求。建议发承包双方根据招投标时的真实意愿，如投标人知晓招标人的需求，则基础埋深部分的措施费用应按合同约定计算，不予调整。

专此函复。

广东省建设工程标准定额站

2022 年 9 月 30 日

关于保利阳光城（四期）建筑安装工程计价争议申请复议的复函

粤标定复函〔2022〕105号

惠州市保利建业房地产开发有限公司、中国建筑第二工程局有限公司、深圳市金世纪工程实业有限公司：

你们通过广东省建设工程造价纠纷处理系统，申请复议《关于保利阳光城（四期）建筑安装工程计价争议的复函》（粤标定复函〔2022〕38号）中"材料调差和调差材料工程量"及相关资料收悉。2022年4月13日，我站依据2022年3月16日你们在线上提交的《关于保利阳光城（四期）建筑安装工程工程结算争议问题的咨询函》及有关资料，发布了《关于保利阳光城（四期）建筑安装工程计价争议的复函》（粤标定复函〔2022〕38号），就争议事项进行了回复。发承包人对函复意见理解不同，现申请复议。为此，我站组织召开发承包双方见面会，进一步了解有关情况后，再次就上述计价争议函复如下：

工程合同专用条款约定，参与调差的材料包括钢筋、水泥、商品混凝土、蒸压加气混凝土砌块（含高精砌块），施工期平均信息价（加权平均）相对于基准价格上涨超过5％时，超出部分价格按"单价调整＝投标单价（指综合单价分析表中的材料单价）×（施工期平均信息价/基准价格－1－5％）"调整，同时合同中约定了各类材料对应的"施工期"。现双方就"施工期"外施工使用的材料是否参与调差产生争议。发包人认为，合同约定钢筋、混凝土价差调整的"施工期"是从工程开工到结构封顶期间，即主体封顶后施工使用的钢筋、商品混凝土价差不予调整。承包人认为，原复函已经明确答复合同约定的"施工期"：从工程开工到结构封顶期间，是对信息价价格区间取值

20

的约定与界定，不是对参与价差调整的工程量范围的界定，参与调整的工程包括除措施项目以外的所有工程，因此工程主体结构封顶后施工的二次构件、楼地面及屋面找坡层等非措施项目施工所需的钢筋、商品混凝土，也应参与价差调整。

我站认为，双方争议的"施工期"出现在合同专用条款第21.2.2条第3项第（4）款"若合同允许调差的材料在施工期平均信息价（加权平均）相对基准价格波动幅度不超过5％，则不调整价差"项下，其中钢筋、商品混凝土价差调整的"施工期"是指从工程开工到结构封顶期间，此处的"施工期"是对信息价价格区间取值的约定与界定，不是对参与价差调整的材料计算范围的界定；且本工程合同专用条款第21.2.2条第3项另有明确可调差的材料范围。因此，主体封顶后施工的非措施项目所需的钢筋、商品混凝土也应参与调整价差，即"施工期"之外的属于可调差范围的材料均参与价差调整。

专此函复。

广东省建设工程标准定额站
2022 年 10 月 19 日

关于珠光新城三期工程计价争议的复函

粤标定复函〔2022〕106 号

珠海市成泰置业有限公司、国基建设集团有限公司：

你们通过广东省建设工程造价纠纷处理系统，申请解决珠光新城三期工程计价争议的来函及相关资料收悉。

2017 年 1 月 25 日签订的施工合同显示，本工程位于珠海市金湾区，资金来源为企业自筹，发包人珠海市成泰置业有限公司通过公开招标方式，确定由国基建设集团有限公司负责承建。工程采用工程量清单计价方式，合同价格形式为单价合同，目前处于竣工结算阶段。现对来函涉及的计价争议事项答复如下：

一、关于招标工程量清单误差累计方式计价的争议

本工程包括多幢不同类型的住宅，招标文件按照各幢住宅分别设置招标工程量清单，关于计算误差风险、造价调整，合同专用条款第 23.8 条约定"工程量清单误差累计超过±3％（不含本数）则调整超过部分"，结算时双方就此约定的执行发生争议。发包人认为，虽然承包人根据不同单位工程进行差异报价，造成相同项目清单在不同的单位工程中的中标单价不一致，但是工程量清单误差累计是指同一合同项目内所有相同工程量清单的单价累计，若超过±3％（不含本数），则调整超过部分；所谓相同清单是指整个项目中清单编码前 9 位数字相同且项目特征描述一致的清单。承包人认为，招标文件根据不同的建筑特征、各单体建筑分别设置工程量清单项目，我方完全响应招标文件专用条款第 11.10 条的投标报价要求，没有修改招标工程量清单的项目、数量及格式，按照各单体建筑物工程量清单项目逐一填报综合单价及合价。我方理解为本工程的多种类型建筑物应按各自建筑物特点分别进行

22

报价，结算误差累计应在相同项目特征下区分不同类型建筑物、不同专业分别进行对比计算。

我站认为，招标文件按照各幢住宅分别设置招标工程量清单，承包人根据各幢建筑物特点、考虑施工成本分别进行报价，中标合同价出现清单中不同建筑物的综合单价不一致的情形。若按照相同清单编码的总工程量来判断偏差率，由于各幢住宅报价不一致而导致允许调整的工程量无适用的唯一综合单价的逻辑矛盾。经组织发承包双方见面会，进一步了解招标与履约的真实意思，在招标文件与合同均未明确约定调整工程量的对应单价如何取值的情况下，可将不同类型建筑物作为独立计价单位工程，对同一类型建筑物各清单工程量的偏差进行计算。若超过±3%（不含本数），则计算超过工程量部分，调整时按本建筑物相应清单综合单价计价。

二、关于电气配管砖墙凿槽和恢复补槽计价的争议

本工程强弱电工程的招标工程量清单开列了凿槽刨沟及修补清单项目，此清单项目的项目特征为：①砖结构暗敷设电线管凿槽刨沟；②沟槽修整及修补；③规格：宽70mm×深70mm。双方就电气配管砖墙凿槽刨沟及修补计价发生争议。发包人认为，《广东省建筑与装饰工程综合定额2010》《广东省房屋建筑与装饰工程综合定额2018》中的包干费内容均已包括了水电安装后的补洞工料费、机电安装后的补洞（槽）工料费，因此电气配管砖墙凿槽刨沟后恢复补槽费用已包含在土建的预算包干费中，不应另计。承包人认为，工程量清单由招标人编制、提供，工程量清单开列了凿槽刨沟及修补清单项目，我方按照要求进行报价，根据合同协议书第6.1.3条约定，投标报价文件包含投标总价及综合单价时，综合单价为合同总价，投标综合单价在招标文件及施工合同约定的风险范围之内不可调整，因此，电气配管砖墙凿槽刨沟及修复费用应予计取。

我站认为，本工程采用工程量清单计价方式，而《建设工程工程量清单计价规范》GB 50500—2013无预算包干费列项，招标清单增列的预算包干费项目也未列明具体项目特征及包干范围，因此应按电气配管凿槽刨沟及修补清单项目予以计价。

专此函复。

广东省建设工程标准定额站

2022年10月19日

关于广东省人民医院东一号楼
装修改造工程计价争议的复函

粤标定复函〔2022〕107 号

广东省人民医院、广东省第一建筑工程有限公司：

你们通过广东省建设工程造价纠纷处理系统，申请解决广东省人民医院东一号楼装修改造工程计价争议的来函及相关资料收悉。

2021 年 2 月 8 日签订的施工合同显示，本工程位于广州市越秀区，资金来源为企业自筹，发包人广东省人民医院通过公开招标方式，确定由广东省第一建筑工程有限公司负责承建。工程采用工程量清单计价方式，合同价格形式为单价合同，目前处于合同履行阶段。现对来函涉及的工程计价争议事项答复如下：

本工程合同协议书约定计划开工日期为 2021 年 3 月 15 日，计划竣工日期为 2021 年 12 月 20 日，因发包人施工场地延迟移交，实际开工日期为 2022 年 9 月 29 日。发承包双方就延迟开工发生材价上涨是否进行调差产生争议。发包人认为，按照合同专用条款第 76 条约定，市场价格波动不调整合同价格。承包人认为，工程实际开工日期晚于合同计划开工日期一年多，材料价格变化超过 5％时，应按施工当期的广州市建设工程价格信息进行调整。

我站认为，根据本工程合同通用条款第 34.4 条，因发包人原因不能在规定时间内发出开工令的，由此造成的损失由发包人承担。因此，本工程由于发包人原因导致延迟开工，期间材价上涨导致承包人损失的，承包人可向发包人索赔。

专此函复。

广东省建设工程标准定额站
2022 年 11 月 3 日

关于东风化工旧厂改造工程计价争议的复函

粤标定复函〔2022〕108 号

广州市东风化工实业有限公司、广东电白二建集团有限公司：

你们通过广东省建设工程造价纠纷处理系统，申请解决东风化工旧厂改造项目计价争议的来函及相关资料收悉。

2019 年 3 月 8 日签订的施工总承包合同显示，本工程位于广州市黄埔区，资金来源为企业自筹，发包人广州市东风化工实业有限公司通过公开招标方式，确定由广东电白二建集团有限公司负责承建。工程采用工程量清单计价方式，合同价格形式为单价合同，目前处于竣工结算阶段。现对来函涉及的计价争议事项答复如下：

本工程于 2021 年 10 月 26 日通过竣工联合验收备案，发包人于 2022 年 5 月 7 日下发《交付前渗漏检查操作指引》，要求承包人按指引要求进行外墙、幕墙及铝合金门窗淋水试验。结算时，双方就该淋水试验的计价产生争议。发包人认为，根据合同专用条款第 20.2 条第 67 点、第 72 点及第 20.12 条等约定，承包人应配合发包人委托的第三方检测单位完成幕墙（四性检验）及门窗（三性检验），负责进行现场淋水试验安装窗扇，履行"无渗漏"工程须承担的义务，且淋水试验不属于《建设工程质量检测管理办法》（建设部令第 141 号）规定"须发包人委托第三方检测"的内容，故应属于合同承包范围，由承包人综合考虑在合同价款内，不另行计价。承包人认为，发包人在工程竣工联合验收备案后，要求对外墙、幕墙及铝合金门窗进行的淋水试验，属于建设部令第 141 号规定的建设工程质量、安全检测业务，应由建设单位依法委托，不属于工程承包范围，且根据《广东建筑与装饰工程综合定额 2010》幕墙工程章说明第三条"本章未包括施工验收规范中要求的检测、试验所发生的费用"，工程合同工程量清单也未列此项，故发包人要求做淋水试验所产生的相关费用应予计量计价。

我站认为，外墙淋水试验属于施工质量检查验收的相关工作，其部位包括建筑外墙面、外墙门窗、幕墙、玻璃与墙体未脱开的玻璃天窗、雨篷等。外墙淋水试验资料是工程装饰装修分部验收的必备资料，对未按要求进行外墙淋水试验或淋水试验不通过的工程不能进行装饰装修部分验收和竣工验收。因此，竣工验收前所做的外墙淋水试验，根据合同专用条款第 20.2 条约定，其费用已综合考虑在投标报价中。但本工程在工程通过竣工联合验收备案之后，发包人依据其集团总部检查组的验收标准而要求承包人所做的外墙淋水试验，不属于合同约定的承包范围，结算时应予计价，费用由发包人承担。

专此函复。

广东省建设工程标准定额站

2022 年 11 月 3 日

关于凯得雪松智汇中心基坑支护和土石方（一标段）工程计价争议的复函

粤标定复函〔2022〕109 号

广州松瓴企业管理有限公司、广州机施建设集团有限公司：

你们通过广东省建设工程造价纠纷处理系统，申请解决凯得雪松智汇中心基坑支护和土石方（一标段）工程计价争议的来函及相关资料收悉。

2020 年 6 月 9 日签订的施工专业承包合同显示，本工程位于广州市黄埔区，资金来源为企业自筹，发包人广州松瓴企业管理有限公司通过公开招标方式，确定由广州机施建设集团有限公司负责承建。工程采用工程量清单计价方式，合同价格形式为单价合同，目前处于结算阶段。现对来函涉及的工程计价争议事项答复如下：

本工程为专业承包工程，发包人根据招标图纸在招标清单的分部分项中开列了"基坑顶栏杆"清单项目，承包人对"基坑顶栏杆"清单项目进行了报价，并按招标图纸要求进行了施工。结算时，发承包双方就"基坑顶栏杆"如何计价产生争议。发包人认为，基坑支护栏杆的费用已包含在按系数计取的安全防护措施费内，不能重复计算。承包人认为，合同清单在分部分项工程中有单独开列"基坑顶栏杆"清单项目，并确定了综合单价。施工过程中按招标图纸要求完成了施工，应按图纸计算工程量，列入分部分项工程计价。

我站认为，本工程为基坑支护和土石方专业承包工程，采用工程量清单计价方式。虽然合同约定按系数计取的绿色施工安全防护措施费为总价包干，但合同清单在分部分项工程中单独开列了"基坑顶栏杆"清单项目，且合同专用条款第 23.2 条约定了分部分项工程量清单的结算方式，视同招标人要求投标人单独报价，因此本工程应在分部分项工程中计算基坑顶栏杆的费用。

　　专此函复。

广东省建设工程标准定额站

2022 年 11 月 3 日

关于汽车小镇地块工程计价争议的复函

粤标定复函〔2022〕111 号

广州智联置业投资发展有限公司、广州珠江建设发展有限公司：

你们通过广东省建设工程造价纠纷处理系统，申请解决汽车小镇地块工程计价争议的来函及相关资料收悉。

2019 年 10 月 31 日签订的施工总承包合同显示，本工程位于广州市番禺区，资金来源为企业资金，发包人广州智联汽车小镇投资发展有限公司（后变更为广州智联置业投资发展有限公司）通过公开招标方式，确定由广州市住宅建设发展有限公司（后变更为广州珠江建设发展有限公司）中标承建。工程采用工程量清单计价方式，合同价格形式为单价合同，目前处于竣工结算阶段。根据上传资料及召集发承包双方见面会所了解的情况，现对来函涉及的工程计价争议事项答复如下：

本工程招标工程量清单中设置了"砖渣挤淤"清单项目，该项清单按"项"包干。工程实际施工过程中，因淤泥层过厚，工程设备无法进场施工，且易造成桩位偏位、断桩等，为确保施工质量、安全和进度，发包人组织设计、施工、监理、造价等单位召开专题会议，确定将砖渣挤淤方案变更为砖渣换填方案，承包人为此编制了砖渣换填专项方案并经监理、发包人签字确认，现发承包双方就砖渣换填计价产生争议。发包人认为，招标清单中"砖渣挤淤"清单按"项"计量，应为按项包干，且根据补充协议一的附件 1 的计价说明第八条第 22 款"工程地处软土地带基坑内存在软弱淤泥、细沙层较厚的情况……在工程桩施工前须制定换填措施，上述措施产生项目费用需考虑在相应报价内"，所以承包人不论采用砖渣挤淤或砖渣换填做法，都应在"砖渣挤淤"按项包干价内综合考虑，费用不另计；承包人认为，招标图纸及总承包施工图纸并无砖渣挤淤的做法，招标工程量清单中也未列出"砖渣换填"清单项，故应属于工程量清单漏项，应按新增单价重新计量计价。

我站认为，本工程为单价合同，招标工程量清单中设置"砖渣挤淤"清单项目且承包人予以报价响应，但在施工中发包人结合实际将砖渣挤淤方案变更为砖渣换填方案，属于工程变更；同时，补充协议一的附件1的计价说明第八条第22款"……在工程桩施工前须制定换填措施，上述措施产生项目费用需考虑在相应报价内"应理解为按照投标前采用砖渣挤淤措施的费用考虑在相应的"砖渣挤淤"报价内或者采取换填措施的费用考虑在相应的"换填"报价中，并非是指承包人采取任何换填措施的费用都在"砖渣挤淤"报价中包干考虑。因此，发承包双方应按合同约定的工程变更所引起新增单价的确定方法对砖渣换填费用进行计量计价。

专此函复。

广东省建设工程标准定额站

2022年11月16日

关于广东工程职业技术学院清远校区
首期工程计价争议的复函

粤标定复函〔2022〕112号

清远市省职业教育城建设管理领导小组办公室、广东省工业设备安装有限公司：

你们通过广东省建设工程造价纠纷处理系统，申请解决广东工程职业技术学院清远校区首期工程计价争议的来函及相关资料收悉。

2018年2月9日签订的工程总承包合同显示，本工程位于清远市清城区，资金来源为财政专项资金加学校自筹资金。发包人清远市省级职教基地筹建办公室（后由清远市省职业教育城建设管理领导小组办公室接管）在方案设计阶段通过邀请招标方式，确定由广东省工业设备安装有限公司（牵头人）、广东中誉设计院有限公司（成员）联合体负责承建。工程采用工程量清单计价，合同价格形式为总价合同，目前处于工程结算阶段。现对来函涉及的工程计价争议事项答复如下：

本工程送财政审核的施工图预算纸质版中有配电房5个，预算软件中只有2个，财政审核批复了2个配电房的预算，现场按施工图已实施5个。双方对配电房结算的工程量产生争议。发包人认为，承包人未在施工图预算审核时对配电房工程量提出书面异议，也未在施工过程中办理变更等手续，故最终结算应按财政审核的施工图预算工程量结算。承包人认为，盖章纸质版施工图预算有5个配电房，结算时不应以漏量漏项为由扣减。另外，配电房在施工图设计后还须根据校方与清远供电局签订的供电方案协议进行深化设计，编制施工图预算时计算的配电房费用应为暂估价，结算时应按经供电局审批的深化设计图及实际完成工程量计算。

我站认为，本工程合同专用条款约定结算方式：结算金额＝经财政审核确认的施工图预算费用±变更引起投资额的调整＋勘察费用＋设计费用。提供的资料显示，送审的纸质版施工图预算配电房金额为 603.96 万元，送审的软件版预算配电房金额为 384.02 万元，财政审核时，未按施工图数量进行审核，而是按照软件版送审预算进行审核，且财政审核后的施工图预算未经承包人盖章，即未得到承包人认可。此外，本工程暂定合同总价为 396147332 元，财政审定的施工图预算为 381238600 元，发承包双方并未就总价变化签订补充协议，施工过程中配电房也未发生过变更。综上情况，结算时配电房应按施工图计算，同时完善财政审核手续。

专此函复。

广东省建设工程标准定额站

2022 年 12 月 8 日

关于梅州市中医医院中医热病中心
工程总承包计价争议的复函

粤标定复函〔2022〕113号

梅州市中医医院、广东恒正建设集团有限公司：

你们通过广东省建设工程造价纠纷处理系统，申请解决梅州市中医医院中医热病中心工程总承包计价争议的来函及相关资料收悉。

2020年8月23日签订的工程总承包合同显示，本工程位于梅州市，资金来源为医院自有和市财政统筹，发包人梅州市中医医院通过公开招标方式，以定额下浮报价方式确定由广东恒正建设集团有限公司（主）、广东省城乡规划设计研究院、广东省工程勘察院组成联合体承建。工程预算采用定额计价方式，目前处于施工图预算编制审核阶段。现对来函涉及的计价争议事项答复如下：

本工程外立面存在凸出墙面装饰造型，《钢管脚手架搭设安全专项施工方案》中，外脚手架采用三排钢管立杆形式搭设。在施工图预算审核时，发承包双方就三排脚手架的计价产生争议。发包人认为，"综合钢脚手架"定额已综合考虑立杆的排数，三排脚手架应套用"综合钢脚手架"定额，无需换算，定额工程量不应乘以扩大系数。承包人认为，"综合钢脚手架"定额按传统双排脚手架考虑，三排脚手架应按"综合钢脚手架"定额工程量×系数1.5或套用"综合钢脚手架"定额＋"单排钢脚手架"定额计价。

我站认为，本工程综合脚手架采用三排脚手架搭拆，依据《关于广东省建设工程定额动态管理系统定额咨询问题的解答（第5期）》（粤标定函

〔2020〕60号），综合钢脚手架定额考虑的是双排脚手架，如采用三排外脚手架，定额无适用子目，建议发承包双方结合经批准的施工方案，参考市场价，协商进行计价。

专此函复。

广东省建设工程标准定额站

2022年12月1日

关于万博数码产业总部商业楼
工程计价争议的复函

粤标定复函〔2022〕114号

广州市万舜投资管理有限公司、广东省工业设备安装有限公司：

你们通过广东省建设工程造价纠纷处理系统，申请解决万博数码产业总部商业楼工程计价争议的来函及相关资料收悉。

2016年11月8日签订的施工合同显示，本工程位于广州市番禺区，资金来源为企业自筹，发包人广州市万舜投资管理有限公司通过公开招标方式，确定由广东省工业设备安装有限公司负责承建。工程采用工程量清单计价方式，合同价格形式为单价合同，目前处于竣工结算阶段。现对来函涉及的计价争议事项答复如下：

本工程是单独的水电安装工程，双方就招标清单中未开列的水泵检查接线、线路自动合闸调试、母线系统调试、备用电源自投装置调试等项目是否另外计算费用发生争议。发包人认为，根据合同补充条款第3.2条规定，综合单价包干是指完成本工程全部工作内容所需的费用，包括但不限于深化设计等费用。除合同中规定调整的因素外，在合同执行期内综合单价固定不变，不因承包人后期的深化设计而新增清单项目及调整综合单价。合同补充条款第1.1条规定，协议书工程承包范围描述只是概括性的，不应认为是全面和完整的，也不仅限于工程量清单约定的工程内容。合同补充条款第1.4条规定，给排水系统及电气系统所描述的工程内容为主要施工内容，并已特别注明。综上所述，综合单价已包含安装调试费用，不应另行新增清单项目。承包人认为，工程量清单的项目特征描述未包括调试工作内容；合同补充条款第1.4条的工作内容明确规定，给水排水系统、电气系统的工程内容仅包括实体工程施工，未列明系统调试等附加工作；合同补充条款第 1.5 条承包方式中也未列明包含调试施工内容；合同补充条款第 3.2 条规定，本工程实行综合单价包干，工程量按实结算。因此，本工程的系统调试费用应按合同补充条款第 3.4 条规定的新增综合单价予以确认。

我站认为，投标人依据项目特征内容报价，项目特征不完整或描述错误将导致报价的不一致，而补充条款规定将所有风险或者无限风险交由承包人承担有失公允，与《建设工程工程量清单计价规范》GB 50500—2013 第 3.4.1 条 "建设工程发承包，必须在招标文件、合同中明确计价中的风险内容及范围，不得采用无限风险、所有风险或类似语句规定计价中的风险内容及范围" 规定不符，也不符合《建设工程工程量清单计价规范》GB 50500—2013 第 8.2.2 条单价合同的计价要求。建议双方本着公平、公正原则，按照《通用安装工程工程量计算规范》GB 50856—2013 关于电气调试的相关规定协商，予以计算调试费用。

专此函复。

广东省建设工程标准定额站

2022 年 12 月 9 日

关于万博数码产业总部商业楼
工程计价争议的复函

粤标定复函〔2022〕115 号

广州市万舜投资管理有限公司、广州市安鑫消防工程有限公司：

你们通过广东省建设工程造价纠纷处理系统，申请解决万博数码产业总部商业楼工程计价争议的来函及相关资料收悉。

2016 年 11 月 18 日签订的施工合同显示，本工程位于广州市番禺区，资金来源为企业自筹，发包人广州市万舜投资管理有限公司通过公开招标方式，确定由广州市安鑫消防工程有限公司负责承建。工程采用清单计价方式，合同价格形式为单价合同，目前处于竣工结算阶段。现对来函涉及的计价争议事项答复如下：

本工程属于单独的消防工程，双方就招标清单中未开列的气体灭火系统装置调试、防火控制装置调试、低压交流异步电动机调试、通风空调系统调试等项目是否另外计算费用发生争议。发包人认为，根据合同补充条款第 3.2 条规定，综合单价包干是指完成本工程全部工作内容所需费用，包括但不限于深化设计等费用。除合同规定调整的因素外，在合同执行期内综合单价固定不变，不因承包人后期的深化设计而新增清单项目及调整综合单价。消防工程综合单价已包含安装调试费用，并明确综合单价的项目特征描述的任何误差、遗漏项皆为承包人承担之风险，所以工程量清单未列的调试费，结算时不予补充。承包人认为，合同补充条款第 3.2 条规定，本工程实行综合单价包干，工程量按实结算。双方存在争议的项目属于《通用安装工程工程量计算规范》GB 50856—2013 中单独开列的清单项目，招标清单并未开列，应属于招标漏项。虽然合同补充条款第 3.2 条规定，项目特征描述的任何误差、

37

遗漏项皆为承包人承担之风险。但是，基于清单项目特征和组价内容，承包人也不应承担无限风险，结算时应予计算调试费用。

我站认为，投标人依据项目特征内容报价，项目特征不完整或描述错误将导致报价的不一致，补充条款规定将所有风险或者无限风险交由承包人承担有失公允，与《建设工程工程量清单计价规范》GB 50500—2013 第 3.4.1 条 "建设工程发承包，必须在招标文件、合同中明确计价中的风险内容及范围，不得采用无限风险、所有风险或类似语句规定计价中的风险内容及范围" 规定不符，也不符合《建设工程工程量清单计价规范》GB 50500—2013 第 8.2.2 条单价合同的计价要求。建议双方本着公平公正原则，按照《通用安装工程工程量计算规范》GB 50856—2013 关于消防调试的相关规定协商，予以计算调试费用。

专此函复。

广东省建设工程标准定额站

2022 年 12 月 9 日

关于尖峰南片区市政道路
工程计价争议问题的复函

粤标定复函〔2023〕1 号

珠海市斗门区政府投资建设工程管理中心、江西省群力建设有限公司：

你们通过广东省建设工程造价纠纷处理系统，申请解决尖峰南片区市政道路工程计价争议的来函及相关资料收悉。

2020 年 7 月签订的施工合同显示，本工程位于珠海市斗门区，资金来源为财政资金，发包人珠海市斗门区政府投资建设工程管理中心通过公开招标方式，确定由江西省群力建设有限公司负责承建。工程采用工程量清单计价方式，合同价格形式为总价合同，目前处于竣工结算阶段。现对来函涉及的计价争议事项答复如下：

本工程在投标报价时，部分工程量清单填报的投标综合单价高于发包人公布的预算综合单价，根据合同约定为不均衡报价，双方就不均衡报价结算时是否调整原合同总价产生争议。发承包双方及发包方委托的造价咨询单位均认为，根据招标文件及施工合同约定，不均衡报价修正后的综合单价只适用对增减工程的综合单价进行调整，总价合同在修正不均衡报价时不应改变；珠海市斗门区政府投资项目审核中心委托的二审造价咨询单位认为，在送审财审中心时，合同双方仍未给出不均衡报价调整的相关资料，故认为承包方已主动放弃不均衡报价调整的权利，根据招标文件第 16.15 条"造价调整方式"其他事项第 2 条约定"不接受投标人不均衡报价，如投标综合单价高于预算综合单价，则该项单价按最高投标限价编制原则及中标降幅计算……"及招标文件第 21 条"需要在专项条款说明的其他事项"中第 20 点"投标单位清单报价不得高于招标工程量清单单价，如果投标清单报价高于招标工程量单价，结算

39

时，对增减工程一律按招标工程量清单单价×中标费率结算……"应对不均衡报价按合同约定进行调整，涉及的核减金额应从合同总价中扣除。

我站认为，本工程合同约定招标文件优先于其他文件，招标文件第 16.2 条承包方式约定："其他事项（固定总价：本工程合同为固定总价合同。投标报价文件包含投标总价及综合单价时，投标总价为合同总价。合同总价在招标文件及施工合同约定的风险范围之内不可调整。）"同时招标文件第 16.11 条"承包风险"及第 16.14 条"造价调整条件及范围"中均未约定不平衡报价属于原合同造价的调整范围。而招标文件第 16.15 条"造价调整方式"中的"其他事项"第 2 条及招标文件第 21.1 条"说明事项"中的第 20 点均提及的是有关本工程增减工程结算时的处理方式，即当存在不均衡报价时，增减工程的结算综合单价根据招标文件第 21.1 条"说明事项"的第 20 点约定计算，修正后的综合单价仅适用于增减工程，而原招标文件及合同约定风险范围内的合同总价不进行调整。

专此函复。

广东省建设工程标准定额站

2023 年 1 月 9 日

关于迎咀赤狮坑新村工程计价争议的复函

粤标定复函〔2023〕2 号

清远市清城区源潭镇人民政府、广州市恒盛建设工程有限公司：

你们通过广东省建设工程造价纠纷处理系统，申请解决清远市清城区源潭镇迎咀赤狮坑新村建设及进村道路等附属工程计价争议的来函及相关资料收悉。

《广东省清远市清城区源潭镇迎咀赤狮坑新村建设及进村道路等附属工程建设项目设计施工总承包合同》显示，本工程位于清远市源潭镇，资金来源为财政资金，发包人清远市清城区源潭镇人民政府通过议标方式，确定广州市恒盛建设工程有限公司（主办方）和广州市建工设计院有限公司（成员方）组成的联合体承建。工程采用工程总承包建设模式，合同价格形式为单价合同，采用工程量清单计价、定额组价方式，目前处于竣工结算阶段。现对来函涉及的计价争议事项答复如下：

本工程是抢险应急工程，为满足工期要求，经监理单位批准该工程施工组织设计，23 套联排住宅结构采用 3 套铝模板（其中 1 套备用），实际主体结构采用 2 套铝模板，每套模板周转次数为 11.5 次。双方对铝模板残值能否根据工程的特殊性进行调整产生争议。发包方认为，根据《广东省房屋建筑和装饰工程综合定额 2018》第二部分措施项目 A.1.20 模板工程说明第二十四点"铝合金模板系统是由铝模板系统、支撑系统、紧固系统和附件系统构成，本定额中铝合金模板的材料摊销次数按 90 次考虑"，对应铝模板清单中的定额含量应按 90 次摊销次数考虑，定额材料含量及残值不应调整。承包方认为，由于 23 栋联排住宅结构模板采用 2 套铝模板周转，且铝模板是根据工程实际尺寸进行定制的，属于定制性产品，所以铝合金模板应一次性摊销。

我站认为，依据《关于印发广东省建设工程定额动态调整的通知（第 4

期)》（粤标定函〔2020〕334号）补充铝模板说明，本章铝模板定额子目适用于建筑物标准层超过20层（含20层）以上的住宅和公共建筑，不适用于标准层较少（20层以下）、层楼较低的学校、医院、监狱、展览馆等建筑物，因本工程为抢险应急工程，不适宜采用定额的摊销次数，建议双方依据工程总承包合同"合同协议书"第六条6.3.2款约定，结算综合单价按发包人、承包人和监理单位确认的施工图预算，对其措施项目费的确定方式约定为"发生措施费按照施工方案和现场签证据实办理结算"，以经批准的铝模板施工方案计算其实际成本，并扣除铝合金模板残值后的费用作为结算价格。

专此函复。

广东省建设工程标准定额站

2023年1月9日

关于金湾区红旗镇大林片区规划四路新建道路工程Ⅰ标施工工程计价争议的复函

粤标定复函〔2023〕3号

珠海格力建设工程有限公司、广东长正建设有限公司：

你们通过广东省建设工程造价纠纷处理系统，申请解决金湾区红旗镇大林片区规划四路新建道路工程Ⅰ标施工工程计价争议的来函及相关资料收悉。

2019年5月29日签订的施工合同显示，本工程位于珠海市金湾区，资金来源为财政资金，发包人采用公开招标方式，确定由广东长正建设有限公司负责承建。工程采用工程量清单计价方式，合同价格形式为总价合同，目前处于竣工结算阶段。现对来函涉及的工程计价争议事项答复如下：

2019年7月22日，广东省建设工程标准定额站发布《关于印发〈广东省建设工程计价依据（2018）〉勘误（一）的通知》（粤标定函〔2019〕163号），删除了《广东省市政工程综合定额2018》章说明中"一般水泥搅拌桩按一喷二搅考虑，施工为二喷二搅时，按一喷二搅子目计算。施工为二喷四搅、四喷四搅时，人工费、机具费乘以系数1.43计算"内容。现发承包双方对定额勘误是否引起水泥搅拌桩合同综合单价调整产生争议。发包人认为，定额勘误属于招标文件及施工合同专用条款第68.2条合同价款的调整因素中的"工程造价管理机构发布的造价调整"，按照合同约定应该取消其系数。承包人认为，合同约定为综合单价包干，投标报价中水泥搅拌桩综合单价为施工单位综合各种风险费用、试验费及检测费、现场施工条件、工期限制等作出的报价，甲乙双方应遵循公平、公正、诚实信用原则及契约精神，不应调整合同单价，应按合同清单执行。

我站认为，依据《建设工程工程量清单计价规范》GB 50500—2013第

6.2.1 条规则，承包人是根据"企业定额，国家或省级、行业建设主管部门颁发的计价定额和计价办法"等，结合"施工现场情况、工程特点及投标时拟定的施工组织设计或施工方案"等进行投标报价，中标后在合同中予以确认。本工程采用工程量清单计价，招标文件并未约定投标人必须按政府发布的定额进行报价，说明双方是基于《建设工程工程量清单计价规范》GB 50500—2013 相关规则进行报价、定价的。此外，《关于印发〈广东省建设工程计价依据(2018)〉勘误（一）的通知》（粤标定函〔2019〕163 号）的勘误，适用于采用定额作为依据且尚未办理阶段性造价成果文件的工程计价，并不适用于本工程施工合同专用条款第 68.2 条合同价款的调整因素中"工程造价管理机构发布的造价调整"的约定。综上，本工程采用工程量清单计价，其中标价格不受定额勘误影响，结算时无需调整。

专此函复。

广东省建设工程标准定额站

2023 年 2 月 13 日

关于阳西县儒洞镇中心卫生院升级
迁建工程计价争议的复函

粤标定复函〔2023〕4 号

阳西县代建项目中心、新华建集团（广东）建设有限公司：

　　你们通过广东省建设工程造价纠纷处理系统，申请解决阳西县儒洞镇中心卫生院升级迁建工程计价争议的来函及相关资料收悉。

　　2017 年 9 月 29 日签订的施工合同显示，本工程位于阳西县，资金来源为县财政资金，发包人阳西县公共工程管理局（现更名为阳西县代建项目中心）通过公开招标方式，确定由广东新华建工程有限公司［现更名为新华建集团（广东）建设有限公司］承建。工程采用工程量清单计价方式，合同价格形式为总价合同，目前处于竣工结算阶段。现对来函涉及的计价争议事项答复如下：

一、关于材料及设备价格的计价争议

　　本工程投标书中没有适用也没有类似的变更工程项目，且对施工期当地造价管理机构信息价缺失的材料及设备价格的确定，发承包双方产生争议。发包人认为，本工程为政府财政性资金投资项目，上述材料及设备价格在工程结算时应由审核方重新询价作为结算依据，最终结算价以审核部门的审核结果为准。承包人认为，在施工过程中，根据合同专用条款第 72.1 条第（4）点"合同的投标书中没有适用也没有类似变更工程项目的，且施工相对应时间工程造价管理机构发布信息价缺项的，根据变更工程资料、计算规则、计价办法、通过市场调查的有合法依据的价格和承包人报价浮动率提出变更工程项目的单价或合价，经合同双方当事人确认后调整"的约定，已经发包人

45

组织参建各方进行市场调查询价并签字盖章确认，竣工结算时应按签认价格结算。若财政审核部门不认同发包人组织参建各方签认的价格且要求重新询价，则应遵循以下原则：查询施工期间现场实际使用品牌或厂家材料及设备的市场价并盖章确认，或参照发包人已确认的价格。

我站认为，对于涉及争议的工程变更项目材料及设备的价格，发承包双方应根据合同专用条款第72.1条第（4）点约定所确认的价格作为竣工结算的依据。审核部门认为，经发承包双方确定的价格偏离实际或不符合合同约定且能提供合理可靠的质疑依据的，可按规定要求发承包双方重新确认再进行调整，否则应按发承包双方根据合同约定的价格执行。

二、关于物价涨落调整范围确定的计价争议

对本工程原招标控制价中包含但当地造价管理机构信息价发布缺项的材料及设备价格涨落而引起的合同价款调整，发承包双方产生争议。发包人认为，信息价发布缺项的材料及设备价格在编制招标控制价时，已通过市场询价确定，投标人在投标时未提出质疑，故其中标后应自行承担相应价格涨落的风险；且根据招标文件合同专用条款第76.1条"调整承包人采购材料设备的材料设备、施工机械费的方法"的约定，工程造价管理机构发布的材料及设备价格可进行价差调整，信息价发布缺项的材料及设备价格由于专用条款未约定，故不能调整。承包人认为，合同专用条款虽未对信息价发布缺项的材料及设备价差调整作出明确约定，但根据合同通用条款第76.5条"调整承包人采购材料设备价款的限制"的约定，明确由发包人及参建各方签名盖章确认的材料及设备价作为调整结算价款的依据，故施工过程中信息价发布缺项的材料及设备价格涨落，属于物价涨落范围，应相应调整合同价款。若财政审核部门不认同各方签认的价格而要求重新询价，也应遵循上述询价原则。

我站认为，本工程合同专用条款第76.1条虽未约定原招标控制价包含且属于信息价发布缺项的材料及设备价格涨落不属于物价涨落调整范围，但施工过程中承包人在采购材料和工程设备前，均向发包人提交了阐明材料价格及工程设备数量和新单价的书面报告，并得到了发包人及参建各方对采购材料和工程设备的数量和新单价的确认，并作为合同价款的调整依据。故其原招标控制价包含且属于信息价发布缺项的材料及设备价格涨落应属于物价涨落调整范围。对于发包人确认的价格，审核部门认为其价格有严重偏离或审核程序不符合规定且能够提供合理可靠的质疑依据的，可以按规定要求发承

包双方重新询价，然后再根据合同专用条款第72.1条第（4）款的约定确定审核价格。

三、关于矩形与异形梁模板的计价争议

本工程关于矩形与异形梁模板的计价，发承包双方产生争议。发包人认为，矩形梁与异形梁的划分是以梁钢筋平面图进行区分的，应根据梁配筋图标注执行相应的模板定额子目。承包人认为，矩形梁与异形梁的划分应根据图纸、大样及参照《广东省房屋建筑与装饰工程综合定额2018》A.1.20模板工程章说明第二十六条进行判断。由于招标清单无异形梁模板开项，根据合同通用条款第9.2条、第68.2条约定，异形梁模板应属于清单缺漏项，发包人应及时予以修正并按合同组价原则相应调整合同价款。

我站认为，异形梁是指断面形状为L形、十字形、T形等的梁，涉及争议的梁模板则可划分为矩形梁模板或异形梁模板。若本工程存在异形梁模板，且招标工程量清单并未单独开列异形梁模板或未单独注明异形梁模板的计价规则，则属于工程量清单缺漏项，应根据合同中工程量清单缺漏项时调整合同价款的相关约定，予以调整合同价款。

专此函复。

广东省建设工程标准定额站

2023年2月13日

关于梅州职业技术学院新建工程总承包计价争议问题的复函

粤标定复函〔2023〕5 号

梅州市政府投资建设项目管理中心、广西建工集团第四建筑工程有限责任公司：

你们通过广东省建设工程造价纠纷处理系统，申请解决梅州职业技术学院新建工程总承包计价争议的来函及相关资料收悉。

2020 年 9 月 28 日签订的工程总承包合同显示，本工程位于梅州城区，资金为省市财政拨款，发包人梅州市政府投资建设项目管理中心通过公开招标，确定由广西建工集团第四建筑工程有限责任公司承建。工程采用工程量清单计价方式，合同价格形式为总价合同，综合单价依据《广东省建设工程计价依据（2018）》计算施工图预算再组价确定，目前处于施工图预算审核阶段。现对来函涉及的计价争议事项答复如下：

一、关于隔声砂浆、铝型材、电线、电缆、铜等材料价格调差的争议

本工程实施期间，建筑材料价格上涨，双方就隔声砂浆、铝型材、电线、电缆、铜等材料在结算时能否进行价格调差产生争议。发包人认为，合同约定以审定的建安工程费进行固定总价包干，结算不作调整，并未明确约定上述材料可以计算材料价差，施工期间梅州市造价管理机构也未发布上述材料的价格。预算审核书中隔声砂浆等材料采用暂估价列入预算，按照合同专用条款第 20.1.5 条限额设计及限额施工要求第 3 点的约定"……承包人应接受梅州市财政局投资审核中心审核核定的价格，并在工程施工过程中，严格控

制在预算审核核定的暂估价范围内实施，最终定价不得超出暂估价"。因此，上述材料不能进行材料调差。承包人认为，根据施工合同专用条款第13.2.6.2条约定"合同履行期间，因主材、人工价格波动影响合同价款时，应根据合同约定，按《建设工程工程量清单计价规范》GB 50500—2013 附录 A.2 的方法调整合同价款"，上述材料属于调差范围，材料单价应按施工当期材料品牌、等级相对应的市场价予以调整。

我站认为，本工程目前处于预算审核阶段，根据合同协议书第五条（二）建安工程费及价款调整条款"建安工程费包含经审定的施工图纸范围的一切费用，除第三部分《专用条款》第 13 条约定的变更和合同价格调整外，其余结算不作调整"和合同专用条款第 13.2.6.2 条约定，调差范围为主材和人工。同时，按照补充合同（二）约定，预算以 2021 年第一季度梅州城区工程造价信息的价格为依据，且合同专用条款第 20.1.3 条工程量清单预算编制要求约定，人工、材料、设备和机械台班价格执行工程量清单预算编制期间《梅州建设工程价格信息》中已列的"梅州城区材料参考价格"，未列的材料价格由承包人根据经批准的设计文件、上述的计量规则、计价办法和通过市场调查等进行编制。综上，结算时属于主材的材料价格可以进行调差。属于梅州市造价站发布的主材价格则按照其价格，梅州市造价站未发布的主材则按照市场价并经双方确认，再按合同约定的基准价及调差方式进行材料价格调差。

二、关于强电、弱电、给排水的凿槽及修复计费的争议

本工程强电、弱电、给排水暗装管线布线采用凿槽刨沟方式敷设，双方就强电、弱电、给水排水的凿槽及修复能否计费产生争议。发包人认为，本工程为总承包新建工程，承包人应在设计和施工阶段考虑各专业施工衔接的问题；定额是在土建施工时即预留好线管的位置，凿槽刨沟等相关费用不作考虑。承包人认为，根据《关于广东省建设工程定额动态管理系统定额咨询问题的解答（第 28 期）》（粤标定函〔2022〕16 号）的问题解答序号 7，电气暗配管定额不包括凿槽、刨沟、沟槽修补等工作内容，发生时另执行 C.4.13 附属工程的相应项目；土建施工时无法预留线管沟槽，现场实际采用的也是开槽方式施工，故应予计算。

我站认为，本工程采用工程量清单计价方式，根据《通用安装工程工程量计算规范》GB 50856—2013 表 D.11 配管、配线的注"配管安装中不包括

凿槽、刨沟，应按本附录 D.13 相关项目编码列项"规定，本工程电气配管发生的凿槽、刨沟以及修复，应另行列项单独计取。

专此函复。

广东省建设工程标准定额站

2023 年 2 月 13 日

关于中交滨湖雅郡工程
计价争议的复函

粤标定复函〔2023〕6号

中交（肇庆）投资发展有限公司、中交第四航务工程局有限公司：

你们通过广东省建设工程造价纠纷处理系统，申请解决中交滨湖雅郡工程计价争议的来函及相关资料收悉。

2020年9月10日签订的工程总承包合同显示，本工程位于肇庆市，资金来源为企业自筹，发包人中交（肇庆）投资发展有限公司通过公开招标方式，确定由中交第四航务工程局有限公司、中交四航工程研究院有限公司、广州汉森建筑设计有限公司联合承建。工程采用工程量清单计价方式，合同价格形式为单价合同，以双方共同确认的施工图，依据《广东省建设工程计价依据（2018）》（以下简称"2018计价依据"）确定综合单价，下浮率方式确定合同价格，签约合同价格为暂定价，目前处于编制施工图预算、确定综合单价阶段。现对来函涉及的工程计价争议事项答复如下：

一、关于预算包干费的计价争议

本工程合同中未约定预算包干费的计算方式，发承包双方就是否应按定额计价规则计取预算包干费产生争议。发包人认为，合同无约定可计算预算包干费，应不予计算。承包人认为，应根据合同约定，依据《广东省房屋建筑与装饰工程综合定额2018》（以下简称"2018房建定额"）计算预算包干费。

我站认为，本工程为工程总承包工程，合同约定依据2018计价依据确定施工图预算，再组价确定工程量清单综合单价，因此确定施工图预算时应按

51

2018 计价依据相关定额的计价规则计算预算包干费，以单独开列清单项形式计算预算包干费或分别在各清单综合单价中考虑计取。

二、关于定额动态调整文件适用范围的计价争议

本工程高层建筑采用铝合金模板和附着式电动整体提升架施工。在合同履行期间，广东省建设工程标准定额站于 2020 年 12 月 29 日发布《关于印发广东省建设工程定额动态调整的通知（第 4 期）》（粤标定函〔2020〕334 号），对铝合金模板子目进行动态调整。2021 年 12 月 17 日发布《关于印发广东省建设工程定额动态调整的通知（第 14 期）》（粤标定函〔2021〕256 号），对附着式电动整体提升架子目进行动态调整。发承包双方就在确定综合单价时是否执行上述两份文件产生争议。发包人认为，因承包人申报施工图预算滞后，导致相关费用发生变化，该部分费用应由承包人承担，预算不予调整。且根据合同专用条款第 17.1.1 条第（2）点，建安工程费采用综合单价包干，故确定合同价格时不执行上述两份文件。承包人认为，合同约定清单综合单价依据 2018 房建定额确定，尚未办理结算的工程应按上述两份文件执行。

我站认为，合同约定本工程施工图预算在施工图审查完成后开展。因此，施工图预算经发承包双方确定之前已发布的有关定额调整规定应予执行，施工图预算确定之后发布的有关定额调整规定则不执行。

三、关于抗裂砂浆的计价争议

本工程争议部位的墙面做法分别为：1. 内墙二（无保温无防水）：刷专用界面剂一道；混凝土梁、柱与砖墙交接处挂 300mm 耐碱玻纤网；5mm 厚水泥基抗裂砂浆；刮内墙腻子二道；无机装修涂料一底两面。2. 内墙四（有保温无防水）：刷专用界面剂一遍；MGL 无机保温腻子（住宅 13mm 厚）；膨胀玻化微珠保温砂浆（商业及公建 10mm 厚）；5mm 厚抗裂防水砂浆，压入热镀锌钢丝网；涂内墙涂料两遍。双方就其中两处的 5mm 厚水泥基抗裂砂浆的计价产生争议。发包人认为，有保温功能的内墙四的墙面才能套用"A1-11-157 热镀锌钢丝网抗裂砂浆 8mm 厚"子目，无保温功能的内墙二的墙面只能套用"A1-13-1 底层抹灰 15mm 各种墙面内墙"子目。承包人认为，墙面的 5mm 厚水泥基抗裂砂浆套用"A1-13-1 底层抹灰 15mm 各种墙面内墙"子目不合理，均应套用"A1-11-157 热镀锌钢丝网抗裂砂浆 8mm 厚"子目。

我站认为，依据双方提交资料，内墙二无保温无防水墙面 5mm 厚水泥基

抗裂砂浆应套用"A1-13-1 底层抹灰 15mm 各种墙面内墙"子目，换算 5mm 厚度的材料；内墙四有保温无防水墙面 5mm 厚水泥基抗裂砂浆应套用"A1-11-157 热镀锌钢丝网抗裂砂浆 8mm 厚"子目，换算 5mm 厚度的材料。

专此函复。

广东省建设工程标准定额站

2023 年 2 月 15 日

关于钢箱梁焊缝探伤检测费用
计价争议的复函

粤标定复函〔2023〕7号

珠海大横琴股份有限公司、中交横琴投资有限公司：

你们通过广东省建设工程造价纠纷处理系统，申请解决钢箱梁焊缝探伤检测费用计价争议的来函及相关资料收悉。

2012年8月10日签订的施工合同显示，本工程地点位于珠海市横琴区，为投资建设一体化项目，发包人珠海大横琴股份有限公司采用公开招标方式，确定工程由中国交通建设股份有限公司承建，后根据综合开发项目投资建设合同成立中交横琴投资有限公司作为项目公司。工程采用定额计价方式，执行《广东省建设工程计价依据2010》，目前处于结算阶段。现对来函涉及的计价争议事项答复如下：

双方就钢箱梁的探伤检测费用的计价产生争议，发包人认为，根据《关于广东省建设工程定额动态管理系统定额咨询问题的解答（第8期)》（粤标定函〔2020〕107号）第4条和《关于广东省建设工程定额动态管理系统定额咨询问题的解答（第31期)》（粤标定函〔2022〕186号）第1条问题解答，明确施工企业为了确保已完工程质量进行自检的钢结构焊缝探伤检测，属于施工企业自检，不单独计取费用。另根据《城市桥梁工程施工与质量验收规范》CJJ 2—2008第23.0.2款"各分项工程应按本规范进行质量控制，各分项工程完成后应进行自检，交接检验，并形成文件，经监理工程师检查签认后，方可进行下一步施工"。本工程已按《广东省市政工程综合定额2010》（以下简称"10市政定额"）计取材料试验检验费0.2%，定额材料价已包含施工企业自行对建筑材料、构件、建筑安装物进行一般鉴定和检查的费用，故施工单位自行开展钢结构探伤检测的费用已含在材料试验检验费、定额材料价、企业管理费中。本工程的焊缝探伤检测因工程实际施工方没有相应检测资质而委托某桥梁检测工程机构，所提供的探伤检测报告属于施工单位自检，不单独计取费用。承包人认为，凡采用定额计算工程造价的，均须按照定额的相关规定执行。根据《广东省市政工程综合定额 2010》第三册《桥梁工程》，钢箱梁的定额工作内容未包括探伤检测，且 D.3.6 安装工程章说明第 3.6.5 条明确约定"钢箱梁定额未包括载重预压和探伤，如发生时另外计算"。故焊缝探伤检测属于钢结构制作安装的必要工序，无论检测的主体是谁，均须按定额说明予以计取。

我站认为，定额设置的检测、探伤等子目，是依据施工规范规定的为了衔接上下施工工序而发生的必要的工艺流程设置的，并非是施工企业进行自检的范畴，且《广东省市政工程综合定额 2010》第三册《桥梁工程》章说明中已经明确钢箱梁定额未包括载重预压和探伤，故本工程涉及争议的钢箱梁焊缝探伤检测费用应予另计。

专此函复。

广东省建设工程标准定额站

2023 年 2 月 16 日

关于广州增城石滩一期工程计价争议的复函

粤标定复函〔2023〕8号

广州港科置业有限公司、北京建工集团（广州）建设有限公司：

你们通过广东省建设工程造价纠纷处理系统，申请解决广州增城石滩一期工程计价争议的来函及相关资料收悉。

2021年6月5日签订的施工合同显示，本工程位于广州市增城区，资金来源为企业自筹，发包人广州港科置业有限公司采用邀请招标方式，确定由北京建工集团（广州）建设有限公司负责承建。工程采用工程量清单计价方式，合同价格形式为单价合同，目前处于合同履行阶段。现对来函涉及的工程计价争议事项答复如下：

本工程为集群教育建筑工程，利用功能建筑联通，合同约定建筑面积按《建筑工程建筑面积计算规范》GB/T 50353—2013（以下简称"规范"）计算，发承包双方对架空活动空间建筑面积的计算产生争议。发包人认为，规范第3.0.9条规定：建筑物间的架空走廊，有顶盖无围护结构的，应按其围护结构外围水平面积计算全面积；无围护结构、有围护设施的，按其结构底板水平投影面积计算1/2面积。承包人认为，规范第3.0.7条规定：结构层高在2.20m及以上的，均应计算全面积。

我站认为，争议的架空活动空间部位共5层，其中负一层为半地下室，争议的架空活动空间位于首层且层高大于2.20m，不属于规范第2.0.12条规定的架空走廊，应按规范第3.0.7条规定计算其建筑面积。

专此函复。

广东省建设工程标准定额站
2023年2月16日

关于广州莱迪创新科技园三期
工程计价争议的复函

粤标定复函〔2023〕9 号

广州莱迪光电股份有限公司、广东商勤建工集团有限公司：

你们通过广东省建设工程造价纠纷处理系统，申请解决广州莱迪创新科技园三期工程计价争议的来函及相关资料收悉。

2018 年 11 月 28 日签订的施工合同显示，本工程位于广州市黄埔区，资金来源为企业自筹，发包人广州莱迪光电股份有限公司通过直接发包方式，确定由广东商勤建工集团有限公司负责承建。合同价格形式为单价合同，工程量清单计价综合单价依据《广东省建筑与装饰工程综合定额 2010》（以下简称"2010 房建定额"）组价确定，实质为定额计价方式，目前处于竣工结算阶段。现对来函涉及的计价争议事项答复如下：

一、关于大型机械进退场及安拆费（塔式起重机、施工电梯）套用定额的争议

本工程在计价过程中，双方对工程中的大型机械进退场及安拆费（塔式起重机、施工电梯）如何计价产生争议。发包人认为，广东省定额未规定需要计取大型机械进退场费，且未规定需要采用定额机械台班费用作为编制依据，因此应按执行广州市建设工程造价管理站发布的机械设备租赁及销售价格参考信息。承包人认为，《广东省建设施工机械台班费用 2010》（以下简称"机械台班费用定额"）是 2010 房建定额的组成部分，机械台班费用定额中编码以 9946 开始的子目可作为确定施工机具租赁台班费的参考。

我站认为，本工程合同约定采用 2010 房建定额为计价依据，机械台班费

用定额是确定《广东省建设工程计价依据 2010》施工机械台班单价的依据，因此本工程大型机械进退场及安拆费应执行机械台班费用定额。

二、关于构造做法套价的争议

本工程内墙面无块料面层，为内墙面抹灰一次成活，发承包双方对内墙面抹灰一次成活是套用底层抹灰定额子目还是套用一般抹灰定额子目产生争议。发包人认为，应套用底层抹灰定额子目。承包人认为，根据《关于广东省建设工程定额动态管理系统定额咨询问题解答的函（第 1 期）》（粤标定函〔2019〕9 号）第 20 条的解答"墙柱面有块料面层时套底层抹灰，其余套一般抹灰"，本工程内墙面无块料面层，应套一般抹灰定额子目。

我站认为，本工程的抹灰工程竣工验收时如无块料面层，应根据《关于广东省建设工程定额动态管理系统定额咨询问题解答的函（第 1 期）》（粤标定函〔2019〕9 号）第 20 条的解答内容，套用一般抹灰定额子目。

三、关于里脚手架套定额的争议

本工程承包范围内的建筑物为地下室和厂房，发承包双方就室内里脚手架是套用民用建筑定额子目还是套用工业建筑定额子目产生争议。发包人认为，本工程规划设计为工厂，结构图及建筑平面图示均为丙类厂房，根据《民用建筑设计术语标准》GB/T 50504—2009 描述工业厂房是以工业性生产为主，因此应套用工业建筑的里脚手架定额子目。承包人认为，本工程虽然设计图纸标注为厂房，但实际不符合工业建筑四大建筑分类用途，如：工业建筑多为 2～6 层的多层建筑，具备生产车间等用途，本工程楼层高度多为 70～100m，不应套用工业里脚手架定额子目。

我站认为，民用建筑是指供人们居住和进行公共活动的建筑总称；工业建筑是指生产厂房、仓库、公用辅助建筑以及生活、行政辅助建筑的总称。经查阅施工图纸及合同范围内工作内容，本工程为生产性工业建筑（厂房类建筑），且厂房生产火灾危险性分类属于丙类，因此本工程的室内里脚手架应执行工业建筑的里脚手架相关项目。

四、关于承台、集水井、筏板等土方开挖工作面及放坡系数的争议

本工程承包范围包括桩承台、集水井、筏板等土方开挖以及在 1.5～2m

深度的桩间土与非桩尖土的挖填转运工作，设计对此部分挖土的工作面及放坡系数无单独说明，发承包双方就此部分挖方的工作面及放坡系数是按定额规定计算还是根据工程部批准的施工方案计算产生争议。发包人认为，定额规定的工作面及放坡系数为常规考虑，在招标预算阶段方案未明确时可参考计算，但土方工程需有单独的施工方案方可施工，结算时应以现场工程部实际批准的施工方案计算，施工方需提供土方方案并以此作为双方结算依据。承包人认为，定额明确规定，设计对基础施工工作面、放坡系数没有明确规定的，按定额规定的工作面和放坡系数计算。

我站认为，本工程合同约定计价方式为清单计价、定额组价，因此土石方工程的工作面及放坡系数，应执行 2010 房建定额 A.1 土石方工程章节说明及工程量计算规则相关规定。

五、关于细石混凝土套取定额的争议

本工程上人屋面及不上人屋面分别采用 70mm 和 80mm 厚的刚性细石混凝土，地下室车库采用 100mm 细石混凝土，发承包双方就屋面的刚性细石混凝土是套屋面细石混凝土子目还是套混凝土垫层子目，以及车库的细石混凝土是套楼地面细石混凝土子目还是套混凝土垫层子目产生争议。发包人认为，常规找平层厚度为 20～40mm 厚，当超过 60mm 厚时应按混凝土垫层子目执行。承包人认为，垫层指的是设于基层以下的结构层，其主要作用是隔水、排水、防冻，以改善基层和土基的工作条件。参考之前纠纷复函"粤标定函〔2019〕244 号"和"粤标定函〔2021〕49 号"，屋面刚性细石混凝土应按屋面刚性层定额子目执行，车库楼地面细石混凝土应按楼地面细石混凝土定额子目执行。

我站认为，根据工程修改通知单中细石混凝土（屋面）和混凝土耐磨面层（车库）做法，均有压光与分格缝的施工工序。因此，屋面的刚性细石混凝土和车库的细石混凝土均可按 A.7.2.3 屋面刚性防水"细石混凝土刚性防水"定额子目换算计价。

六、关于外墙面超高增加抹灰厚度的争议

本工程 5～8 号建筑物高度在 70～100m，双方就外墙抹灰厚度是否按定额规定对墙面垂直高度超过 20m 的增加抹灰厚度进行计价产生争议。发包人认为，应按收楼标准要求的厚度计算。承包人认为，本工程 5～8 号建筑高度

在 70～100m，墙面垂直高度超过 20m，应按定额规定增加抹灰厚度计算。

我站认为，应依据 2010 房建定额 A.10 墙柱面工程量计算，计算抹灰增加厚度的外墙面应为垂直方向及水平方向具有连续性的同一施工墙面。

专此函复。

广东省建设工程标准定额站
2023 年 2 月 16 日

关于广东茂名幼儿师范专科学校茂名校区学生宿舍楼和教师周转房工程计价争议的复函

粤标定复函〔2023〕10 号

茂名市教育局、广东名大集团有限公司：

你们通过广东省建设工程造价纠纷处理系统，申请解决关于广东茂名幼儿师范专科学校茂名校区学生宿舍楼和教师周转房工程计价争议的来函及相关资料收悉。

2017 年 11 月 8 日签订的施工合同显示，本工程位于茂名市，资金来源为学校自筹资金，发包人茂名市教育局通过公开招标方式，确定由广东名大集团有限公司负责承建。工程采用工程量清单计价方式，合同价格形式为总价合同，目前处于竣工结算阶段。现对来函涉及的计价争议事项答复如下：

本工程合同工期 150 日历天，工程按合同约定日期开工，但实际施工工期为 725 日历天，施工期间钢筋、水泥、混凝土等材料价格大幅上涨，发承包双方就材料价差调整产生争议。发包人认为，根据合同专用条款第 76.1 条"本工程合同价款内不因物价涨落而调整，风险费用的计算由承包人在投标报价中考虑"的约定，合同价款不予调整。承包人认为，施工期间材料价格的大幅上涨已超出发承包双方所能预见的范围和承担的风险，根据《建设工程工程量清单计价规范》GB 50500—2013 的第 3.2.1 条规定和《广东省住房和城乡建设厅关于加强建筑工程材料价格风险管控的指导意见》（粤建市函〔2018〕2058 号）精神，施工期间的材料应按工程实施中的价差予以调整。

我站认为，2018 年受多种因素影响，我省建筑材料价格波动异常，材料价格出现不同程度的上涨，超出发承包双方所能预见的范围和承担的风险，因此，建议双方本着实事求是、风险共担的原则，结合材价波动的影响程度，依据粤建市函〔2018〕2058 号文的精神商定材料价差调整方法。但因工期延误导致施工期间材料价格上涨的，发承包双方应厘清工期延误责任，再按照《建设工程工程量清单计价规范》GB 50500—2013 第 9.8.3 条有关规定进行价款调整。

专此函复。

广东省建设工程标准定额站

2023 年 2 月 15 日

关于东风化工旧厂改造工程
计价争议的复函

粤标定复函〔2023〕11 号

广州市东风化工实业有限公司、广东电白二建集团有限公司：

你们通过广东省建设工程造价纠纷处理系统，申请解决东风化工旧厂改造项目施工总承包及总承包管理配合服务工程计价争议的来函及相关资料收悉。

2019 年 3 月 8 日签订的施工总承包合同显示，工程位于广州市黄埔区，资金来源为企业自筹，发包人广州市东风化工实业有限公司通过公开招标方式，确定由广东电白二建集团有限公司负责承建。工程采用工程量清单计价方式，合同价格形式为单价合同，目前处于竣工结算阶段。根据上传资料及召集发承包双方见面会所了解的情况，现对来函涉及的计价争议事项答复如下：

本工程属于旧厂房改造工程，合同约定总价措施费用、预算包干费包干不作调整，但实施过程中，发包人将合同范围内的部分工程另作专业分包。发承包双方就措施项目费和预算包干费是否扣除产生争议。发包人认为，经双方协商将合同工程范围内部分工程抽出改为专业分包，则与承包人未实施的专业分包工程相关的措施项目费和预算包干费应在总价中予以扣除。承包人认为，本工程措施项目费和预算包干费为总价包干，合同专用条款第 62.9 条第（2）点约定"为实施本工程必需的措施项目的费用及风险均视作已考虑于合同价款内，无论合同总价是否有调整，无论是否有工程变更……该部分价款均不会调整"，且该工程的措施项目费与预算包干费所包含的内容已按合同要求实施完成，故结算时不应扣除。

我站认为，工程实施过程中双方协商将合同范围内部分工程改为专业分包，导致原合同约定的措施项目费和预算包干费包干的基础条件发生了重大变化，措施项目费和预算包干费均需进行调整。但由于专业分包工程涉及的措施项目与预算包干费内容已部分提前实施，不能简单采用取消合同范围部分专业分包工程占合同总价的比例，相应扣减措施项目费和预算包干费的方法。建议双方厘清已实施的措施项目和预算包干费的内容，结合发包人取消部分合同工程对合同价款的影响等，协商措施项目费和预算包干费具体的扣减方式。

专此函复。

广东省建设工程标准定额站

2023 年 2 月 17 日

关于北京街盐运西老旧小区
微改造工程计价争议的复函

粤标定复函〔2023〕12号

广州市越秀区旧城改造项目办公室、广州市第二建筑工程有限公司：

你们通过广东省建设工程造价纠纷处理系统，申请北京街盐运西老旧小区微改造工程计价争议的来函及相关资料收悉。

2020年9月23日签订的施工合同显示，本工程地点位于广州市越秀区，资金来源是财政资金，发包人广州市越秀区旧城改造项目办公室通过公开招标方式，确定由广州市第二建筑工程有限公司负责承建。工程采用工程量清单计价方式，合同价格形式为单价合同，目前处于合同履约阶段。现对来函涉及的计价争议事项答复如下：

一、关于专业定制产品材料价格调整的争议

本工程使用的花岗岩石材、晾衣架、空调百叶罩、古铜色拉丝不锈钢防盗网、304型氟碳漆不锈钢骨架和钢板雨篷、不锈钢防盗门、铁艺大门、廊架采光棚等材料为专业定制产品，广东省或广州市行业建设主管部门或其授权的工程造价管理机构发布的信息价中无相关产品的信息价，因此双方对此部分材料计算价差产生争议。发包人认为，上述专业定制产品无信息价，不属于可调价范围，不应调价。承包人认为，虽无信息价可参考，但仍可按照合同专用条款第76条进行调价。

我站认为，本工程合同并未明确约定定制产品材料是否属于调差范围，但物价波动引起可调价材料的范围和调整方法关系到发包人与承包人的重大权益，建议双方履行合同主体责任，遵循合同缔约时双方的真实意思，对专

业定制产品作为可调价范围以及调整方法予以商定。

二、关于因工序变换导致额外产生的电缆线包裹防护费用计价的争议

本工程原计划先实施电缆（线）下地，再进行外墙搭架施工。由于非承包人原因，导致架空电缆（线）延迟或变更取消下地，承包人在搭设外墙脚手架时，出于安全需要对架空电缆（线）进行包裹防护，由此发生相应的包裹防护费用。发包人认为，根据合同"建设单位对实施内容有最终的决定权，中标单位对实施内容的调整、工程量的变化不得有异议，建设单位对该工程工程量变更不会予以额外的补偿"约定，包裹防护费用应由承包人承担。承包人认为，按照经批复的施工组织设计，电缆（线）先下地再搭设外墙脚手架则不会发生包裹防护费用，但实际施工中电缆（线）延迟下地非承包人的责任，包裹防护费用应由发包人承担。

我站认为，由于部分区域施工需对原架空电缆进行包裹防护后才能施工，与招标时体现的先将架空电缆改为下地敷设后再做外墙改造的方案不一致，属于工序变化引起的工程变更，由此产生的电缆包裹防护费用，应由发包人承担。

专此函复。

广东省建设工程标准定额站

2023 年 2 月 17 日

关于格力电器总部大厦项目基坑支护
工程计价争议的复函

粤标定复函〔2023〕13 号

格力（珠海横琴）发展有限公司、国基建设集团有限公司：

你们通过广东省建设工程造价纠纷处理系统，申请解决格力电器总部大厦项目基坑支护工程计价争议的来函及相关资料收悉。

2021 年 11 月 24 日签订的施工合同显示，本工程位于珠海市，资金来源为企业自筹，发包人格力（珠海横琴）发展有限公司采用邀请招标，通过提供招标控制价和清单综合单价由投标人报下浮率的方式，确定由国基建设集团有限公司负责承建。工程采用工程量清单计价方式，合同价格形式为单价合同，综合单价按中标下浮率计算后的单价作为合同单价，目前处于合同履行阶段。现对来函涉及的工程计价争议事项答复如下：

本工程基坑底部分位置和基坑支护桩外侧设计有三轴搅拌桩，发承包双方就三轴搅拌桩施工时置换出的泥浆及冒出的土方的外运是否另外计价产生争议。发包人认为，施工过程中冒出的土方属于基坑开挖土方中的一部分，也属于承包人搅拌桩机施工技术控制范畴，非发包人原因，且三轴搅拌桩合同清单项目特征的第 9 点已明确包含设计图纸及规范所要求的全部费用和为满足本清单工作所需的其他未描述的工作内容，不应另外计算。承包人认为，止水三轴搅拌桩位于支护桩外侧，坑底三轴搅拌桩在基坑底标高以下，置换出的土方均不属于基坑土方，三轴搅拌桩合同清单项目特征描述并未含土方外运，需另计。

我站认为，虽然三轴搅拌桩清单项目特征的第 9 点约定"包含设计图纸及规范所要求的全部费用和为满足本清单工作所需的其他未描述的工作内容",但实质上难以对报价范围进行明确界定,且本项目招标工程量清单中的三轴搅拌桩清单的项目特征描述未包含泥浆和土方的外运,若实际施工时发生余土外运,应以签证形式确定工程量,另行计价。

专此函复。

广东省建设工程标准定额站
2023 年 2 月 17 日

关于佛山（云浮）产业转移工业园基础设施建设工程（四期）工业一路西延段工程计价争议的复函

粤标定复函〔2023〕14号

云浮市滨江投资发展有限公司、深圳市锦粤达科技有限公司、深圳市交运工程集团有限公司：

你们通过广东省建设工程造价纠纷处理系统，申请解决关于佛山（云浮）产业转移工业园基础设施建设工程（四期）工业一路西延段工程计价争议的来函及相关资料收悉。

2014年11月7日签订施工合同显示，本工程位于云浮市云城区，资金来源为财政资金，采用BT模式，发包人云浮市滨江投资发展有限公司采用公开招标方式，确定由深圳市锦粤达科技有限公司、深圳市交运工程集团有限公司组成联合体负责承建，工程采用工程量清单计价方式，合同价格形式为单价合同，目前处于竣工结算阶段。现对来函涉及的计价争议事项答复如下：

本工程于2014年10月进行公开招投标，2014年11月7日签订施工合同，因规划设计方案调整，工程延期至2018年6月8日开工，双方根据规划调整重新修订施工图，按合同专用条款约定的计价原则重新计量，并依据确定的《预算编制报告》乘以中标浮动率调整了合同价款，其调整后的合同价款未包括材料价差调整。结算时，双方因合同价内材料价差调整发生计价争议。发包人认为，合同价内缺乏2014年投标期云浮信息价作为基准价的材料，价差不予调整。承包人认为，合同价内没有投标期云浮信息价的材料，其基准价可以通过市场询价的方式确定原投标时的价格，然后按实际施工期的主材价格对比基准价进行价差调整。

我站认为，依据施工合同专用条款第 45 条第（4）款及补充协议书约定，主要材料价格调差执行《广东省建设工程计价通则 2010》第 13.08 条价格调差法。但合同未对调差材料的范围和云浮信息价未公布材料的调差方法进行约定，属于合同未约定情形，由于材料调差范围和调整方法关系到发包人和承包人的重大权益，故建议双方承担合同主体责任，遵循合同缔约时双方的真实意思，重新协议商定材料调差范围及调整方式。

　　专此函复。

广东省建设工程标准定额站

2023 年 2 月 17 日

关于南湾 B-香工园泵站改造工程（辅助用房）工程计价争议的复函

粤标定复函〔2023〕15 号

珠海市城市排水有限公司、珠海市供水工程有限公司：

你们通过广东省建设工程造价纠纷处理系统，申请解决珠海市全市污水管网建设工程（香洲区）第二批工程南湾 B-香工园泵站改造工程（辅助用房）工程计价争议的来函及相关资料收悉。

2020 年 5 月 20 日签订的施工合同显示，工程位于珠海市香洲区，发包人珠海市城市排水有限公司采用直接发包方式，确定由珠海市供水工程有限公司负责承建。工程采用工程量清单计价方式，合同价格形式为单价合同，目前处于竣工结算阶段。现对来函涉及的工程计价争议事项答复如下：

本工程灌注桩施工完成后，发包人委托第三方检测单位进行桩基检测。因检测单位提出现场土质松软，无法承受静载抗压检测设备，需挖除松软土、换填 1.0m 厚砖渣，承包人按发包人要求完成换填工作，现发承包双方就换填计价产生争议。发包人认为，该换填部位为施工便道，属于措施项目，合同未约定措施费计取方法，故不予计取。承包人认为，该换填是应发包人要求为满足第三方检测单位进行桩基检测工作而发生的，不属于原合同实施范围，故该变更费用应按实计取。

我站认为，本工程因满足桩基检测设备承载要求进行的场地换填，属于经发包人确认的变更，且该工作内容不属于措施项目中施工便道范畴，故不包含在原合同价内，应根据合同中有关工程变更引起价款调整事项的约定另行计价。

专此函复。

广东省建设工程标准定额站

2023 年 2 月 22 日

关于清远市保利天珺项目一期
土建及水电安装工程计价争议的复函

粤标定复函〔2023〕16 号

清远保励置业有限公司、海天建设集团有限公司：

你们通过广东省建设工程造价纠纷处理系统，申请解决清远市保利天珺项目一期土建及水电安装工程计价争议的来函及相关资料收悉。

2021 年签订的施工合同显示，本工程地点位于清远市，资金来源是企业自筹，发包人清远保励置业有限公司采用邀请招标方式，确定由海天建设集团有限公司负责承建。工程采用工程量清单计价方式，合同价格形式为单价合同，目前处于合同履约阶段。现对来函涉及的工程计价争议事项答复如下：

本工程"PL030120 套管"工程量清单实际施工时未让承包人施工填料，改由专业分包单位施工，发承包双方就套管填料计价产生争议。发包人认为，合同清单"PL030120 套管"项目特征和工作内容包括套管安装后填料（填料材质综合考虑），应扣除"一般钢套管"定额子目中"填塞密封材料"工作内容对应的造价占比后作为结算价格。承包人不同意扣除。

我站认为，本工程招标工程量清单与发包人制定的计量计价规则明确套管清单综合单价包括套管安装后填料，实际施工时却改由专业分包单位实施，属于工程变更，双方可根据合同中工程变更事项调整价款约定、确定综合单价。

专此函复。

广东省建设工程标准定额站
2023 年 2 月 22 日

关于珠海（阳江）合作共建园区海港大道工程计价争议的复函

粤标定复函〔2023〕17 号

阳江市高新投资开发公司、玉林市建筑安装工程公司：

你们通过广东省建设工程造价纠纷处理系统，申请解决珠海（阳江）合作共建园区海港大道等 11 条道路及次墩河排渠工程（首期工程）涉及工程计价争议的来函及相关资料收悉。

2020 年 3 月 25 日签订的施工合同显示，本工程位于阳江高新区，资金来源为财政资金，发包人阳江市高新投资开发公司通过公开招标方式，确定由玉林市建筑安装工程公司负责承建。工程采用工程量清单计价方式，合同价格形式为单价合同，目前处于竣工结算阶段。现对来函涉及的工程计价争议事项答复如下：

一、关于沟槽土方转运费用的争议

本工程招标工程量清单的管渠沟槽挖方作为回填土使用，实际施工时发现沟槽部分为淤泥质土，含水量大，根据质监站、施工验收规范要求，不能直接用于回填，且由于场地原因，需外运至堆场经晾晒后再回运供绿化带部位使用，缺土回填采用外借土方解决。发包人认为，增加土方转运等费用应由承包人承担。承包人认为，现场开挖后的土方部分为淤泥土质，与地质报告不符，该事件为承包人无法预见，此部分费用需由发包人承担。

我站认为，本工程岩土工程地质勘察报告显示，所挖沟槽部分为淤泥质土，招标工程量清单回填全部为挖土利用，未考虑淤泥质土达不到回填土的要求，回填土的清单也无相关运输的描述。因此，对于淤泥质土的转运，依

73

据合同专用条款第 71 条"分部分项工程量清单缺项漏项事件"约定，按实计算。

二、关于水泥搅拌桩施工区域块石翻挖费用的争议

本工程部分道路进行水泥搅拌桩施工时遇到土中块石，水泥搅拌桩无法施工。经发包人、监理、设计、地质勘察等单位现场确认，需对土层进行翻挖，翻挖出的块石外运弃置，弃置引起的缺方以外借土方回填方式，补填至水泥搅拌桩施工平面标高，再进行水泥搅拌桩施工。发包人认为，翻挖块石面积及方量难以确认，应按实际发生台班费用计算，缺土方量按翻挖石方实际堆方体积扣除空隙后的实方计算。承包人认为，石方上层土方按土方开挖计价，石方量按翻挖处理面积乘以平均厚度计算，按挖松散石计价；缺土方量按石方量计算，以外借土方回填计价。

我站认为，本工程岩土工程勘察报告未显示土层中存在块石，工程量清单中的水泥搅拌桩清单项也未见相关块石的特征描述，清单中无石方的挖、运清单项。水泥搅拌桩施工中遇到石方挖除，属于因地质的变化引起，其费用应由发包人承担。石方的挖、运应按现场签证的体积计算，挖土方按挖土厚度乘以面积扣减石方的体积计算，借土回填按相应的借土回填厚度乘以面积计算，单价可依据合同专用条款第 72 条"工程变更事件"约定予以确定。

专此函复。

广东省建设工程标准定额站

2023 年 2 月 24 日

关于珠海（阳江）合作共建园 A 区风电装备制造标准厂房二期工程计价争议的复函

粤标定复函〔2023〕18 号

阳江市高新投资开发有限公司、广东量山建设集团有限公司：

你们通过广东省建设工程造价纠纷处理系统，申请解决珠海（阳江）合作共建园 A 区风电装备制造标准厂房二期工程计价争议的来函及相关资料收悉。

2019 年 8 月 30 日签订的施工合同显示，本工程位于阳江高新区港口工业园，资金来源是财政拨款，阳江市高新投资开发有限公司采用公开招标方式，确定由广东量山建设集团有限公司负责承建。工程采用工程量清单计价方式，合同价格形式为单价合同，目前处于竣工结算阶段。现对来函涉及的工程计价争议事项答复如下：

本工程试验承台开挖宽度 14～17m，基坑开挖深度约 4.2m，施工图中无试验承台的基坑开挖支护形式。工程开工后，基坑支护专项方案经专家论证，确定深基坑采用拉森Ⅲ钢板桩基坑支护形式开挖，各参建方同意并经设计单位复核后实施。双方就增加的钢板桩支护费用产生争议。发包人认为，钢板桩支护费用为安全措施费用，应由承包人承担。承包人认为，深基坑开挖无施工设计图，采用钢板桩支护施工是根据图纸会审、专家论证基坑支护专项方案会议纪要并经监理单位、设计单位与建设单位共同研究确定，非承包人原因引起。根据《广东省市政工程综合定额 2018》第一册《通用项目》第 7 页册说明第一条及第 89 页第一条规定，沟槽及基坑钢支撑属于 D.1.3 软基处理、桩及支护工程，围护支护及桩工程在定额中属于分部分项工程项目，并非措施项目，此部分费用应由发包人承担。

我站认为，合同专用条款第 80 条绿色施工安全防护措施费的内容、范围和金额约定"安全文明施工的内容及范围以现行广东省建设工程计价依据规定为准"，《关于实施〈房屋建筑与装饰工程工程量计算规范〉（GB 50854—2013）等的若干意见》（粤建造发〔2013〕4 号文）第一条第 6 款约定"挖土方项目的围护（挡土板）指木竹挡土板、支撑。如设计要求混凝土墙、钢挡土墙或圆木桩、混凝土桩、钢挡土桩等的，应另行列项计算"，绿色施工安全防护措施项目按费率计算工作内容不应包括基坑钢板桩支护。本工程的招标工程量清单、已标价的工程量清单及招标施工图均没有试验承台基坑支护的内容，钢板桩支护应属于设计变更。双方应根据合同中工程变更约定调整合同价款。

　　专此函复。

广东省建设工程标准定额站

2023 年 2 月 24 日

关于珠海国际大厦续（改）建
工程计价争议的复函

粤标定复函〔2023〕19 号

珠海经济特区珠光房产开发有限公司、中海建筑有限公司：

你们通过广东省建设工程造价纠纷处理系统，申请解决珠海国际大厦续（改）建工程计价争议的来函及相关资料收悉。

2021 年 11 月 22 日签订的工程总承包（设计、施工）合同显示，项目位于珠海市香洲区，资金来源为企业自筹，发包人珠海经济特区珠光房产开发有限公司采用公开招标方式，确定由中海建筑有限公司和广东德晟设计研究院组成联合体承建。工程采用工程量清单计价方式，综合单价依据《广东省建设工程计价依据 2018》相关定额编制施工图预算并按中标下浮率组价，目前处于施工图预算编制阶段。现对来函涉及的工程计价争议事项答复如下：

本项目属于旧改项目，旧结构基础采用预制混凝土管桩，新建部分基础需补打混凝土灌注桩，混凝土灌注桩施工中遇孤石及旧结构预制混凝土管桩需清除，发承包双方就孤石及旧预制混凝土管桩清除计价产生争议。发包人认为，清除孤石及旧预制混凝土管桩的工程量应按混凝土灌注桩与旧预制混凝土管桩交叉面积乘以旧预制混凝土管桩的桩长计算；由于无合适的定额子目可套用，则选用相近的定额子目，孤石及旧预制混凝土管桩清除应套用定额入岩增加费子目计价。承包人认为，混凝土灌注桩施工中遇孤石及旧预制混凝土管桩的工程量应按灌注桩的截面面积乘以旧预制混凝土管桩的桩长计算；由于定额的入岩增加费子目是按常规岩层考虑的，但孤石及旧预制混凝土管桩属于非常规岩层，应按市场询价方式确定造价。

我站认为，依据《广东省房屋建筑与装饰工程综合定额 2018》A.1.3 桩基础工程章说明第二条第3点，定额不包括清除地下障碍物，若发生时应按实计算。前期超前钻报告及旧结构图纸显示，混凝土灌注桩在施工过程中遇到孤石及旧预制混凝土管桩且需要清除的，均属于清除地下障碍物工作，不适用于入岩增加费定额子目。建议发承包双方在编制预算时，清除孤石及旧预制混凝土管桩的工程量按灌注桩与孤石、旧预制混凝土管桩重叠部分的工程量计取，结算工程量按实计算。清除孤石及旧预制混凝土管桩的综合单价则应结合施工图纸要求及经批准的施工组织方案，参考市场价格水平协商计取合理的施工成本与利润。

专此函复。

广东省建设工程标准定额站
2023 年 2 月 24 日

关于坦洲镇界狮南路（南坦路至环洲南路）道路改造工程计价争议的复函

粤标定复函〔2023〕20 号

中山市坦洲镇城市更新和建设服务中心、江西省中宁建筑工程有限公司：

你们通过广东省建设工程造价纠纷处理系统，申请解决坦洲镇界狮南路（南坦路至环洲南路）道路改造工程计价争议的来函及相关资料收悉。

2020 年 4 月 17 日签订的施工合同显示，工程位于中山市坦洲镇，资金来源为镇财政资金，发包人中山市坦洲镇城建设服务中心（现更名为中山市坦洲镇城市更新和建设服务中心）采用公开招标方式，确定由江西省中宁建筑工程有限公司负责承建。工程采用工程量清单计价方式，合同价格形式为总价合同，目前处于竣工结算阶段。现对来函涉及的工程计价争议事项答复如下：

一、关于水泥稳定碎石调平层平均厚度变更的计价争议

本工程招标图纸中"6％水泥稳定碎石调平层"项目均厚 29.43cm，面积 24409.245m^2，而招标工程量清单中项目特征描述为均厚 15cm。施工过程中，因道路设计高程调整，将调平层厚度变更为均厚 34cm，面积 17403.718m^2。发承包双方就变更后的计价产生争议。发包人认为，本工程为图纸大包干，承包人在招标答疑阶段并未对调平层图纸与招标工程量清单的厚度不一致提出异议，则该项清单报价的均厚应以图纸为准，工程量按实结算，已实施均厚 34cm 部分，按增加 4.57cm 计算费用。承包人认为，变更非施工方原因所致，且变更后设计厚度及施工面积均已发生变化，故应重新组价。

我站认为，本工程为招标图纸包干的总价合同，实施过程中因道路设计

高程调整，水泥稳定碎石调平层平均厚度变更为 34cm，应与原招标图纸的均厚 29.43cm 作对比，按增加 4.57cm 计算工程量，再按工程变更引起价款调整的合同条款计价。

二、关于预留管道（钢管）的计量争议

本工程原招标工程量清单中"钢管 ϕ110"清单工程量为 1589.22m。设计单位图纸会审明确预埋钢管数量见照明工程中《管线预埋大样及连接井结构图》，取 5 根钢管 ϕ110，数量为 558.8m。发承包双方就钢管的工程量计算产生争议。发包人认为，结算时应按断面总长减去原招标工程量进行扣减。承包人认为，在图纸会审时设计单位已明确预埋管断面为 5 根，故结算时应按断面总长乘以根数减去原招标工程量增加相应费用。

我站认为，所提交的相关资料表明，图纸会审明确预埋钢管数量见照明工程中《管线埋设大样及连接井结构图》，预埋排管取 5 根，经双方确认，此图纸已在招标阶段提供给投标单位，图中排管数量标注为 4～6 根，但由于本工程是按图纸总价包干，作为有经验的总包单位，应根据机电安装各专业图纸统筹考虑确定每米排管包含 5 根钢管考虑钢管数量（或在招标答疑阶段提出明确数量的要求），并按《市政工程工程量清单计算规范》GB 50857—2013 进行报价，故钢管工程量结算时应结合竣工图纸与招标图纸对比差异，即按照竣工图纸与招标图纸的排管截面延长米作对比，若有变更增减的作相应调整。

专此函复。

广东省建设工程标准定额站

2023 年 2 月 24 日

关于广信玉兰苑项目主体及地下室、幼儿园、医院施工总承包工程计价争议的复函

粤标定复函〔2023〕21 号

广州市溪楹房地产有限公司、深圳市广胜达建设有限公司：

你们通过广东省建设工程造价纠纷处理系统，申请解决广信玉兰苑项目主体及地下室、幼儿园、医院施工总承包工程计价争议的来函及相关资料收悉。

2020 年 4 月 16 日签订的施工承包合同显示，本工程位于广州市荔湾区，发包人广东省信托房产开发公司（2021 年 9 月 28 日将本合同约定的权利及义务转交至广州市溪楹房地产有限公司）通过固定清单议标上下浮点定标方式，确定由深圳市广胜达建设有限公司负责承建。工程采用工程量清单计价方式，合同价格形式为单价合同，目前处于合同履行阶段。现对来函涉及的工程计价争议事项答复如下：

本工程关于人工费调整的相关合同条款约定"以 2019 年 6 月广州市建设工程造价管理站《关于发布 2019 年 4 月份广州市建设工程价格信息及有关计价办法的通知》中规定的执行《广东省建筑与装饰工程综合定额 2010》的工程之'综合工日、借工和时工的日工资价格'为基准价；以施工期间各月度上述之'综合工日、借工和时工的日工资价格'算术平均值与基准价的差额来调整人工费价差"。现发承包双方对此人工费调差方法产生争议。发包人认为，应以综合工日单价波动进行人工费调差，不考虑借工和时工。承包人认为，应以定额站发布的综合工日、借工和时工单价的平均值波动进行调差。

我站认为，综合分析施工合同签约时的真实意思，结合行业习惯，该合

同条款应理解为计算人工费价差时，区分综合工日、借工、时工三种人工价格形式，分别计算施工期广州市建设工程造价管理站发布的综合工日、借工、时工价格与 2019 年 4 月份相应基准价的价差。

专此函复。

广东省建设工程标准定额站

2023 年 2 月 24 日

关于中山西区彩虹地块工程计价争议的复函

粤标定复函〔2023〕22 号

中山越佳房地产开发有限公司、上海宝冶集团有限公司：

你们通过广东省建设工程造价纠纷处理系统，申请解决中山西区彩虹地块工程计价争议的来函及相关资料收悉。

2020 年 1 月 9 日签订的施工总承包合同显示，本工程位于中山市，资金来源为企业自筹。发包人中山越佳房地产开发有限公司通过邀请招标方式，确定由上海宝冶集团有限公司负责承建。工程采用工程量清单计价方式，合同价格形式为单价合同，目前处于竣工结算阶段。现对来函涉及的工程计价争议事项答复如下：

一、关于钢筋定尺长度取值的争议

发承包双方对钢筋定尺长度的计取产生争议。发包人认为，工程招标时提供了《工程量清单计价说明》，明确现场定尺引起的相关费用应在承包人报价中综合考虑，故不另计。承包人认为，应按《广东省房屋建筑与装饰工程综合定额 2018》相关规定，设计图示及规范未标明的通长钢筋，$\phi10$ 以内的按每 12m 计算一个钢筋搭接，$\phi10$ 以上的按每 9m 计算一个钢筋搭接。

我站认为，发包人招标时提供的《工程量清单计价说明》，已明确钢筋工程量不考虑施工损耗及因钢筋加工、综合开料所引起的钢筋非设计接驳，并明确本说明与《建设工程工程量清单计价规范》GB 50500—2013 不一致的以本说明为准，故钢筋定尺引起的非设计接驳已包含在综合单价中，不另计。

二、关于箍筋间距计算的争议

发承包双方对钢筋箍筋的设置是按向上取整±1，还是按四舍五入±1 产生争议。发包人认为，工程招标时《工程量清单计价说明》已明确加密区按四舍五入＋1，非加密区按四舍五入－1。承包人认为，依据定额及常规做法，加密区向上取整＋1，非加密区向上取整－1。

我站认为，发包人招标时提供的《工程量清单计价说明》已明确箍筋、楼板钢筋及其他间距的计算，加密区安排按四舍五入＋1，非加密区按四舍五入－1，并明确本说明与《建设工程工程量清单计价规范》GB 50500—2013 不一致的以本说明为准，故箍筋间距计算设置应按发包人招标时提供的《工程量清单计价说明》相关规则计取。

专此函复。

广东省建设工程标准定额站

2023 年 3 月 2 日

关于珠海市斗门一中新建体育馆
工程计价争议的复函

粤标定复函〔2023〕23 号

珠海市政府投资房建项目工务中心、珠海市建安集团有限公司：

你们通过广东省建设工程造价纠纷处理系统，申请解决珠海市斗门一中新建体育馆工程计价争议的来函及相关资料收悉。

2020 年 8 月 24 日签订的施工总承包合同显示，本工程位于珠海市斗门区，资金来源为财政资金，发包人珠海市政府投资项目建设管理中心（后变更为珠海市政府投资房建项目工务中心）通过公开招标方式，确定由珠海市建安集团有限公司负责承建。工程采用工程量清单计价方式，合同价格形式为总价合同，目前处于竣工结算阶段。现对来函涉及的工程计价争议事项答复如下：

本工程支模首层层高 9.5m，二层层高 11.5m，三层层高 13.5m，施工总荷载超过 $15kN/m^2$，属于高大模板支撑体系，承包人依据经论证、审批的高支模专项施工方案进行了施工，现发承包双方对高支模计价产生争议。发包人认为，合同无高支模清单综合单价，应按合同约定套用对应的定额子目进行清单组价，组价后删除定额子目工料机中的钢支撑，工料机中的其他材料均按定额默认计取，钢支撑按实际搭设周期增加钢支撑租赁费用。承包人认为，高支模费用计价时，钢管应按市场租赁计费，模板一次性投入按一次性费用计取，人工费按市场价包工。

我站认为，招标文件第 16.14 条和合同专用条款第 23 条"合同价款及调整"明确约定，高支模（含综合脚手架）方案经专家论证并经审批后按实结算，不属于合同约定的不可调整的风险范围。此外，按照新增单价计算规则，无适用定额子目套用。故本工程高支模费用应按经审批的施工方案，双方采用市场询价方式协商确定合理的施工成本和利润进行计取。

专此函复。

广东省建设工程标准定额站
2023 年 3 月 2 日

关于白藤水质净化厂扩建及提标
改造工程计价争议的复函

粤标定复函〔2023〕24 号

珠海水务环境控股集团有限公司、天津港航工程有限公司：

你们通过广东省建设工程造价纠纷处理系统，申请解决关于白藤水质净化厂扩建及提标改造工程计价争议的来函及相关资料收悉。

2020 年 4 月 2 日签订的施工合同显示，本工程位于珠海市斗门区，资金来源为企业投资，发包人珠海水务环境控股集团有限公司采用公开招标方式，确定由天津港航工程有限公司负责承建。工程采用工程量清单计价方式，合同价格形式为单价合同，目前处于合同履行阶段。现对来函涉及的工程计价争议事项答复如下：

本工程施工图结构设计总说明第十条第 2 点约定"壁板模板不宜采用对拉螺栓固定，如需采用，应按《给水排水构筑物施工及验收规范》GB 50141—2008 相关规定在螺栓上加焊止水环。螺栓拆除后，应将螺杆割断，在混凝土壁面留 4～5cm 深的锥形槽，锥形槽用 C30 细石膨胀混凝土封堵"，而实际壁板模板施工按经审批的施工方案采用止水螺栓进行固定施工。发承包双方就是否增加计取止水螺栓费用产生争议。发包人认为，招标图纸结构设计总说明第十条第 2 点的说明与施工图一致，采用螺栓固定模板属于施工中的一项措施，故不予计取该费用。承包人认为，壁板模板采用止水螺栓进行固定施工属于设计变更，应按招标文件第 17.15 条中"5. 措施项目费计取原则（1）因变更（含洽商、签证等，下同）新增加的工程，按《建设工程工程量清单计价规范》GB 50500—2013 第 9.3.2 条执行"约定予以增加计取。

我站认为，模板施工的固定方式属于施工需考虑的措施内容，本工程招

87

标时并未明确采用某种具体方式，投标人报价应综合考虑包括对拉止水螺栓等固定模板方式的费用，且根据施工合同专用条款第 10.1 条变更范围和第 21.1 条造价调整条件及范围等约定，壁板模板采用止水螺栓进行固定施工并不属于设计变更调整的范围，故本工程不应另计壁板模板止水螺栓费用。

专此函复。

广东省建设工程标准定额站

2023 年 3 月 2 日

关于珠海市新青水质净化厂提标
改造工程计价争议的复函

粤标定复函〔2023〕25 号

珠海水务环境控股集团有限公司、天津港航工程有限公司：

你们通过广东省建设工程造价纠纷处理系统，申请解决珠海市新青水质净化厂提标改造工程计价争议的来函及相关资料收悉。

2018 年 8 月 6 日签订的工程总承包合同显示，本工程位于珠海市，发包人珠海水务环境控股集团有限公司通过公开招标方式，确定由中国市政工程中南设计研究总院有限公司、天津港航工程有限公司负责承建。工程采用工程量清单计价、定额组价方式，执行《广东省建设工程计价依据 2010》，合同价格形式为单价合同，目前处于结算阶段。现对来函涉及的工程计价争议事项答复如下：

工程施工初期，由于发包人原因导致不具备安装塔式起重机施工条件，发包人同意在塔式起重机批准投入使用前采用汽车式起重机施工替代方案，承包人编制了汽车式起重机专项施工方案并经发包人审核通过，结算阶段发承包双方对汽车式起重机台班数量的计算产生争议。发包人认为，预算编制时吊车台班数量是以吊车方案为准包干的数量，在施工方案未变更时，超出预算部分的台班数量是承包人的原因造成的，结算时不予计取；承包人认为，采用汽车式起重机施工方式非承包人原因，吊车方案中的台班数量是按常规经验编制的暂估数量，吊车发生的台班数量应按实际发生的台班数量计算并予以确认。

我站认为，本工程合同约定综合单价依据《广东省市政工程综合定额 2010》组价确定，计价时定额子目已含垂直运输的不能再重复计算汽车式起重机台班，定额中未考虑垂直运输的可以计算垂直运输费用。本工程由于发包人原因只能采用汽车式起重机施工方案，依据现场签证，不包括承包人自身责任导致的汽车式起重机实际使用台班费用超过该部分定额施工机械台班费用的，承包人可向发包人索赔。

专此函复。

广东省建设工程标准定额站

2023 年 3 月 6 日

关于东马智造园 D、E、F 区施工总承包工程计价争议的复函

粤标定复函〔2023〕26 号

佛山市东马产业园开发有限公司、长春建工集团有限公司：

你们通过广东省建设工程造价纠纷处理系统，申请解决东马智造园 D、E、F 区施工总承包工程计价争议的来函及相关资料收悉。

2020 年 10 月 20 日签订的施工总承包合同显示，本工程位于佛山市顺德区，资金来源为企业自筹，发包人佛山市东马产业园开发有限公司采用邀请招标方式，确定由长春建工集团有限公司负责承建。工程采用定额计价方式，合同价格形式为单价合同，目前处于竣工结算阶段。现对来函涉及的工程计价争议事项答复如下：

一、关于墙面真石漆定额子目材料的争议

本工程设计要求真石漆墙面做法为满刮腻子两遍、涂底漆一遍、涂面漆两遍，发承包双方对《广东省房屋建筑与装饰工程综合定额 2018》（以下简称"2018 房建定额"）A1-15-143 墙面真石漆定额子目的材料理解产生争议。发包人认为，A1-15-143 墙面真石漆定额子目中的腻子粉为腻子层，醇酸清漆为底漆，真石漆为面漆，真石面漆为罩面漆。承包人认为，A1-15-143 墙面真石漆定额子目中的腻子粉为腻子层，真石漆为底漆，真石面漆为面漆，醇酸清漆为罩面漆。

我站认为，2018 房建定额中的 A1-15-143 墙面真石漆定额子目中的腻子粉为腻子层，醇酸清漆为底漆，真石漆为面漆，真石面漆为罩面漆。

二、关于预制管桩结算长度的争议

本工程设计要求采用预制管桩基础，发承包双方就预制管桩的结算长度工程量计算产生争议。发包人认为，应按设计桩顶标高至桩底标高计算，超出设计标高的桩长属于承包人自身原因造成的，不另计。承包人认为，应按照2018房建定额规定，预制管桩结算长度应按实际入土桩的长度（单独制作的桩尖除外）计算。

我站认为，依据2018房建定额A.1.3桩基础工程工程量计算规则第十条规定，预制管桩工程量的结算长度应按实际入土桩的长度（单独制作的桩尖除外）计算。

三、关于预算包干费的计价争议

编制结算时发承包双方就预算包干费的计价产生争议。发包人认为，预算包干费已在合同中约定，不另计。承包人认为，按照2018房建定额规定，应另计预算包干费。

我站认为，发承包双方应将2018房建定额中预算包干的内容与合同约定不另行计取费用的内容进行对照，已包括在合同约定范围内的预算包干内容不计算，在合同约定范围之外的预算包干内容可另计预算包干费，具体费用计算标准由发承包双方商定。

四、关于外墙综合脚手架工程量计算高度的争议

本工程天面女儿墙上方沿外墙轴线设有一圈连续梁，女儿墙高度1.9m，连续梁顶面距离女儿墙顶的高度为4.70m，发承包双方就外墙综合脚手架工程量计算高度产生争议。发包人认为，依据2018房建定额A.1.21脚手架工程工程量计算规则第一条第1点及第7点规定"有女儿墙者，高度和步距计至女儿墙顶面""在外墙轴线的现浇屋架、单梁及与楼板一起现浇的梁均不得计算脚手架"，外墙综合脚手架工程量计算高度应计算至女儿墙顶面。承包人认为，外墙综合脚手架工程量计算高度应计算至超出女儿墙的连续梁梁顶。

我站认为，本工程图纸显示，天面外墙轴线上的连续梁在女儿墙顶部上方且与女儿墙连为一体，与女儿墙一样在施工时均须搭设综合脚手架。结合

2018 房建定额 A.1.21 脚手架工程工程量计算规则第一条第 1 点"有女儿墙者，高度和步距计至女儿墙顶面"的规定，本工程外墙综合脚手架工程量计算高度应计至连续梁顶。

专此函复。

广东省建设工程标准定额站
2023 年 3 月 6 日

关于国通外贸产业城一期 A 区
工程计价争议的复函

粤标定复函〔2023〕27 号

广东国通物流城有限公司、汕头市建安（集团）有限公司：

你们通过广东省建设工程造价纠纷处理系统，申请解决国通外贸产业城一期 A 区工程计价争议的来函及相关资料收悉。

2016 年 4 月签订的施工总承包合同显示，本工程位于佛山市，资金来源为企业资金，发包人广东国通物流城有限公司通过邀请招标方式，确定由汕头市建安（集团）公司［现更名为汕头市建安（集团）有限公司］负责承建。工程采用定额计价方式，合同价格形式为单价合同，目前处于竣工结算阶段。根据上传资料及发承包双方见面会了解的情况，对来函涉及的工程计价争议事项答复如下：

一、关于型钢结构深化设计的深化图是否作为结算依据的争议

本工程设计单位在关于型钢结构深化设计情况说明中明确，原结构施工图未考虑加工和吊装等实际施工需求，需进行深化设计。发承包双方就型钢结构深化图是否作为结算依据产生争议。发包人认为，设计院出具的原结构施工图经第三方施工图审查单位审查通过，为实际验收的依据，图纸深化的内容为施工措施，依据合同专用条款第 7.2.2 条规定"承包人自身的施工措施，所增加的人工、材料、机械等措施费用均由承包人自行承担"，因此深化设计增加的内容不另行计价。承包人认为，钢结构图纸如不通过深化设计，原图纸无法满足施工且无法达到验收要求，型钢结构深化设计是在原结构图纸的基础上深化钢结构说明、焊接工艺图、平面布置图、构件加工制作等，

不属于施工组织设计方案，非承包人自身施工措施，在获得五方单位盖章确认后，应归入实体工程按经确认的深化图结算。

我站认为，根据来函资料及设计单位提供的说明，本工程钢结构施工图未考虑因焊接工艺、构件分段、吊装需求所增加的翼缘板、开孔、各详细零构件或连接节点大样，需进行深化设计才能指导施工和明确验收标准。同时，承包人的深化设计获得设计单位、监理单位、建设单位和管理单位等盖章确认，符合合同约定的审批要求，可作为结算依据。

二、关于外墙综合脚手架的计价争议

发承包双方就地上外墙综合钢脚手架工程量和定额步距高度的计算产生争议。发包人认为，本工程最高层的屋面板标高181.10m，设计室外地坪标高-0.15m，脚手架步距应为181.25m，故D4塔楼部分的结算综合脚手架步距应按190m计算；屋面钢屋架脚手架按双方协商达成一致的修正施工方案独立计算；地下室顶板标高-1.65m到设计室外地坪-0.15m的脚手架按地下室外脚手架相应高度计算步距。承包人认为，屋面钢屋架脚手架是待混凝土结构全部完成、拆除原有脚手架后再进行搭设，需按先后顺序进行施工。建筑平面图、建筑结构图显示，本工程钢结构屋檐顶标高189.28m，柱顶标高188.59m，结构圈梁梁面标高185.90m，外墙综合脚手架搭设高度必须超过结构标高才能符合安全技术要求，结合工程量计算规则，外墙综合脚手高度应从地下室顶板标高-1.65m计至钢结构屋檐顶标高189.28m，按200m步距计算。

我站认为，分析本工程经批准的外脚手架搭设专项施工方案，外脚手架从地下室顶板面搭设的，应以地下室顶板标高作为计算起点；从室外地面搭设的，应以室外地面标高作为计算起点，计算高度计至建筑物外立面的最高点。

三、关于垂直运输的计价争议

本工程地上建筑物层数为35层，其中1~9层称为T1-2停车楼（高度为49.75m），10~35层称为D4栋，发承包双方就T1-2停车楼是否按裙楼计算垂直运输产生争议。发包人认为，根据《广东省建筑与装饰工程综合定额2010》A.23垂直运输章说明第一条第6小点规定"裙楼与塔楼工程，裙楼按设计室外地坪至裙楼檐口高度计算垂直运输，塔楼按设计室外地坪至塔楼檐口高度计算垂直运输"，T1-2停车楼其功能为停车、商铺，属于裙楼，D4属于塔楼，故T1-2停车楼与D4栋塔楼应按不同步距计算垂直运输费。承包人认为，根据《广东省建筑与装饰工程综合定额2010》A.23垂直运输章说明第一条第5小点规定"一幢建筑物中有不同高度时，除另有规定外，按最高的檐口高度套同一步距计算"，本工程停车楼有10层，结构高度49.6m，属于高层建筑，且停车楼与塔楼的西立面（B5-7轴）和北立面（B5-M轴）为同一重叠立面，核心筒、剪力墙等结构构造是一体设计及施工的，停车楼与塔楼应为一个整体，故计算垂直运输不应将D4栋和T1-2停车楼区分开计算，应根据定额规定按一个整体计算。

我站认为，根据本工程的施工图，从建筑物的功能外形和项目垂直运输设备的布置，结合定额编制时裙楼与塔楼划分的标准，T1-2停车楼不属于裙楼，按照《广东省建筑与装饰工程综合定额2010》A.23垂直运输工程章说明第一条第5点的规定，其垂直运输的步距应按D4栋的檐口高度计算。

四、关于钢筋计算规则的计价争议

对钢筋根数是按四舍五入＋1还是向上取整＋1的工程量计算规则，发承包双方产生争议。发包人认为，由第三方检测单位根据相关标准规范要求对钢筋进行检测，确定实际施工数量，符合承包人描述施工根数则检测费用由建设单位承担，否则由承包人承担检测费用；且检测结果交设计单位进行评估，达到结构安全且不影响设计使用功能则以检测根数计算，如达不到设计结构安全和使用功能，则按设计单位要求进行加固补强，所产生的费用均由承包人承担。承包人认为，根据合同约定的计算规则，依据《关于广东省建设工程定额动态管理系统定额咨询问题解答的函（第1期）》（粤标定函〔2019〕9号）问题解答，钢筋根数按向上取整＋1计算。

我站认为，钢筋根数的工程量计算规则是按设计图纸向上取整＋1计算，而不是以检测根数计算。若工程实际施工不符合设计图纸和相关施工规范的要求，应另根据合同中关于工程质量、违约等条款办理。

五、关于主梁附加密箍筋计量的争议

关于主梁与次梁交接位置的主梁附加密箍筋的计量，发承包双方产生争议。发包人认为，同钢筋根数的计量，应以第三方检测单位的检测结果为准。承包人认为，根据《结构设计总说明》GS-T-01第6.5条规定，本工程钢筋混凝土结构施工采用的《混凝土结构施工图平面整体表示方法制图规则和构造详图》16G101—1明确"附加箍范围内主梁正常箍筋或加密区箍筋照设",即主梁与次梁交接位置的主梁附加箍筋,不能替代原主梁箍筋。

我站认为,本工程采用《混凝土结构施工图平面整体表示方法制图规则和构造详图》16G101—1,根据附加箍筋范围的标注"附加箍范围内主梁正常箍筋或加密区箍筋照设",因此图纸主梁附加密箍筋数量按规范要求计算,而不是以检测结果计算,若存在不符合设计图纸和相关施工规范要求的,应另根据合同中关于工程质量、违约等条款办理。

六、关于楼层预埋套管未按图集施工的计价争议

本工程楼层预埋套管的设计图集要求预埋套管D203管厚度6.0mm、D159管厚度4.5mm,实际施工的套管厚度为2mm,发承包双方对套管的计价产生争议。发包人认为,承包人未按设计图集施工且拒不整改,因此,根据现场施工工艺,参考A4-213预埋铁件子目进行计价,若承包人按施工图纸要求完成整改,可按对应套管子目计价。承包人认为,实际施工的钢套管工作内容与定额"穿楼板翼环钢套管制作C8-1-326,C8-1-327"的工作内容基本一致,组价时应套用该定额子目,若套管厚度不足,可调整子目主材及主材消耗量。

我站认为,承包人施工的套管若符合设计要求,其计价应按合同约定计价;若承包人实际施工的套管不符合设计要求,应另根据合同中关于工程质量、违约等条款办理。

七、关于主体钢结构焊缝探伤检测及主体实体检测费用的计价争议

本工程招标文件的合同协议书第4条第(7)点明确"所有检测费用(除由招标单位负责直接委托的桩基检测、防雷检测、空气检测和消防检测、水质检测外)均由承包人自行考虑,并在《其他费用报价表》中报价,如原材料检测、节能检测、门窗检测、工程验收实体检测、沉降观测等,对于政府规定由建设单位直接委托检测的其他项目(除上述桩基检测、防雷检测、空气检测和消防检测外),先由建设单位先行委托检测单位并支付检测费,然后根据实际发生费用(以合同价为准),在支付80%节点工程款时扣回",但实际招标时,招标文件提供的附件缺少《其他费用报价表》,承包人在投标报价

时也未对此进行报价，结算时发承包双方就主体钢结构焊缝探伤检测及主体实体检测费用的计价产生争议。发包人认为，根据合同协议书关于检测费的约定，主体钢结构焊缝探伤检测及主体实体检测费用应由承包人承担，且合同补充协议三的第一点已阐明2020年4月20日版的施工图预算仅作为进度款支付的依据，故此费用应由承包人承担。承包人认为，根据《广东省建设工程计价通则（2010）》第4.2.6条规定"对地基基础、主体结构、建筑幕墙、钢结构、消防、防雷等工程进行专项检测，其费用由发包人承担，并列入工程建设其他费用的研究试验费内"，在施工图预算中，已将主体结构实体检测及钢结构焊缝探伤检测项目在专项项目列项计算，故结算时应按实计。

我站认为，发包人提供的招标文件缺少《其他费用报价表》，导致所有投标人均未对由中标人自行考虑的检测费用进行报价。而承包人在投标阶段也未提出质疑，也未进行报价，并在合同签订时作出了响应。建议合同双方本着公平公正、风险共担的原则，协调确定上述检测费用的计算方式。

八、关于墙柱与梁板混凝土强度等级变化处的快易收口网的计价争议

本工程《结构设计总说明》GS-T-01第9.2条第3点"当墙柱的混凝土强度等级高于梁板一个等级及以上时，其节点区应按等级高的混凝土浇灌"，在图纸大样图中未注明需设置快易收口网，但承包人在工程联系单中明确了收口网设置的位置和方式，各方单位均确认。结算时，发承包双方就快易收口网的计价产生争议。发包人认为，图纸未注明需设置快易收口网，应属于承包人的施工措施，依据合同第7.2.2条，此费用由承包人承担，不计入结算。承包人认为，根据《结构设计总说明》，结合本工程主体结构墙、柱混凝土强度等级的差异情况，报审了相应的施工缝做法（钢骨架＋收口网），并根据各方回复的意见进行施工且在施工图预算中列项计算了该费用，此项内容不属于施工组织设计方案，非承包人自身施工措施，应计入结算。

我站认为，查询《广东省建筑与装饰工程定额2010》，墙柱与梁板浇筑定额不含收口网的材料费，故实际有发生时，可另行计算收口网材料费。

九、关于幕墙灯光线条设计修改的计价争议

本工程实施过程中，增加灯光效果，需在原幕墙外增加铝合金型材线条和扣板型材，发承包双方就幕墙灯光线条设计修改套用定额子目产生争议。

发包人认为，幕墙工程由总包自行招标并报备我司，其合同清单价格为市场报价，修改了幕墙灯光线条设计，其价格应按"A13-20 铝骨架"调整计算，并在 2019 年 11 月回复联系单 GD-B1-244-425 中确定。承包人认为，幕墙灯光线条设计修改应套用定额子目"A13-13 平面铝板幕墙铝合金骨架"进行计价，故不认可联系单中的价格计算方式，已重新回函报价。

我站认为，根据双方见面会后提供的补充资料，合同双方对在联系单 GD-B1-244-425 中确定的幕墙灯光线条单价后是否发生变更和在联系单 GD-B1-244-425 中确定的单价是否经双方确认存在不同意见，因此建议双方对此事件再次进行梳理，若在联系单 GD-B1-244-425 中确定幕墙灯光线条单价后，有发生变更或确定的单价未经双方确认的，则按实际情况重新确定单价，反之则以联系单 GD-B1-244-425 中确定的单价进行结算。

十、关于穿孔铝板的计价争议

本工程外立面空调机位设置可开启穿孔铝板，发承包双方就其套用定额子目计价产生争议。发包人认为，空调柜机处铝百叶列入幕墙工程内由总包自行招标，属于常规铝百叶，其价格参照百叶窗定额计价，并在联系单 GD-B1-244-425 中予以确定。承包人认为，外墙空调机位安装铝合板冲压钢板，属于幕墙组成的一部分，与平面铝板幕墙的施工做法相一致，采用吊篮进行安装，有别于常规铝合金百叶窗做法，应套用定额子目"A13-13 平面铝板幕墙铝合金骨架"进行计价，故不认可联系单中的价格计算方式，已重新回函报价。

我站认为，建筑幕墙是由面板与支承结构体系组成的，具有规定的承载能力、变形能力和适应主体结构位移能力，不分担主体结构所受作用的建筑外围护墙体结构或装饰性结构。窗是围蔽墙体洞口，可起采光、通风或观察等作用的建筑部件的总称。根据上传资料显示，本工程外立面空调机位设置的可开启穿孔铝板不属于幕墙，因此可套用定额"A12-263 铝合金百叶窗"子目进行计价，铝合金立柱、不锈钢合页等五金按实调整。

十一、关于内墙和外墙抹灰如何套取定额子目争议

本工程的内墙和外墙抹灰，发承包双方就套用定额子目产生争议。发包人认为，施工内容为抹灰、找平，没有罩面、压光，即后续需进行铺贴块料、刮腻子扫油漆、喷涂等装饰的抹灰，符合底层抹灰的工作内容，应按底层抹

灰计价。承包人认为，内外墙抹灰项目，砂浆材料均为两层，应套用定额"A10-7 各种墙面水泥砂浆面"子目进行计价，并根据图纸调整砂浆材料及含量，若按底层抹灰计算，则应按抹两遍的底层抹灰计价。

我站认为，根据《关于广东省建设工程定额动态管理系统定额咨询问题解答的函（第 1 期)》（粤标定函〔2019〕9 号）问题解答，对于抹灰工程交付竣工验收时无块料面层的，应套用一般抹灰定额子目计价。

专此函复。

广东省建设工程标准定额站

2023 年 3 月 7 日

关于深圳（潮州）产业转移工业园径南分园首期开发建设工程计价争议的复函

粤标定复函〔2023〕28号

潮州市金山投资开发有限公司、中房潮州投资开发有限公司：

你们通过广东省建设工程造价纠纷处理系统，申请解决深圳（潮州）产业转移工业园径南分园首期开发建设工程计价争议的来函及相关资料收悉。

2009年11月3日签订的BT合同协议书显示，本工程位于潮州市区东南方向（潮安县与饶平县两县交界处），资金来源为财政资金，发包人潮州市金山投资开发有限公司通过直接发包方式，确定由中房潮州投资开发有限公司负责融资、建设。工程采用定额计价方式，合同价格形式为单价合同，目前处于竣工结算阶段。现对来函涉及的计价争议事项答复如下：

本工程建设用地范围跨越两个行政区域，潮安县不单独发布当地材价信息，而饶平县单独发布当地材价信息，发承包双方就编制造价成果文件时采用的信息价产生争议。发包人认为，该工程经潮州市发展和改革局批准立项，为市属建设工程，该工程建设用地范围所跨的两个行政区域均属潮州市，故应套用潮州市工程造价管理部门发布的信息价。承包人认为，应按照建设用地归属范畴，潮安县地块采用潮州市造价站发布的信息价、饶平县地块采用饶平县造价站发布的信息价计算。

我站认为，本工程合同条款中未明确约定人工、材料价格的确定方式，应由发承包双方协商并签订补充协议。如约以当地造价管理部门发布的材价信息为依据的，则应到潮州市造价管理部门征询有关信息价格属地管理与应用的相关规定后再协商明确。

专此函复。

广东省建设工程标准定额站
2023年3月7日

关于雅居乐12年制公立学校总承包工程计价争议的复函

粤标定复函〔2023〕29号

惠州市惠阳雅居乐房地产开发有限公司、汕头市潮阳建筑工程总公司：

你们通过广东省建设工程造价纠纷处理系统，申请解决雅居乐12年制公立学校总承包工程计价争议的来函及相关资料收悉。

2018年10月23日签订的施工合同显示，本工程位于惠州市惠阳区，资金来源为企业自筹，发包人惠州市惠阳雅居乐房地产开发有限公司通过公开招标方式，确定由汕头市潮阳建筑工程总公司负责承建。工程采用定额计价方式，执行《广东省建设工程计价依据（2010）》，合同价格形式为单价合同，目前处于竣工结算阶段。现对来函涉及的计价争议事项答复如下：

一、关于线盒盖板安装的计价争议

本工程的接线盒要求安装盖板，部分已安装的插座面板因设计变更需拆除后重新安装空白盖板，双方对上述盖板的计价产生争议。发包人认为，盖板不计安装费。承包人认为，盖板应按《广东省安装工程综合定额2010》（以下简称"2010安装定额"）C2-12-374"开关及按钮 扳式暗开关（单控）单联"子目计取。

我站认为，接线盒的安装子目已包括接线盒盖板的安装费用，接线盒盖板的主材可另计。因设计变更原因，对原已安装的开关、插座面板拆除后重新安装空白盖，2010安装定额中缺项，建议双方对空白盖板的安装费及其材料费进行协商计价。

二、关于风扇安装的计价争议

发承包双方对风扇安装是否计取风扇调速开关安装和接线费用产生争议。发包人认为，风扇调速开关安装及接线已包含在风扇安装定额子目的工作内容，不另计。承包人认为，除单独套用风扇安装定额子目外，还应另套 C2-12-436 风扇调速开关安装及 C2-4-166 风扇接线定额子目。

我站认为，2010 安装定额风扇安装定额子目的工作内容包括"测位、划线、打眼、固定吊钩、安装调速开关、接焊包头、调速开关接线"，不再另计接线，但该调速开关是指老式的调速开关，需采用配电板配合安装。如采用 86 型无级调速开关配合接线盒安装的，其 86 型无级调速开关可执行单控单联暗开关子目，接线盒另执行相关项目定额，但吊风扇子目中的"配电板"材料费应扣除，其余不变。

三、关于编号为 YL 雨水管的计价争议

发承包双方对小学部走廊、男生宿舍阳台编号为 YL 雨水管的计价产生争议。发包人认为，应套用雨水管安装定额子目。承包人认为，应套用排水管安装定额子目。

我站认为，雨水管道定额与排水管道定额执行的界定方式：雨水与生活排水（污水）合用管道执行排水管安装相应定额子目，单独用于雨水排泄使用的管道执行雨水管安装相应定额子目。

四、关于钢筋定尺长度的计价争议

发承包双方对钢筋定尺长度产生计价争议。发包人认为，定额已考虑施工损耗以及因钢筋加工综合开料和钢筋出厂长度定尺所引起钢筋非设计接驳，钢筋定尺长度应按 50m 设置。承包人认为，钢筋定尺长度按施工实际购买钢筋的出厂长度 12m 计。

我站认为，根据《广东省建筑与装饰工程综合定额 2010》A.4 混凝土及钢筋混凝土章说明第四条第 4 条"定额已考虑施工损耗以及钢筋加工综合开料和钢筋出厂长度定尺所引起钢筋非设计接驳"的规定，钢筋出厂长度定尺所引起钢筋非设计接驳已包含在相应的定额内，不另计；设计、规范规定的钢筋搭接工程量可执行该章工程量计算规则第 4.3.3 条"墙、柱、电梯井壁的竖向钢筋；梁、楼板及地下室底板的贯通钢筋；墙、电梯井壁的水平转角

筋，以上钢筋的连接区、连接方式、连接长度均按设计图纸和有关规范、规程、国家标准图册的规定计算"的规定；钢筋接头子目适用于已按设计图纸和有关规范、规程、国家标准图集规定计算出钢筋接头的钢筋混凝土梁、板、柱、墙构件，以"个"为单位计算，但计算钢筋接头后，不得另计该处的钢筋搭接长度。

五、关于墙顶部压墙筋与剪力墙水平筋的计量争议

图纸要求悬臂式、扶壁式钢筋混凝土挡土墙的墙顶及墙底各沿长向水平增加 4 条 $\phi 25$ 的Ⅲ级螺纹钢筋，发承包双方对原墙身水平钢筋与墙顶增加钢筋发生重叠时的工程量计算发生争议。发包人认为，压顶墙筋与墙体水平钢筋重复时应扣除墙体水平钢筋工程量。承包人认为，压顶墙筋属于加强筋，不应扣减水平钢筋工程量。

我站认为，上传的施工大样图显示，钢筋混凝土挡土墙顶沿长向只要求通长布置 4 条 $\phi 25$ Ⅲ级螺纹钢筋，并无要求布置墙身水平钢筋，因此计算钢筋工程量时，墙顶处的墙身水平钢筋不应计算。

六、关于教室门口凹位建筑面积的计量争议

发承包双方对教室门口凹位建筑面积的计量产生争议。发包人认为，以外墙分界，教室门口凹进去位置应该按走廊计算一半建筑面积。承包人认为，该位置属于门廊，层高在 2.2m 以上应计算全面积。

我站认为，根据《建筑工程建筑面积计算规范》GB/T 50353—2013 术语第 2.0.20 条规定"门廊是在建筑物出入口，无门、三面或二面有墙，上部有板（或借用上部楼板）围护的部位"，各层教室门口凹位不属于建筑物出入口，非门廊；教室门口凹位与外走廊相连，为外走廊进入教室的过渡空间，属于外走廊的一部分，而外走廊均有栏杆、栏板等围护设施及柱，因此教室门口凹位的建筑面积应按第 3.0.14 条"有围护设施的室外走廊（挑廊），应按其结构底板水平投影面积计算 1/2 面积"的规定计算。

专此函复。

广东省建设工程标准定额站
2023 年 3 月 10 日

关于佛山 LEH 国际学校工程计价争议的复函

粤标定复函〔2023〕30 号

禅城东部商务区投资建设有限公司、浙江萧峰建设集团有限公司：

你们通过广东省建设工程造价纠纷处理系统，申请解决佛山 LEH 国际学校土建装饰、机电安装及室外园建绿化工程计价争议的来函及相关资料收悉。

2019 年 3 月 13 日签订的施工合同显示，本工程位于佛山市禅城区，资金来源为企业自筹，发包人禅城东部商务区投资建设有限公司通过公开招标方式，确定由浙江萧峰建设集团有限公司承建。工程采用工程量清单计价方式，合同价格形式为单价合同，目前处于竣工结算阶段。现对来函涉及的工程计价争议事项答复如下：

一、关于体育馆电渣压力焊接头计价的争议

电渣压力焊接头招标清单工程量与施工图纸存在重大偏差，发承双方就结算时该综合单价是否调整产生争议。发包人认为，工程量应按设计图纸的电渣压力焊接适用范围，计算竖向受力钢筋连接个数，并依据合同专用条款第 10.4.1 条约定，实际完成的工程量与已标价工程量清单列明的工程量的变化幅度大于±15％的，超出 15％部分和减少后剩余部分的综合单价重新组价进行计算。承包人认为，体育馆电渣压力焊接头按招标图纸个数结算，单价应以合同清单价或予以调高结算。

我站认为，本争议属于工程量清单数量变化引起的，依据合同专用条款第 1.13 条工程量清单错误修正的约定"出现工程量清单错误时，允许调整合同价格的工程偏差范围：当实际发生并经发包人确认的工程量与该工程的招标工程量清单的工程量超出±15％，合同价格调整时按专用合同条款 10.4.1 规定调整"，结算工程量与招标工程量的变化幅度大于±15％的，超出 15％部

分和减少后剩余部分的综合单价重新组价进行计算。

二、关于1~5号宿舍楼招标清单干挂陶板龙骨制作安装的争议

1~5号宿舍楼外墙陶板墙面招标工程量清单项目特征描述无配套龙骨制作安装说明，但招标图纸有龙骨做法及大样，双方对合同清单综合单价是否包含龙骨制作安装费产生争议。发包人认为，招标清单的特征描述为干挂陶板即包含龙骨制作安装，且1~5号宿舍楼幕墙招标图纸已包含龙骨做法及大样，投标人综合单价中已包含龙骨制安费用；且本工程其他楼栋如综合楼、体育馆干挂幕墙中存在相同或类似清单，项目特征均有具体龙骨做法。经对比，综合楼、体育馆的投标综合单价与1~5号宿舍的报价接近。根据施工合同专用条款第10.4.1条变更调价原则约定"若工程量清单有相同子目的，按照相同子目合同综合单价进行结算；若工程量清单中有类似子目的，综合单价参考类似子目合同综合单价进行结算（有多个类似子目价格的，以对应的单体工程中的最低综合单价为准）"，即使需计取龙骨制安费用，也应按本工程综合楼、体育馆中相同类似项目清单的单价计算。承包人认为，宿舍楼干挂陶板等干挂幕墙，清单描述无龙骨，综合单价分析表中无龙骨含量，应予补充结算。

我站认为，本工程合同价格形式为单价合同，《房屋建筑与装饰工程工程量计算规范》GB 50584—2013 M.4墙面块料面层中011204001石材墙面和011204004干挂石材钢骨架是不同的清单编码和项目，本工程招标清单外墙陶板墙面使用清单011204001石材墙面，但清单项目特征描述并无钢骨架制安相关内容，属于合同约定的招标工程量清单错缺项情形，应按专用条款第10.4.1条约定重新组价的计价原则，增加干挂石材钢骨架工程清单项目综合单价。

专此函复。

广东省建设工程标准定额站

2023年3月14日

关于肇庆保利商务中心工程计价争议的复函

粤标定复函〔2023〕31 号

肇庆新区投资发展有限公司、保利华南实业公司：

你们通过广东省建设工程造价纠纷处理系统，申请解决肇庆保利商务中心工程计价争议的来函及相关资料收悉。

2017 年 8 月 23 日签订的股权转让合同显示，本工程地点位于肇庆新区，资金来源为企业自筹，甲方肇庆新区投资发展有限公司通过股权转让方式受让乙方保利华南实业公司持有的保利肇庆商务项目产权（由肇庆鑫荣房地产有限公司建设），已完成竣工验收备案。工程采用定额计价方式，执行《广东省建设工程计价依据 2010》，目前处于核实股权转让金额阶段。现对来函涉及的工程计价争议事项答复如下：

一、关于铝板吊顶系统的计价争议

甲乙双方在确定幕墙工程建安费用时，对铝板吊顶系统（FS7）定额子目的套用产生争议。甲方认为，应套用《广东省建筑与装饰工程综合定额 2010》（以下简称"2010 建筑定额"）A.11 天棚工程的 A11-128 铝板面层定额子目和 A.13 幕墙工程 A13-21 钢骨架定额子目。乙方认为，应套用 A.13 幕墙工程的 A13-14 钢骨架平面铝板幕墙定额子目。

我站认为，根据上传的附图资料显示，争议的铝板吊顶系统属于天棚工程，应套用定额 A.11 天棚工程相关定额子目。同时，根据章说明第六条规定，龙骨的种类、间距、规格和基层、面层材料的型号、规格是按常用材料和常规做法考虑的，如设计要求不同时，材料种类及用量可以调整，其他不变，即本工程中吊顶的龙骨材料种类及用量与定额子目材料消耗量不同时，可按设计要求进行调整。

二、关于钻（冲）孔桩桩长计算的争议

甲乙双方就钻（冲）孔桩桩长工程量计算产生争议。甲方认为，设计文件中《钻（冲）孔灌注桩说明及大样图》的桩身大样、《钻（冲）孔灌注桩表》要求的桩身尺寸按超前钻结果最终确定，桩长计量时，桩底实际标高应以超前钻报告标示的持力层标高为准，不应以《钻（冲）孔成孔施工记录表》中的桩底实际标高为准。乙方认为，根据 2010 建筑定额 A.2 桩基础工程章说明第二十条规定，所有桩的长度，除另有规定外，预算按设计长度，结算按实际入土桩的长度（单独制作的桩尖除外）计算，超出地面的桩长度不得计算，成孔灌注混凝土桩的计算桩长以成孔长度为准。钻（冲）孔桩桩长应按《钻（冲）孔成孔施工记录表》中的桩顶设计标高加上浮浆高度减去桩底实际标高计算。

我站认为，定额规定"成孔灌注混凝土桩的计算桩长以成孔长度为准"是按正常施工管理情况下确定的成孔长度。根据提供的资料显示，本工程有约 17% 桩的《钻（冲）孔成孔施工记录表》记录的桩底标高与超前钻结果相差大于 0.5m，其中相差大于 2m 的共 48 条，约占 10%。结算时，甲乙双方应对此情况进行专题研究，因非承包人原因造成的桩长工程量应予计取。

专此函复。

广东省建设工程标准定额站

2023 年 3 月 14 日

关于观澜中学改扩建、市第二十一高级中学、红山中学高中部工程计价争议的复函

粤标定复函〔2023〕32号

深圳市龙华区建筑工务署、深圳市市政工程总公司：

你们通过广东省建设工程造价纠纷处理系统，申请解决观澜中学改扩建、市第二十一高级中学、红山中学高中部工程计价争议的来函及相关资料收悉。

2020年4月22日签订的工程总承包合同显示，本工程位于深圳市龙华区，资金来源为财政投资，发包人深圳市龙华区建筑工务署通过公开招标、定额下浮率方式，确定由深圳市华阳国际工程设计股份有限公司、深圳市市政工程总公司组成联合体负责承建。工程采用工程量清单计价方式，综合单价在施工图预算阶段由定额组价确定，合同价格形式为单价合同，目前处于合同履行阶段。现对来函涉及的工程计价争议事项答复如下：

一、关于合同补充条款中"施工图预算"释义的争议

本工程合同补充条款约定"施工图预算不得超过概算批复的建安费＋弃土费＋保险费之和"。现发承包双方就"施工图预算"释义为属于下浮前还是后产生争议。发包人认为，应按字面意义理解为施工图预算为下浮前的预算，即不考虑下浮率的预算。承包人认为，施工图预算是发承包双方确定工程结算价款的依据，是指在经行业主管部门、发包人、施工图审查机构等审核、修改后并最终确定的施工图纸的基础上，由发包人委托独立的第三方专业机构，依据国家标准、合同约定的相关编制办法及配套文件规定编制出的预算文件，应考虑下浮。

我站认为，本工程属于工程总承包项目，设计由承包人负责，施工图设

计完成后发承包双方依据现行定额和相关规则编制预算，并按中标下浮率确定施工图预算金额。结合双方签订合同的真实意思，发包人在补充条款中要求"施工图预算不得超过概算批复的建安费＋弃土费＋保险费之和"，该施工图预算即为前述方法确定的施工图预算，故编制施工图预算时，发承包双方应依据现行定额和相关规则并按中标下浮率进行编制，且确保其不超过概算批复的建安费＋弃土费＋保险费之和。

二、关于合同条款中市场询价的材料设备是否需在施工图预算中参与下浮的争议

施工图预算编制时，双方对采用市场询价确定的材料设备价格是否按中标下浮率计算产生争议。发包人认为，合同未明确市场询价确定的材料设备价格不参与下浮，则应下浮。承包人认为，建设工程应充分考虑市场因素的影响及深圳区域现行建筑类合同签约惯例，应区分信息价与市场价，采取信息价部分可以按合同约定的下浮率下浮，市场询价部分不参与下浮。

我站认为，采用市场询价定价的方式较多，有发承包双方共同询价的，有单方委托中介询价的，也有通过厂商报价进行询价的，不同方式询价的结果与市场水平存在一定的偏差。本工程合同中未给出市场询价确定材料设备价格的具体方法、应用规则，事关发承包双方的重要利益，建议发承包双方参考我站印发的《广东省建设工程主要材料询价规则（试行）》进行询价并协商确定询价成果是否参与下浮。

专此函复。

广东省建设工程标准定额站

2023 年 3 月 14 日

关于广州酒家集团利口福食品广梅产业园项目一期电力工程计价争议的复函

粤标定复函〔2023〕33 号

广州酒家集团利口福（梅州）食品有限公司、广东安信电力工程有限公司：

你们通过广东省建设工程造价纠纷处理系统，申请解决广州酒家集团利口福食品广梅产业园项目一期电力工程计价争议的来函及相关资料收悉。

2020 年 8 月 27 日签订的施工合同显示，本工程位于梅州市，资金来源为财政投资和自筹资金，发包人广州酒家集团利口福（梅州）食品有限公司采用公开招标方式，确定由广东安信电力工程有限公司承建。工程采用工程量清单计价方式，合同价格形式为单价合同，目前处于竣工结算阶段。现对来函涉及的工程计价争议事项答复如下：

本工程合同工期 60 天，因受设计变更、总包施工、现场设备就位等因素影响，竣工时间由原计划的 2021 年 1 月 3 日延期至 2021 年 6 月底，期间铜价上涨，现发承包双方就是否可以计算电缆清单综合单价材料价差产生争议。发包人认为，根据合同专用条款第 76 条物价涨落事件"合同价款不因物价涨落而调整的，本款不适用"约定，不调整材料价差。承包人认为，非自身原因造成采购低压电缆价格上涨，应按订购电缆时的市场行情价调整。

我站认为，本工程虽然合同约定不因物价涨落事件而调整材料价差，但存在工期延误情形，发承包双方应厘清工期延误的原因、责任，非承包人原因导致工期延误且在延误期间遇见物价波动的，可按《建设工程工程量清单计价规范》GB 50500—2013 第 9.8.3 条规定协商调整合同价格。

专此函复。

广东省建设工程标准定额站
2023 年 3 月 14 日

关于博雅滨江花园四期 B 标段
工程计价争议的复函

粤标定复函〔2023〕34 号

佛山北大资源地产有限公司、深圳市鹏城建筑集团有限公司：

你们通过广东省建设工程造价纠纷处理系统，申请解决博雅滨江花园四期 B 标段工程计价争议的来函及相关资料收悉。

2017 年 10 月 30 日签订的施工合同显示，本工程位于佛山市，资金来源为企业自筹，发包人佛山北大资源地产有限公司通过公开招标方式，确定由深圳市鹏城建筑集团有限公司负责承建。工程采用工程量清单计价方式，合同价格形式为总价合同，目前处于竣工结算阶段。现对来函涉及的计价争议事项答复如下：

本工程招标文件约定措施项目清单中的超高施工增加费工程量以建筑面积计算，现发承包双方对地下室、首层至六层是否计取超高增加费工程量产生争议。发包人认为，根据《广东省建筑与装饰工程综合定额 2010》中"建筑物超高增加人工、机械适用于建筑物高度 20m 以上的工程"的规定，地下室、首层至六层因高度未达到 20m，不予计算建筑面积。承包人认为，根据定额中"各项降效系数中包括的内容指建筑物±0.00 以上（包括首层面层、找平层）的全部工程项目，但不包括措施项目及各类构件的水平运输"的规定，应计算整个塔楼从首层至顶层全部建筑面积的工程量；地下室层高已超过正常楼层高度 3.6m，且在合同工程量清单中列项，故地下室部分的建筑面积也应全部计算工程量。

我站认为，本工程招标文件专门在措施费工程量清单中开列超高增加费清单，并明确以建筑面积计算工程量，且根据补充协议专用条款第 12.3.4 条第 1 款第（5）点"措施费及总包配合费按建筑面积包干，预算时建筑面积按施工图纸标注建筑面积进行算量，结算时建筑面积以竣工实测建筑面积（规划验收测量面积）为准"的约定，结算时超高施工增加费工程量按竣工实测建筑面积（规划验收测量面积）计算。

专此函复。

广东省建设工程标准定额站

2023 年 3 月 14 日

关于顺德区环湖路工程计价争议的复函

粤标定复函〔2023〕35 号

广东顺德中心城区投资开发有限公司、中国交通建设股份有限公司：

你们通过广东省建设工程造价纠纷处理系统，申请解决顺德区环湖路工程计价争议的来函及相关资料收悉。

2016 年 10 月 21 日签订的工程施工总承包合同显示，本工程位于佛山市顺德区，资金来源为财政资金。发包人佛山市顺德区国土城建和水利局（后变更为广东顺德中心城区投资开发有限公司）通过公开招标方式，确定由中国交通建设股份有限公司负责承建。工程采用定额计价方式，合同价格形式为单价合同，目前处于合同履行阶段。现对来函涉及的计价争议答复如下：

一、关于道路工程软基处理超载预压定额主材消耗量的争议

本工程软基处理超载预压堆载料为地砂，发承包双方对超载预压主材消耗量是否调整产生争议。发包人认为，主材的消耗量按《佛山市建设工程补充综合定额（2013）》F-3-6 定额含量"$53.00m^3/100m^3$"不调整。承包人认为，经审定的《佛山市顺德区环湖路工程（南段）路基填筑及堆载预压施工方案》第 3.5 条主要材料"路基填土及堆载土为合格土，堆载土一次性填筑完成，不周转用于其他部位的堆载"，路基填土及堆载土经图纸会审同意调整为地砂，执行《佛山市建设工程补充综合定额（2013）》F-3-6 时地砂的消耗量应调整为"$100.00m^3/100m^3$"。

我站认为，本工程基本上全线位于鱼塘、农田区等填土路段，清表、清淤及挖方土基本为淤泥类土，不符合路基填筑要求，路基土及路基范围堆载土方需外借或外购。根据经审定的施工方案、施工图等资料，本工程堆载预压所用堆载材料为地砂，堆载土一次性填筑完成，不周转用于其他部位的堆

114

载。经咨询佛山市建设工程造价服务中心，《佛山市建设工程补充综合定额（2013）》F-3-6 中的土方砂消耗量是按照综合考虑堆载土方砂再次利用情形下确定的，实际消耗量与定额不符时可以按实调整。故发承包双方在套用《佛山市建设工程补充综合定额（2013）》F-3-6 定额时，地砂消耗量应根据经审定的施工方案按实计算，定额人工及机械费不作调整。

二、关于道路工程路基填地砂套用定额子目的争议

本工程路基填料为地砂，发承包双方对道路工程填地砂执行定额子目产生争议。发包人认为，应套用《广东省市政工程综合定额 2010》（以下简称"2010 市政定额"）D1-1-126 子目压路机碾压填方的填土碾压，材料消耗量中增加"地砂"材料。承包人认为，2010 市政定额中没有适用"填地砂"的定额子目，而《佛山市建设工程补充综合定额（2013）》（佛建管函〔2013〕398 号文）中发布的"佛山市补充定额（2013）的 F-3-2 填土方砂子目"与本工程实际情况基本匹配，且明确该补充定额从 2014 年 10 月 1 日起在佛山行政区域范围内执行，与 2010 年广东省建设工程计价依据配套使用。因此，2010 市政定额中没有适用的定额子目，应优先执行《佛山市建设工程补充综合定额（2013）》。

我站认为，本工程路基采用地砂回填，2010 市政定额没有相应的定额子目，属于定额缺项，本工程所在地为佛山市，可使用《佛山市建设工程补充综合定额（2013）》的 F-3-2 填土方砂定额子目。

专此函复。

广东省建设工程标准定额站

2023 年 3 月 15 日

115

关于粤港澳生态环境科学中心一期
工程计价争议的复函

粤标定复函〔2023〕36 号

科环博睿（广州）投资有限公司、科学城（广州）建筑工程有限公司：

你们通过广东省建设工程造价纠纷处理系统，申请解决关于粤港澳生态环境科学中心一期工程计价争议的来函及相关资料收悉。

2022 年 4 月 7 日签订的工程总承包合同显示，本工程位于广州市黄埔区，资金来源为企业自筹。发包人科环博睿（广州）投资有限公司通过公开招标方式，确定工程由科学城（广州）建筑工程有限公司、深圳市建筑设计研究总院有限公司组成联合体负责承建。工程采用工程量清单计价方式，合同价格形式为单价合同，综合单价在编制施工图预算时采用定额组价并按中标下浮率的方式确定，目前处于施工图预算审核阶段。现对来函涉及的计价争议事项答复如下：

一、关于钢筋、混凝土等主要材料送检费用的计价争议

在施工图预算审核过程中，发承包双方因钢筋、混凝土等主要材料的送检费用发生计价争议。发包人认为，本工程综合单价以定额组价方式确定，根据《广东省房屋建筑与装饰工程综合定额 2018》总说明第十三条和《关于广东省建设工程定额动态管理系统定额咨询问题的解答（第 5 期）》（粤标定函〔2020〕60 号）第 1 条，定额中的管理费已经包含了钢筋、混凝土等主要材料的送检费用，不应另计。承包人认为，钢筋、混凝土等主要材料的检测费用属于工程建设其他费的范畴，应由发包人承担，若由承包方人负责，发包人应另外支付相应的材料检测费用。

116

我站认为，本工程招标文件明确，凡符合《建设工程质量检测管理办法》（建设部令第 141 号）第十二条规定的建设工程质量、安全检测业务由建设单位依法委托，不列入本次招标范围，即该检测费用应由发包人承担并在工程建设其他费中列支，但施工期间进行建筑材料、构配件等试样的制作、封样、送检和其他保证工程质量的检验试验所发生的需要承包方配合工作的费用已在管理费中考虑，不另行计算。

二、关于人工费的计价争议

以定额组价方式确定综合单价的过程中，发承包双方对施工图预算的人工费是按人工费调整系数确定还是按人工价格指数确定产生争议。发包人认为，人工费确定应执行 2022 年 2 月发布的《广州建设工程造价信息》的定额人工费调整系数 1.01。承包人认为，2022 年 2 月发布的《广州建设工程造价信息》的定额人工费调整系数 1.01 是暂定值，不应按其确定人工费，应按《关于发布我省房屋建筑和市政基础设施工程人工价格指数和台班价格指数的通知》（粤标定函〔2022〕117 号）中 2022 年 2 月份的人工价格指数 112.07 确定。

我站认为，采用人工费调整系数或者采用人工价格指数，是确定当期人工费用的方法，若工程所在地未发布人工费系数、人工价格指数的，可执行省站发布的人工价格指数确定人工费。根据合同专用条款，编制施工图预算时人工、机械、材料价格的基准价应为投标截止日前 28 天所在月份的信息价。经查询核实，穗建造价〔2022〕55 号文明确从 2022 年上半年开始，其人工费计算方法由原来的暂按人工费调整系数计算调整为按人工价格指数计算，其中 2022 年上半年人工价格指数为 108.76。

专此函复。

广东省建设工程标准定额站

2023 年 3 月 22 日

关于广东石油化工学院扩建工程计价争议的复函

粤标定复函〔2023〕37 号

广东石油化工学院西城校区项目管理处、广州建筑股份有限公司：

你们通过广东省建设工程造价纠纷处理系统，申请解决广东石油化工学院扩建工程计价争议的来函及相关资料收悉。

2017 年 12 月 31 日签订的工程总承包合同显示，本工程位于广东省茂名市，资金来源为财政资金。发包人广东石油化工学院西城校区项目管理处通过公开招标方式，确定由广州建筑股份有限公司负责承建。工程采用工程量清单计价方式，合同价格形式为总价合同，综合单价由茂名市投资审核中心审定的施工图预算乘以中标下浮率组价确定，且施工图预算已审定，目前处于竣工结算阶段。现对来函涉及的计价争议事项答复如下：

一、关于合同工程基准日期的争议

本工程在结算阶段计算材料价差时，发承包双方就合同工程基准日期产生争议。发包人认为，预算审核是以开工日期 2018 年 3 月 8 日为基准日，结算时应按此节点进行材料价格调差。承包人认为，本工程是概算招标，投标价按下浮率计算，无招标清单，根据合同约定按实结算，不存在基准日期价格。

我站认为，依据本工程合同通用条款第 1.1.32 条约定，基准日期为递交投标文件截止日期之前 30 天的日期。故编制预算时应采用合同约定的基准日期的价格，结算时再就此计算材料价差。

二、关于工程材料及机械使用风险费计算的争议

本工程合同未约定物价波动风险幅度，发承包双方就材料及机械使用风

险费的计算产生争议。发包人认为，合同未约定风险内容范围及幅度，应按照《广东省建设工程计价通则 2010》第 3.2.14 条第 2 款规定"合同没有明确或约定不明的，风险幅度应按照附件 2 承包人风险幅度表的规定计算"，因此可计算风险费用，承包单位应承担 5% 材料、设备价格风险费和 10% 机械使用风险费。承包人认为，根据合同专用条款第 14.12.2 条结算办法的约定，不存在以预算材料价格作为基准价考虑 5% 调整风险系数，人工、材料、设备加权平均价应作为结算材料价直接列入清单，不存在调整价差的问题。

我站认为，本工程合同专用条款第 14.12.2 条第（2）款④建安工程人工、材料、设备价格结算办法中约定了人工、材料、设备价格在结算时的确定方法，但并未约定人工、材料、机械价格涨落超过合同工程基准日期的风险幅度范围，属于合同未约定或约定不明事项，因事关发承包重要权益，请双方就此协商解决，协商不一致时可按实际发生风险幅度处理。

三、关于人工、材料、设备加权平均价是否可以直接列入综合单价内计算的争议

本工程合同专用条款约定材料、设备价格按《茂名工程造价信息》和所使用的时间、数量加权平均结算，现发承包双方就人工、材料、设备加权平均价是否可以直接列入综合单价内计算产生争议。发包人认为，结算审核时，当施工期材料价格按《茂名工程造价信息》得出的平均加权价超过合同基准日期相应的价格时，执行《广东省建设工程计价通则 2010》第 13.0.8 条第 2 款的规定，承包人采购的材料、设备价格和施工机械台班单价发生涨落分别超过 5% 和 10% 时才给予调整，调整的价差列入其他项目费中。承包人认为，应按合同专用条款约定的材料价格确认方式按实结算，不存在以预算材料价作为基准价考虑 5% 调整风险系数，人工、材料、设备加权平均价应作为结算材料价直接列入清单内，不存在调整价差的问题。

我站认为，本工程采用工程量清单计价方式，结算时人工、材料、设备价差不列入综合单价内。

专此函复。

广东省建设工程标准定额站
2023 年 3 月 24 日

关于嘉应学院校本部东 20～23 栋学生宿舍工程计价争议的复函

粤标定复函〔2023〕38 号

嘉应学院、广东省第四建筑工程有限公司：

你们通过广东省建设工程造价纠纷处理系统，申请解决嘉应学院校本部东 20～23 栋学生宿舍工程计价争议的来函及相关资料收悉。

2020 年 10 月 28 日签订的工程总承包合同显示，本工程位于梅州市梅县区，资金来源为财政资金。发包人嘉应学院采用公开招标方式，确定由广东省第四建筑工程有限公司、广东省建筑设计研究院组成联合体负责承建。工程采用工程量清单计价方式，综合单价在施工图预算时通过定额组价确定，合同价格形式为单价合同，目前处于施工图预算编制阶段。现对来函涉及的计价争议事项答复如下：

一、关于预算包干费的计价争议

本工程招标文件及合同均未约定预算包干费所包含内容及计算方式，发承包双方就预算包干费的计价产生争议。发包人认为，合同未明确约定要计列预算包干费，则不予计取。承包人认为，合同约定施工图预算编制依据为《广东省建设工程计价依据 2018》，定额预算包干费中所包含的工作内容，在工程实施过程中均有发生，故在编制施工图预算应按定额规定计取预算包干费。

我站认为，本工程合同约定依据《广东省建设工程计价依据 2018》编制施工图预算，且未另行约定预算包干费的计取方式，则应根据定额规定计算预算包干费。

120

二、关于材料价格调整的争议

本工程合同专用条款约定市场价格波动时不调整合同价格，发承包双方就是否可以依据《广东省住房和城乡建设厅关于加强建筑工程材料价格风险管控的指导意见》（粤建市函〔2018〕2058 号）调整材料价差产生争议。发包人认为，合同约定暂列金额适用范围是政策因素等导致的材料价差调整，但合同专用条款明确市场价格波动时不调整合同价格，故政府相关部门发文明确市场价格异常波动时是可调整的，可根据文件调整合同价格。承包人认为，对于施工期间价格波动较大的材料应依据粤建市函〔2018〕2058 号文进行调差。

我站认为，本工程目前处于施工图预算阶段，尚未到计取材料价差的时间节点。发承包双方应依据协议书第六条"承包人在施工图审查完成后 30 个日历天内完成施工图预算编制和调整"和专用条款第 17 条"人工、材料、机械单价参考施工图预算编制期梅州市工程造价信息"等相关约定，协商确定施工图预算编制期的人工、材料、台班单价。

专此函复。

广东省建设工程标准定额站

2023 年 3 月 24 日

关于三灶镇社会福利中心工程
计价争议的复函

粤标定复函〔2023〕39 号

珠海三灶城市资源运营集团有限公司、深圳市鹏城建筑集团有限公司：

你们通过广东省建设工程造价纠纷处理系统，申请解决三灶镇社会福利中心工程计价争议的来函及相关资料收悉。

2020 年 9 月 16 日签订的施工总承包合同显示，本工程位于珠海市金湾区，资金来源为财政资金，发包人珠海三灶城市资源运营有限公司（现更名为珠海三灶城市资源运营集团有限公司）通过公开招标方式，确定由深圳市鹏城建筑集团有限公司负责承建。工程采用工程量清单计价方式，合同价格形式为单价合同，目前处于合同履行阶段。现对来函涉及的计价争议事项答复如下：

一、关于静压桩变更为锤击桩计价的争议

本工程因现场地质及施工条件的影响，桩基工程由静压桩变更为液压锤击桩，锤击桩属于工程变更引起的新增项目，按合同约定执行《广东省房屋建筑与装饰工程综合定额 2018》相应子目，发承包双方就是否按照实际采用的施工机具规格、型号调整定额产生争议。发包人认为，套用《广东省房屋建筑与装饰工程综合定额 2018》A1-3-22 陆上打预制管桩子目时，其定额已综合考虑液压锤击桩台班单价与消耗量，不调整定额。承包人认为，A1-3-22 定额子目的桩机为履带式柴油打桩机（2.5t），现场实际采用的是液压锤击桩（18t），应采用市场桩机台班价或者定额内最大 8t 的打桩机更换机械费用。

我站认为，本工程桩基础由静压桩变更为液压锤击桩，属于非承包人原

因的设计变更，且无适用的清单综合单价，则按合同约定新增单价执行《广东省房屋建筑与装饰工程综合定额 2018》相应子目计价；当实际情况与定额不符时，定额 A.1.3 章未有机械可调整的相关说明，故新增综合单价组价时，机械费不作调整。

二、关于减震垫板的合同单价是否重新组价的争议

本工程因减震垫板的招标工程量与实际偏差较大，发承包双方就其合同单价是否应重新组价产生争议。发包人认为，本工程合同为单价合同，减震垫板施工做法未变，只是工程量的差异，应执行合同单价。承包人认为，实际工程量与投标工程量相差 3000 多倍，工程量清单由招标人提供，应由招标人负责，若执行原投标单价，则会面临巨额亏损，故原招标清单工程量可以按投标单价执行，超出招标清单工程量的部分应重新组价。

我站认为，减震垫板的实际用量与招标工程量相差较大，属于工程量偏差问题，但由于招标时发包人已经提供了有关图纸，承包人并未在招标阶段提出异议或修改意见，且本工程合同约定发生工程量偏差时按实结算，故减震垫板的单价应执行原综合单价。

专此函复。

广东省建设工程标准定额站

2023 年 3 月 24 日

关于广州医科大学附属第三医院医技综合大楼工程计价争议的复函

粤标定复函〔2023〕40 号

广州市重点公共建设项目管理中心、广州市第四建筑工程有限公司：

你们通过广东省建设工程造价纠纷处理系统，申请解决广州医科大学附属第三医院医技综合大楼项目施工总承包工程计价争议的来函及相关资料收悉。

2020 年 12 月 15 日签订的施工总承包合同显示，本工程位于广州市荔湾区，资金来源为财政资金，发包人广州市重点公共建设项目管理中心通过公开招标方式，确定由广州市第四建筑工程有限公司负责承建。工程采用工程量清单计价方式，合同价格形式为单价合同，目前处于合同履行阶段。现对来函涉及的计价争议事项答复如下：

一、关于泥浆外运的计价争议

本工程开列了冲孔灌注桩招标工程量清单，项目特征描述包括"冲孔灌注桩〔护筒埋设及拆除、准备冲孔机具、冲孔出渣、加泥浆和泥浆制作、泥浆池（槽）砌筑与拆除、混凝土制作、运输、灌注、清除桩孔泥浆、导管准备及安拆等〕……"发承包双方就项目特征描述是否明确包含泥浆外运费用产生争议。发包人认为，项目特征描述已明确计价包括清除桩孔泥浆的工作内容，根据《房屋建筑与装饰工程工程量计算规范》GB 50854—2013，泥浆护壁成孔灌注桩的工作内容包含土方、废泥浆外运，且在编制招标控制价时已按清单规范要求将泥浆外运的费用考虑在综合单价中，故泥浆外运不另计。承包人认为，冲孔灌注桩清单的项目特征描述不含泥浆外运，且招标文件单独开列的土方场外运输清单项目特征描述明确包含淤泥（含桩泥）部分，故冲孔灌注桩泥浆外运的工程量应按土方外运计算。

我站认为，虽然冲孔灌注桩招标工程量清单的项目特征描述包括内容较多，但未明确列出泥浆外运的特征描述，同时单独开列了土方场外运输清单，该项目特征描述明确包含了淤泥（含桩泥）部分，故本工程冲孔灌注桩的泥浆外运应另按土方场外运输清单单价计算。

二、关于地下连续墙是列入分部分项工程还是措施项目工程的争议

本工程《地下室基坑围护结构设计图》中的基坑围护采用 800mm 地下连续墙加冠梁、加三道混凝土内支撑，地下连续墙兼作结构永久外墙，发承包双方就地下连续墙是列入分部分项工程还是措施项目工程产生争议。发包人认为，招标图纸显示地下连续墙属于基坑支护的工作内容，在招投标清单中已将其列入措施项目费中，并在招标答疑中予以明确，且投标人在招标过程中并未提出疑问，故地下连续墙应按招标时约定列入措施项目工程。承包人认为，图纸会审时明确地下连续墙属于永久结构，且地下连续墙、冠梁与围护结构的支撑梁、腰梁、支撑柱的性质不同，一个是永久结构，另一个是临时结构，地下连续墙、冠梁属于实体项目，故应列在分部分项工程中。

我站认为，基坑围护采用 800mm 地下连续墙加冠梁、加三道混凝土内支撑，招标时已明确地下连续墙兼作结构永久外墙（永久结构混凝土），且招标工程量清单已将其列入措施项目工程中，同时招标答疑第 10 条中又进一步明确基坑支护工程列入措施项目工程，故本工程地下连续墙应按招标文件及合同的约定列入措施项目工程。

专此函复。

广东省建设工程标准定额站

2023 年 3 月 27 日

关于南沙滨海花园十期一区
工程计价争议的复函

粤标定复函〔2023〕41号

广州中璟慧富房地产开发有限公司、广东省第一建筑公司有限公司：

你们通过广东省建设工程造价纠纷处理系统，申请解决南沙滨海花园十期一区工程计价争议的来函及相关资料收悉。

2017年4月25日签订的施工合同显示，本工程位于广州市南沙经济技术开发区，资金来源为企业自筹，发包人广州中璟慧富房地产开发有限公司采用模拟清单邀请招标方式，确定由广东省第一建筑公司有限公司负责承建。工程采用工程量清单计价方式，合同价格形式为单价合同，目前处于竣工结算阶段。现对来函涉及的争议事项答复如下：

本工程设计要求框架柱、剪力墙边缘构件钢筋采用焊接搭接，而招标文件附件六中第1.3.4条钢筋绑扎标准做法，要求墙柱钢筋直径大于等于20mm时采用机械接头，墙柱钢筋直径小于20mm时采用电渣压力焊。现发承包双方对墙、柱等构件竖向钢筋层间搭接是否计取电渣压力焊连接费用产生争议。发包人认为，招标图纸结构总说明第7.3.5条，钢筋搭接包含焊接，故承包人报价钢筋焊接费用应在钢筋综合单价中考虑，不再另行计价。承包人认为，本工程采用国家建筑标准设计图集16G101—1，按照结构设计总说明，本工程剪力墙、框架柱抗震等级为二级，可采用焊接搭接接头，现场已按电渣压力焊施工。而钢筋制作安装招标工程量清单的项目特征描述只有钢筋制安、运输，缺少《房屋建筑与装饰工程工程量计算规范》GB 50854—2013钢筋清单工作内容中的焊接方式描述，因此投标单价不含钢筋焊接费用。墙、柱等构件竖向钢筋层间搭接是设计规范接驳，属于清单漏项，应按设计图纸及合同约定，计取电渣压力焊连接费用。

我站认为，虽然本工程设计说明已明确各规格钢筋的搭接方式，招标询价文件也明确墙柱钢筋直径小于 20mm 时采用电渣压力焊，大于等于 20mm 时采用机械接头，但是招标时发包人未提供完整的施工图，投标人在投标报价中无法准确计算电渣压力焊数量，因而无法在报价中综合考虑，且招标人在答疑澄清第 11 条中将原询价文件要求钢筋搭接方式在综合单价中综合考虑的相关约定删除，且就其中一种连接方式开列了直螺纹套筒连接清单项目，故"电渣压力焊"与"直螺纹套筒连接"同理应予单独列项计价。

专此函复。

广东省建设工程标准定额站
2023 年 3 月 27 日

关于中山市智能制造装备产业园智慧路工程计价争议的复函

粤标定复函〔2023〕42 号

中山市板芙镇城市建设投资有限公司、华赣城建集团股份有限公司：

你们通过广东省建设工程造价纠纷处理系统，申请解决中山市智能制造装备产业园基础配套设施（智慧路）工程计价争议的来函及相关资料收悉。

2019 年 2 月 20 日签订的施工合同显示，本工程位于中山市板芙镇，资金来源为企业自筹，发包人中山市板芙镇城市建设投资有限公司采用公开招标方式，确定工程由华赣城建集团股份有限公司负责承建。工程采用工程量清单计价方式，合同价格形式为总价合同，目前处于竣工结算阶段。现对来函涉及的计价争议事项答复如下：

本工程合同约定，除设计变更或招标文件、招标答疑中允许调整的材料范围以及符合《市财政局 市住房城乡建设局关于解决政府投资项目建筑主要材料调差问题的指导意见》（中府办〔2018〕12 号）（以下简称"中府办〔2018〕12 号文"）规定的主要材料可以计算材料价差外，其余材料不因市场价格变化而调整，发承包双方对符合中府办〔2018〕12 号文规定的主要材料范围发生争议。发包人认为，中府办〔2018〕12 号文第一条明确，政府投资项目在施工合同履行期间，工程造价主管部门发布的钢筋、水泥、中砂、碎石、墙材、电缆、沥青、预拌砂浆、商品混凝土以及管桩等建筑主材价格涨落超过施工承包合同对应预算价格的 5% 时，合同价差调整可参照本指导意见执行，即所罗列的材料属于可调差范围，没有罗列的材料不计算价差。承包人认为，中府办〔2018〕12 号文针对的是建筑工程，本工程为市政工程，根据该文件精神，工程使用的砂砾 5～80、石屑、毛石、6cm 厚灰色环保砖、30cm×

30cm×6cm盲道砖等材料均属于主要材料，应计算价差。

我站认为，本工程招标文件约定依据《中山市建设工程施工招标投标报价合理性评审暂行办法》（中建通〔2013〕137号）评审投标报价的合理性。该办法第七条第2点约定"主要材料由招标人在招标文件中公布，主要是占工程造价比重较大的材料，使用量较多的材料，贵重的材料。若未指明的，按招标控制价中材料价值占工程造价比重较大的二十项材料。"结合中府办〔2018〕12号文以及招投标相关资料，表明发承包双方在招投标时理解并认同按上述规定确定的材料为本工程主要材料。因此，竣工结算时可调整价差的主要材料范围应为招标控制价中材料价值占工程造价比重较大的二十项材料。

专此函复。

广东省建设工程标准定额站
2023年3月24日

关于清远市保利麓湖项目二标
工程计价争议的复函

粤标定复函〔2023〕43号

清远鑫恒房地产有限公司、富利建设集团有限公司：

你们通过广东省建设工程造价纠纷处理系统，申请解决清远市保利麓湖项目二标工程计价争议的来函及相关资料收悉。

2018年7月4日签订的施工合同显示，本工程位于清远市，资金来源为企业自筹，发包人清远鑫恒房地产有限公司采用邀请招标方式，确定由富利建设集团有限公司负责承建。工程采用工程量清单计价方式，合同价格形式为总价合同，目前处于竣工结算阶段。现对来函涉及的工程计价争议事项答复如下：

一、关于结算时人工、材料调差是否参与合同约定浮动的争议

发包人认为，基准价清单中清单说明第20～22条有关钢筋、混凝土、人工调差中已有明确的计算公式，未计算中标浮动率；佛山市建设工程造价服务中心回复保利天环二标中建四局同类问题的咨询指出，钢筋、混凝土、人工等参与调差部分，应执行合同工程量清单说明第20～22条中的计算公式，故人工、材料调差不参与中标浮动。承包人认为，合同附件19《建筑与装饰工程定额计价程序表》显示，人工、材料价差是分部分项工程费的组成部分，应按分部分项工程费的浮动率计算；计费补充说明附件3有关计价方式约定"工程总价由工程费用、富利建安管理费两部分组成，其中工程费用按工程量清单基准价上浮……"因此人工、材料调差是工程费用的组成部分，应参与浮动。

我站认为，补充协议第四条有关钢筋、混凝土价差调整说明以及基准价清单中清单说明第 20～22 条有关钢筋、混凝土、人工调差中明确的计算公式，未计中标浮动率。因此，人工、材料调差不参与合同约定的浮动。

二、关于钢筋暗柱箍筋间距计算的争议

发承包双方结算时对钢筋暗柱箍筋按 $5d$ 或间距 100mm 计算产生争议。发包人认为，根据平法图集 16G101—1 第 73 页，约束边缘构件、构造边缘构件、扶壁柱及非边缘暗柱箍筋间距不大于 100mm，应按间距 100mm 计算。承包人认为，本工程施工图预算于 2019 年 8 月定稿，并签订了施工图预算总价包干补充协议，第三条约定"除按原合同规定可调整的材料价差、签证、设计变更外，本协议施工图预算包干价在竣工结算时不再调整"。

我站认为，补充协议第三条约定"除按原合同规定可调整的材料价差、签证、设计变更外，本协议施工图预算包干价在竣工结算时不再调整。"因此，在无设计变更的情况下，结算时按照补充协议施工图预算包干价不再调整。

三、关于结构实体检测费和节能检测费的计价争议

发承包双方结算时对结构实体检测费和节能检测费是否另行计算产生争议。发包人认为，依据合同通用条款第 13 条乙方工作第 7 点"乙方负责按政府规定办理有关施工材料检测，基础工程，主体工程等的中间验收……"确认其完成工程检测合格，费用不予计算。承包人认为，合同基准价清单措施费中的"检验试验费满足验收规范要求的为乙方施工使用的材料或工序进行检验试验"，是施工单位按照有关标准规定，对建筑以及材料、构件和建筑安装物进行一般鉴定、检查所发生的费用，专项的实体检测及节能检测费用不包含在措施费报价中，应予单独计算。

我站认为，经查阅上传资料，本工程合同对检验试验范围约定不明确，建议发承包双方厘清争议涉及的材料检验试验费用属性，属于原合同承包范围内的材料或工序的检验检测项目，合同价已包含，若将属于发包人抽检的检验试验项目委托承包人实施的，则应另行计算。

专此函复。

广东省建设工程标准定额站

2023 年 3 月 28 日

关于英诺赛科硅基氮化镓和外延功率器件研发与产业化基地项目二期工程计价争议的复函

粤标定复函〔2023〕44号

英诺赛科（珠海）科技有限公司、中国地质工程集团有限公司：

你们通过广东省建设工程造价纠纷处理系统，申请解决关于英诺赛科硅基氮化镓和外延功率器件研发与产业化基地项目二期工程计价争议的来函及相关资料收悉。

2019年9月签订的施工合同显示，本工程位于珠海市，资金来源为企业资金，发包人英诺赛科（珠海）科技有限公司通过邀请招标方式，确定由中国地质工程集团有限公司负责承建。工程采用定额计价方式，合同价格形式为单价合同，执行《广东省建设工程计价依据2018》，目前处于竣工结算阶段。现对来函涉及的工程计价争议事项答复如下：

一、关于钢花管注浆微型桩的计价争议

本工程部分基坑底的地基加固采用击入法进行钢花管注浆微型桩施工，杆体采用直径48mm的钢花管，注浆采用纯水泥浆，发承包双方对于钢花管注浆微型桩如何计价产生争议。发包人认为，应套用"A1-2-51 锚杆土钉灌浆 孔径≤100mm"及"A1-5-99 钢管（锚杆、土钉、微型桩）制安"子目。承包人认为，应套用"A1-3-123 压力灌浆微型桩 直径（mm以内）200"子目，水泥根据设计要求进行含量换算，同时套用"A1-3-127 钢管埋设"子目，钢管根据设计要求进行换算。

我站认为，本工程钢花管注浆微型桩设计要求采用击入法施工，注浆采

用纯水泥浆，应计算击入法施工及灌浆的费用，钢花管注浆微型桩应套用"A1-5-99 钢管（锚杆、土钉、微型桩）制安"子目及"A1-2-51 锚杆土钉灌浆孔径≤100mm"子目，水泥根据设计要求进行含量换算。

二、关于地下室侧壁防水保护层的计价争议

本工程地下室周围侧壁防水保护层采用 50mm 厚挤塑板，发承包双方对于挤塑板保护层如何计价产生争议。发包人认为，图集做法无钢丝网及粘结砂浆要求，应套用"A1-11-147-1 自粘式 XPS 聚苯乙烯泡沫塑料板外墙保护层 50mm"子目。承包人认为，应套用"A1-11-146 XPS 聚苯乙烯挤塑板外墙外保温 20mm"子目，且地下室外墙应按人工乘以 1.25 系数调整。

我站认为，根据本工程建筑设计总说明第（二）点要求，地下室周围侧壁的 50mm 厚挤塑板为防水保护层，应套用"A1-11-147-1 自粘式 XPS 聚苯乙烯泡沫塑料板外墙保护层 50mm"子目并换算主材，同时地下室周围侧壁的防水保护层的人工不乘以 1.25 的系数。

专此函复。

广东省建设工程标准定额站

2023 年 3 月 28 日

关于增城区体育广场篮球场改造
工程计价争议的复函

粤标定复函〔2023〕45 号

广州市增城区旅游体育发展中心、广东省第一建筑工程有限公司：

你们通过广东省建设工程造价纠纷处理系统，申请解决增城区体育广场篮球场改造工程计价争议来函及相关资料收悉。

2018 年 10 月 18 日签订的施工合同显示，本工程位于广州市增城区，资金来源为财政资金，发包人广州市增城区旅游体育发展中心采用公开招标方式，确定由广东省第一建筑工程有限公司负责承建。工程采用工程量清单计价方式，合同价格形式为单价合同，目前处于竣工结算阶段。现对来函涉及的工程计价争议事项答复如下：

本工程施工中，发包人将球场老化及破损部分变更为弹性纯 PU 球场面层，设计要求如下：①底涂 GM-033，2mm 厚；②硅 PU 弹性层 SC-906，2mm 厚；③界面漆 GM-063，1mm 厚；④硅 PU 面（石英砂）漆 SC-900B-R，厚度 5mm。合同中无可适用的弹性纯 PU 球场面层综合单价，按约定套用《广东省建筑与装饰工程定额 2010》重新定价，双方在套用"A9-119 弹性纯 PU 球场面层 5mm 厚"子目时对面层厚度发生争议。发包人认为，A9-119 子目的"5mm 厚"为面漆厚度，与签证的做法④面漆厚度一致，不应换算厚度。承包人认为，该定额子目的"5mm 厚"包括底涂、弹性层、界面漆、面漆等在内的总厚度，应按照①～④做法的总厚度 10mm 对定额子目进行换算。

我站认为，《广东省建筑与装饰工程定额 2010》的"A9-119 弹性纯 PU 球场面层 5mm 厚"子目中的"5mm 厚"表示面漆厚度，本工程变更签证中的

134

面漆厚度与定额子目规格一致，无需进行换算。

专此函复。

广东省建设工程标准定额站

2023 年 3 月 28 日

关于广东厨邦食品有限公司智能立体仓及三期天然油扩建工程计价争议的复函

粤标定复函〔2023〕46号

广东厨邦食品有限公司、福建省顺安建筑工程有限公司：

你们通过广东省建设工程造价纠纷处理系统，申请解决广东厨邦食品有限公司智能立体仓及三期天然油扩建工程计价争议的来函及相关资料收悉。

2021年7月1日签订的施工合同显示，本工程位于阳江市，资金来源为企业自筹，发包人广东厨邦食品有限公司采用邀请招标方式，确定由福建省顺安建筑工程有限公司负责承建。工程采用工程量清单计价方式，合同价格形式为单价合同，目前处于合同履行阶段。现对来函涉及的工程计价争议事项答复如下：

本工程因发包人要求，需要在已完成施工的钢架屋面增设喷淋管道，屋顶高度为21m。根据审批通过的施工方案，施工时需要采用曲臂车和平板操控台作为施工平台进行喷淋管道安装，发承包双方就施工方案中涉及的曲臂车和平板操控台的机械费用计算产生争议。发包人认为，原合同中的"水喷淋钢管"清单项目特征描述包含"超高增加费综合考虑"，但由于设计变更增设的喷淋管道的施工高度比原合同的施工高度增加较多，可在原合同清单价格的基础上，根据新增部分的实际施工高度加计相应的超高增加费及高层建筑增加费，不再增加计取机械台班费。承包人认为，设计变更增设的喷淋管道是在21m高的钢架屋面施工，根据审批通过的施工方案，需采用租赁曲臂车（汽车式起重机）和平板操控台作为施工平台。因此，在增加计取超高增加费和高层建筑增加费后，仍应单独计算曲臂车和平板操控台的机械台班费用。

我站认为，本工程设计变更增设的喷淋管道施工高度比原合同中"水喷淋钢管"项目的施工高度增加较多，施工条件已发生较大改变，项目特征与原合同清单中"水喷淋钢管"不符，故原合同单价已不适用，因此，建议发承包双方按照合同约定的新增单价计价方式重新定价。

专此函复。

广东省建设工程标准定额站
2023 年 3 月 28 日

关于珠海市新青水质净化厂提标
改造工程计价争议的复函

粤标定复函〔2023〕47 号

珠海水务环境控股集团有限公司、天津港航工程有限公司：

你们通过广东省建设工程造价纠纷处理系统，申请解决珠海市新青水质净化厂提标改造工程计价争议的来函及相关资料收悉。

2018 年 8 月 6 日签订的工程总承包合同显示，本工程位于珠海市，资金来源为企业自筹，发包人珠海水务环境控股集团有限公司采用公开招标方式，确定由中国市政工程中南设计研究总院有限公司、天津港航工程有限公司联合承建。工程采用工程量清单计价方式，合同价格形式为总价合同，目前处于合同履行阶段。现对来函涉及的计价争议事项答复如下：

本工程于 2018 年 6 月完成招标，合同专用条款第 13.5.4 条第 5 点约定"施工图审核完成出具审图合格证后开始预算编制"，其中均质调节池审图合格时间为 2018 年 9 月 18 日，其余工程审图合格时间为 2019 年 3 月 7 日。《广东省建设工程计价依据 2018》（以下简称"18 计价依据"）从 2019 年 3 月 1 日起执行，现发承包双方就施工图预算编制执行《广东省建设工程计价依据 2010》（以下简称"10 计价依据"）还是 18 计价依据产生争议。发包人认为，根据招标文件第 22.1 条及合同专用条款第 20.6 条其他事项的约定，预算工程量清单编制依据定额套用 10 计价依据等现行预算定额和相配套的计价办法以及珠海市相关计价规定计价，故本工程施工图预算应按合同约定执行 10 计价依据。承包人认为，18 计价依据从 2019 年 3 月 1 日起执行，施工图预算是按审图合格的时间开始编制，且合同通用条款第 13.7 条第（1）点约定合同价格调整包括以下情况"合同签订后，因法律、国家政策和需遵守的行业规定发生变化，影响到合同价格增减的"及专用条款第 20.6 条其他事项约定采用现行预算定额，故本工程除均质调节外的施工图预算均应执行 18 计价依据。

我站认为，本工程于 2018 年 5 月招标，招标文件约定采用费率报价，故投标人投标时是基于 10 计价依据的基础上投下浮率的，且根据粤建市〔2019〕6 号文件精神，2019 年 3 月 1 日前已发出招标文件或已签订合同的工程，有约定的按其约定计价，本工程招标文件及合同约定采用 10 计价依据等现行预算定额，因此本工程施工图预算编制应按合同约定执行 10 计价依据。

专此函复。

广东省建设工程标准定额站

2023 年 3 月 28 日

关于东堤路滨河景观（依云段）工程
计价争议的复函

粤标定复函〔2023〕48号

珠海华澼开发建设有限公司、耀凯建设有限公司：

你们通过广东省建设工程造价纠纷处理系统，申请解决东堤路滨河景观（依云段）工程计价争议的来函及相关资料收悉。

2020年5月9日签订的施工合同显示，本工程位于珠海市斗门区，资金来源为财政资金，发包人珠海华澼开发建设有限公司采用公开招标方式，确定由耀凯建设有限公司负责承建。工程采用工程量清单计价方式，合同价格形式为单价合同，目前处于竣工结算阶段。现对来函涉及的计价争议事项答复如下：

本工程于2020年8月设计变更增加"成品厕所"，中标合同价的已标价工程量清单中没有相同或类似价格可适用，且施工期间工程所在地造价管理机构发布的信息价亦无该材料。承包人按设计图纸和建设单位要求，提供了三款附有明细和图片的"成品厕所"报价单，建设单位从中选择了一款，结算时承包人按发包人选择并审批的每座"成品厕所"单价送审。由于该工程为政府投资项目，财审单位委托协审单位对每座"成品厕所"单价进行询价后又重新确定了一个单价。现财审单位重新询价与送审价不一致，发承包双方产生争议。发包人认为，根据合同约定，"成品厕所"为造价信息未列材料，2020年8月造价咨询公司通过市场调查取得有依据的市场价格后，报甲方审核定价。由于该工程为政府投资项目，建议按财审单位询价结果结算。承包人认为，采购前承包人提供三款"成品厕所"的报价，建设单位会同监理单位、施工单位分别对3个供应厂商进行了考察，最终于2020年8月选中其中一款，而审核单位对每座"成品厕所"单价的询价时间是 2022 年 6～8 月，与确定采购方案的时间相差约 2 年，不能作为结算依据。

我站认为，对于涉及争议的工程变更"成品厕所"单价，发承包双方应根据第六条第 4 款第（4）项约定所确认的价格，作为竣工结算的依据。审核部门认为，经发承包双方确定的价格偏离实际或不符合合同约定且能提供合理可靠的质疑依据的，可按规定要求发承包双方重新确认再进行调整，否则应按发承包双方根据合同约定确定的价格执行。

专此函复。

广东省建设工程标准定额站

2023 年 4 月 6 日

关于深圳先进电子材料国际创新研究院实验室改造工程计价争议的复函

粤标定复函〔2023〕49 号

深圳先进电子材料国际创新研究院、广州泛美实验室系统科技股份有限公司：

你们通过广东省建设工程造价纠纷处理系统，申请解决关于深圳先进电子材料国际创新研究院实验室改造工程计价争议的咨询函及相关资料收悉。

2020 年 6 月 4 日签订的工程施工合同显示，本工程位于深圳市宝安区，资金来源为国有资金，发包人深圳先进电子材料国际创新研究院采用公开招标方式，确定由广州泛美实验室系统科技股份有限公司负责承建。工程采用工程量清单计价方式，合同价格形式为单价合同，目前处于竣工结算阶段。现对来函涉及的计价争议事项答复如下：

一、关于"拆除修补工程"包干价的计价争议

本工程招标图纸中未明确拆除项目的部位、材质，招标工程量清单开列了拆除项目但未开列修补项目，且拆除项目无拆除部位的特征描述，招标文件中专用条款第 8.37 条要求"本项目中拆除修补工程为包干价，具体范围包括但不限于本工程施工图纸、招标工程量清单及经现场勘查认为需拆除修补的全部部位，结算时不再调整。"结算时，发承包双方对拆除签证是否属于"拆除修补工程"包干范围发生计价争议。发包人认为，依据招标文件专用条款第 8.37 条，签证单中涉及争议的拆除部位均属于经现场勘查后认为需拆除修补的部位，投标报价中"拆除修补工程"的包干造价已包含其拆除修补费用，不应另外计算。承包人认为，招标文件规定的拆除修补内容应理解为小

142

范围内的修缮工作，如外墙面、地面、天棚、室内墙柱面空鼓部分的拆除修补等，结算时承包人并未要求另外计算费用；而签证中涉及争议的拆除项目属于房建翻新改造工程中的大范围拆除项目，由于招标图纸既未反映其内容，招标工程量清单也未开列相应的项目，因此该拆除费用不包含在合同价内，结算时应遵循合同约定的单价包干原则，按监理、发包人签字盖章确认的签证工程量计算相应的拆除费用。

我站认为，《建设工程工程量清单计价规范》GB 50500—2013 第 3.4.1 条规定，承包人应根据招标文件、合同明确的计价风险内容及范围，以招标图纸、招标工程量清单为基础进行投标报价，施工中发生超出投标报价基础而承包人无法预见的风险，不应由承包人承担。因此，对签证中涉及争议的拆除项目，在对照招标图纸及招标工程量清单后，若确定属于新增内容且经发包人同意实施完成的，结算时，工程量按监理、发包人签字盖章确认的签证工程量计算，单价按已签合同专用条款第 25 条确定。

二、关于 2、6、7 号外墙脚手架的计价争议

本工程 2、6、7 号外墙改造工程的外墙脚手架招标工程量清单以"脚手架费"名称开项，单位为"项"，施工中外墙脚手架改为双排扣件式落地钢管脚手架，结算时发承包双方就 2、6、7 号外墙脚手架计价发生争议。发包人认为，外墙脚手架招标工程量清单以"项"计算，并未明确具体脚手架方式，招标期间投标人也未提出质疑，施工过程也未发生实质性变更，应按投标报价的"脚手架费"以"项"结算。承包人认为，招标控制价中的脚手架费用是按活动脚手架计算的，承包人按活动脚手架投标报价响应招标文件要求。中标后，承包人基于施工安全及质量考虑，要求监理单位及发包人把活动脚手架改为双排扣件式落地钢管脚手架并获得同意，现已按经审批的施工方案完成外墙脚手架的搭拆并通过各方验收，外墙脚手架与招标时相比已发生了实质性的变化，外墙脚手架费用应按双排扣件式落地钢管脚手架结算。

我站认为，承包人按招标文件的要求，根据相关规范并结合本工程实际对"脚手架费"以"项"进行合理报价，以保证施工能通过相关部门的验收。若因承包人报审的脚手架搭拆方案不合理导致方案未被通过的，所增加的相关费用应由承包人承担；若非承包人的原因引起脚手架搭拆方案发生实质性

变化的，按合同专用条款第 22 条及通用条款第 24 条约定处理。

专此函复。

广东省建设工程标准定额站

2023 年 4 月 10 日

关于广东东莞麻涌加油站新建
工程计价争议的复函

粤标定复函〔2023〕50 号

中国石油天然气股份有限公司广东东莞销售分公司、汕头市建筑工程有限公司：

你们通过广东省建设工程造价纠纷处理系统，申请解决中国石油天然气股份有限公司广东东莞麻涌加油站新建工程计价争议的来函及相关资料收悉。

2019 年 8 月 13 日签订的施工合同显示，本工程位于东莞市麻涌镇，资金来源为企业自筹，发包人中国石油天然气股份有限公司广东东莞销售分公司采用公开招标方式，确定由汕头市建筑工程总公司（现更名为汕头市建筑工程有限公司）负责承建。工程采用工程量清单计价方式，合同价格形式为总价合同，目前处于竣工结算阶段。现对来函涉及的工程计价争议事项答复如下：

一、关于招标工程量清单缺项是否补充的计价争议

本工程存在招标工程量清单缺项，发承包双方就是否需要补充清单并调整合同价款产生争议。发包人认为，本工程为总价合同，根据合同第 6.13 条约定"本工程项目投标前，乙方已向甲方（或甲方委托的招标代理机构）领取招标文件，已了解工程项目现场实际情况，在编制投标文件时，已全面考虑项目现场与工程量清单、图纸之间的差异，报价文件已充分考虑上述因素对报价结果的影响"，故合同价格不因招标工程量清单缺项而调整。承包人认为，根据《建设工程工程量清单计价规范》GB 50500—2013 中第 4.1.2 条和第 9.5 条，招标工程量清单的准确性和完整性应由招标人负责，招标工程量

145

清单缺项的，应新增清单并调整合同价款。

我站认为，根据合同第 6.13 条及第 6.4 条价格调整的依据约定，本工程为招标图纸包干的总价合同，投标报价是基于招标图纸、现行规范与现场条件的综合报价，缺漏项应已经考虑在总价内，不作调整。

二、关于设计变更、签证及招标工程量清单缺项是否计算绿色施工安全防护措施费的计价争议

对于本工程设计变更、签证及招标工程量清单缺项是否计算其相关的绿色施工安全防护措施费，发承包双方产生争议。发包人认为，根据合同第 6.4.5 条约定"其他工程费及其他费为包干价，一概不予调整"，故对应的绿色施工安全防护措施费不予计取。承包人认为，绿色施工安全防护措施费不属于其他工程费及其他费用，应予计算。

我站认为，由于工程变更引起绿色施工安全防护措施项目发生实质性变化并发生费用增减的，可根据《建设工程工程量清单计价规范》GB 50500—2013 第 9.3.2 条调整。本工程为招标图纸包干的总价合同，投标报价是基于招标图纸、现行规范与现场条件的综合报价，与招标工程量清单缺项相关的绿色施工安全防护措施费已在投标报价中考虑，不予调整。

专此函复。

广东省建设工程标准定额站

2023 年 4 月 10 日

关于华南农业大学动物科学、动物医学实验楼和科技综合楼项目续建（第7~9层）工程计价争议的复函

粤标定复函〔2023〕51号

华南农业大学、中国建筑第四工程局有限公司：

你们通过广东省建设工程造价纠纷处理系统，申请解决关于华南农业大学动物科学、动物医学实验楼和科技综合楼项目续建（第7~9层）工程计价争议的来函及相关资料收悉。

2021年6月7日签订的工程总承包合同显示，本工程位于广州市，资金来源为学校自筹，华南农业大学通过公开招标方式，确定由中国建筑第四工程局有限公司负责设计施工。工程采用工程量清单计价方式，合同价格形式为单价合同，目前处于施工图预算审核阶段。现对来函涉及的工程计价争议事项答复如下：

一、关于动医楼与动科楼之间的室外电缆（低压柜出线电缆）的计价争议

根据经审定的深化施工图，本工程动科楼（CD栋）续建的配电，是从动医楼（AB栋）负一层低压配电房经室外原有电缆沟至动科楼（CD栋）各强电井9层位置。发承包双方对动医楼与动科楼之间的室外电缆是否属于合同中的施工内容产生争议。发包人认为，本工程设计施工内容均包含低压配电工程，招标工程量清单及招标控制价均已计算续建项目低压配电设备（含低压配电柜）至动科楼之间室外回路按槽形母线设计的工程量清单内容和相应造价，故该部分电缆属于低压配电工程，属于合同约定的设计和施工范围内。承包人认为，发包人在招标时未提供招标图纸，招标文件及招标工程量清单

147

等均未明确动医楼与动科楼之间的室外电缆包括在招标范围内，且合同协议书第2.1条第（7）点约定室外配电由招标人另外发包，故该电缆属于室外配电的一部分，不属于承包人采购、施工范围。

我站认为，本工程是工程设计施工总承包，设计内容要求对施工图深化设计，以达到验收和使用标准。招标文件及合同的设计施工内容均包括低压配电，招标工程量清单也包含低压配电设备（低压柜等），从低压柜至各招标范围区域内的电气工程应包括自低压柜至配电末端的所有供配电系统，争议的室外电缆是供配电系统的一部分，包含在经施工图审查和双方共同确认的已审定深化施工图中。合同约定工程实施阶段承包人按照合同约定的范围和经深化设计并经施工图审查合格的施工图进行施工总承包，施工范围包括低压配电工程，争议的室外电缆应属于合同承包范围。

二、关于主要材料调差的计价争议

上传资料反映，工程实施期间，钢筋、混凝土、成品砂浆等建筑材料价格大幅上涨，发承包双方对是否进行材料调差产生争议。发包人认为，根据合同通用条款第16.1条"除法律规定或专用合同条款另有约定外，合同价格不因物价波动进行调整"及专用条款第16.2条"承包人在投标报价中应考虑到国家和（或）本省、本市颁布的法律、法规、法令、规章或条例在合同执行期间发生变化而产生的费用增加的风险，合同价格不会因此而调增"的约定，主要材料价格不调差。承包人认为，由于在合同签订后、履约完成前发生情势变更导致材料价格上涨，属于有经验的承包人无法预料的情形，继续维持和履行合同对承包人不公平，根据《中华人民共和国民法典》第五百三十三条规定，承包人有权要求变更合同，主张材料价差补偿。

我站认为，提交资料显示，本工程目前处于施工图预算审核阶段，应按合同约定的预算编制规则执行，如主要材料在施工期间因不可预见的因素导致价格上涨的，应在结算时结合合同约定考虑。

三、关于已标清单项目中相同或相似项目外的新增单价的计价争议

本工程采用工程量清单计价方式，在施工图预算审核时，发承包双方对工程量清单外的新增单价是否下浮10%产生争议。发包人认为，除已标价清单项目中有相同或相似项目之外的新增综合单价计价，按照合同协议书第

6.3.2 条"……综合单价的确定原则：以相关定额为基数，按粤建市〔2019〕6号文及省市有关工程计价办法中的定额计价程序计价；下浮率为中标下浮率10％……"约定执行。承包人认为，对于工作内容不一致的新增项目的综合单价才按合同约定下浮，对于构件属性未变、工作内容或安装方式基本一致的新增项目，应按工作内容相似项目调整主材价差，其综合单价不应下浮。

我站认为，本工程采用模拟清单招标，合同协议书第6.3.2条第2）款第③点已约定工程量清单外的新增项目单价的计价方式，按"工作内容"与原清单是否相同、相似进行划分确定。提交的招标工程量清单显示并没有标注工作内容，因此对新增项目工作内容是否与原清单一致，建议发承包双方协商处理。

专此函复。

广东省建设工程标准定额站

2023年4月13日

关于西区向东区长距离供热一期
工程计价争议的复函

粤标定复函〔2023〕52 号

广州恒运热能工程建设有限公司、湖南省工业设备安装有限公司：

你们通过广东省建设工程造价纠纷处理系统，申请解决西区向东区长距离供热一期工程计价争议的来函及相关资料收悉。

2015 年 8 月 7 日签订的施工合同显示，本工程位于广州经济技术开发区，资金来源为企业自筹。发包人广州凯得基础设施有限公司（现权利义务转让给广州恒运热能工程建设有限公司）采用公开招标的方式，确定由湖南省工业设备安装有限公司负责承建。本工程于 2015 年 8 月开工后由于规划调整、设计变更等导致工程暂停、工期延后等情况，于 2019 年 10 月 28 日重新开工，发承包双方签订补充协议约定 2019 年 10 月 28 日前完成的工程量计价执行《广东省建设工程计价依据 2010》（以下简称"2010 计价依据"），2019 年 10 月 28 日后完成的工程量计价执行《广东省建设工程计价依据 2018》（以下简称"2018 计价依据"），目前处于合同履行阶段。现对来函涉及的工程计价争议事项答复如下：

一、关于无缝钢管、预制直埋管的计价争议

本工程无缝钢管、预制直埋管在施工期间发生设计变更，管道设计压力从 1.6MPa 变更为 2.5MPa，设计温度从 320℃变更为 350℃，架空管从 20 号钢螺旋焊接钢管 $\phi720\times10$ 变更为 $\phi720\times14$，埋地管从内管 20 号钢螺旋焊接钢管 $\phi720\times11$、外管 Q235 螺旋焊接钢管 $\phi1420\times12$，变更为内管 20 号钢无缝钢管 $\phi720\times14$、外管 Q235B 螺旋缝焊接钢管 $\phi1320\times14$，且管材供应方式

由乙供改为甲供，发承包双方就无缝钢管、预制直埋管综合单价的计价产生争议。发包人认为，设计变更后的无缝钢管和预制直埋管的管径与招标图纸的管径相同，承包人在投标报价时已综合考虑配管长度，主材变更为甲供，已另行计取了材料保管费、配合服务费，应按类似清单的综合单价调整换算，原管理费、利润不变。承包人认为，因发包人提出设计变更及主材供应方式变更，改变了管道的规格，且承包人损失了原合同中管道主材的利润，争议的管道为 2019 年 10 月 28 日后施工的，管道安装工程的综合单价应按补充协议约定，根据管道的设计要求参考 2018 计价依据进行计价。

我站认为，本工程由于暂停工、工期延误，管道主材由乙供改为甲供、从低压管道变更为中压管道，设计压力、设计温度、管道规格发生设计变更，与招标时的条件发生实质性变化，依据双方签订的补充协议约定，2019 年 10 月 28 日后完成的工程量执行 2018 计价依据及配套的计价文件，对超出定额管径设置的无缝钢管和预制直埋管，参考相应不同管径定额子目设置原则与市场价格水平进行计价。

二、关于墩头涌混凝土管顶进的计价争议

本工程设计变更后墩头涌顶管采用钢筋混凝土管道顶进，管道外径为 2.4m，管道内径为 2m，采用泥水平衡法施工，发承包双方就钢筋混凝土管顶进新增综合单价的计价产生争议。发包人认为，施工方案中采用的顶管机械为 DN2200 泥水平衡顶管掘进机，根据施工机械型号应套用定额"D5-2-364 泥水平衡顶进管径 2200mm 子目"计价。承包人认为，顶管直径为 2400mm，应套用定额"D5-2-365 泥水平衡顶进管径 2400mm 子目"计价。

我站认为，设计变更的墩头涌混凝土管顶进工程于 2019 年 10 月 28 日后实施，根据补充协议应按照 2018 计价依据确定综合单价，泥水平衡顶进定额子目是按照顶管的管道内径设置的，应根据设计要求的顶管管道内径合理选用定额子目。

三、关于措施项目费的计价争议

原合同约定措施费包干，补充协议对措施费的计算进行了补充约定，即因设计变更产生的措施费按实计算。工程实施过程中发生设计变更，现发承包双方就措施项目计价产生争议。发包人认为，设计变更主要为敷设方式及管道主材参数调整，参数调整对安装工艺及相关措施影响不大，且管道路线

调整变更前后变化也不大，根据补充协议 7 的约定，措施费仍按照原合同约定包干，但由于设计变更导致的原合同范围外的措施项目可按实结算。承包人认为，本工程的管道路线已基本变更，路线变更所产生的措施差异较大，属于设计变更导致的原合同范围外的措施项目，均应按 2018 计价依据的规定据实计算。

我站认为，根据施工合同及补充协议 7，本工程措施费仍按照原合同约定包干，但由于设计变更导致的原合同范围外的措施项目可按实结算。发承包双方应梳理设计变更的范围以及因非承包人原因导致工期延误造成措施项目部分的费用损失，因设计变更或主材供应方式变更导致的措施费用增加应按实计算。

四、关于设计变更采用信息价的计价争议

本工程于 2015 年 8 月开工后因现场环境发生较大变化而导致停工，于 2019 年 10 月 28 日重新开工，双方签订了补充协议明确重新开工后的计价原则为人工、材料、机械设备价格按 2019 年 10 月 28 日重新发出的开工令当期（2019 年 10 月）广州市建设工程造价管理站发布的信息价计算，不足部分参考市场价格。在 2019 年 10 月份发布的《广州市建设工程价格信息及有关计价办法》文件中，水泥、砂石、预拌混凝土的价格分别按照上半月与下半月发布不同的价格，现发承包双方就合同约定的执行时间产生争议。发包人认为，应按照 2019 年 10 月份的平均信息价计算。承包人认为，补充协议已明确以重新开工的 2019 年 10 月 28 日进行划分，该日期属于 2019 年 10 月下半月，应以该日期所对应的价格进行计算。

我站认为，根据补充协议 7 的约定，工程重新发出开工令的时间为 10 月 28 日，属于下半月，应按 2019 年 10 月下半月价格执行。

五、关于施工便道的计价争议

本工程在途经蓝天机械五金城的部分施工路段最窄处宽度约为 6m，机械车辆无法进入，需建施工便道，现发承包双发就施工便道的计价产生争议。发包人认为，根据合同专用条款第 7.1 条的约定"通道按现状，不论满足施工要求与否，该通道及施工便道均由承包人自行解决，费用已包在合同总价内"，同时根据补充协议 7 的约定，措施费按照原合同约定包干。经对比招标图纸与设计变更后的图纸，蓝天机械五金城段的管道路径、敷设方式、管径

及现场环境与招标时一致，其施工便道属于承包人投标时应考虑的措施费包干范围，不应重复计算。承包人认为，管道设计要求和主材供应方式都发生了变更，导致对临时路面的宽度及结构承载力有新的要求，应按经审定的施工方案调整措施项目费。

我站认为，根据合同专用条款第 7.1 条、第 8.3 条"……若发包人和监理公司为满足本工程需要而对施工组织设计（含各施工专项方案和安全施工专项方案）和进度计划进行的优化和采取的措施而增加的费用均包含在合同价内"及补充协议 7 约定，蓝天机械五金城段管道路径、敷设方式、管径及现场环境对施工便道的影响未发生变化，与招标时一致，合同价内已包含蓝天机械五金城段必要的施工便道费用。若因设计变更或管道主材供应方式改变，产生未能配合施工进度计划导致的措施费用增加，应按实计算。

六、关于管沟开挖尺寸的计价争议

本工程部分管沟段采用拉森钢板桩支护施工，设计图中标注管沟内净空为 2600mm，实际拉森钢板桩施工形状类似于锯齿形，现承包双方就管沟土方开挖和回填工程量计算产生争议。发包人认为，根据清单工程量计算规则，管沟宽度按垫层宽度 2600mm 计算。承包人认为，根据《广东省市政工程综合定额 2018》规定及工程实际，应按每侧增加 10cm 工作面计算。

我站认为，依据《广东省市政工程综合定额 2018》《关于贯彻〈市政工程工程量计算规范〉（GB 50857—2013）的实施意见》（粤建造发〔2014〕3 号）和《关于印发广东省建设工程定额动态调整的通知（第 18 期）》（粤标定函〔2022〕196 号）的相关规定，挖沟槽因工作面和放坡增加的工程量应计入土方相关项目工程量中。

专此函复。

广东省建设工程标准定额站
2023 年 4 月 13 日

关于隆平院士港工程计价争议的复函

粤标定复函〔2023〕53 号

广州黄埔中禾产业园投资有限公司、中建三局集团有限公司：

你们通过广东省建设工程造价纠纷处理系统，申请解决隆平院士港一期、二期工程总承包涉及计价争议的来函及相关资料收悉。

2021 年 12 月 3 日签订的工程总承包合同显示，本工程位于广州市黄埔区，资金来源为企业自筹，发包人广州黄埔中禾产业园投资有限公司采用公开招标方式，确定由中建三局集团有限公司、广州市设计院集团有限公司联合承建。工程采用工程量清单计价方式，合同价格形式为单价合同，清单综合单价按经审定的施工图预算以中标下浮率确定，措施项目费按经审定的施工图预算结合合同约定进行总价包干，施工图预算编制执行《广东省建设工程计价依据 2018》，目前处于合同履行阶段。现对来函涉及的工程计价争议事项答复如下：

工程划地红线范围内的施工用地不能满足施工需要，加上疫情防控政策和常态化管理要求，发包人采纳承包人提出的租用划用红线以外土地建设生活区、办公区及临时设施的建议，并与承包人、出租方、见证方签订了《租用临时用地协议》，承诺该土地租赁费用由承包人先垫付，结算时按实结算。发承包双方因该租赁土地费用产生计价争议。发包人认为，施工图预算中以系数计算的绿色施工安全防护措施费已包含临时设施租地费用，不应另行补偿。承包人认为，临时设施的租地费用属于土地使用费，不包含在合同施工部分的工程费中，发包人应另行签订合同或补充协议补偿承包人该部分费用。

我站认为，《广东省建设工程计价依据 2018》中以系数计算的绿色施工安全防护措施费不包含土地使用费或土地租赁费用，仅包含临时设施的搭设及拆除费用。发包人提供的施工用地不能满足工程需要而临时租用规划批准范围以外场地的，即非承包方原因产生的红线外场地租赁及复垦复绿等费用应由发包人负责并列入概算的工程建设其他费用。

专此函复。

广东省建设工程标准定额站

2023 年 4 月 28 日

关于黄埔区 KXC-I3-2 地块（科学城站）
工程计价争议的复函

粤标定复函〔2023〕54 号

广州开发区尚尊房地产开发有限公司、中铁二局集团有限公司：

　　你们通过广东省建设工程造价纠纷处理系统，申请解决黄埔区 KXC-I3-2 地块（科学城站）工程计价争议的来函及相关资料收悉。

　　2020 年 12 月签订的工程总承包（设计—施工）合同显示，本工程地点位于广州市黄埔区，资金来源为企业自筹，发包人广州开发区尚尊房地产开发有限公司通过公开招标方式，确定由中铁二局集团有限公司、广州大业环境规划设计有限公司、广州地铁设计研究院股份有限公司组成联合体承建。工程采用工程量清单计价方式，合同价格形式为单价合同，目前处于合同履行阶段，现对来函涉及的工程计价争议事项答复如下：

　　本工程在旋挖灌注桩施工过程中，遇大量地下孤石，经发包人确认的施工组织设计处理方案为旋挖桩旋挖贯穿孤石，施工图预算编制时，发承包双方就孤石处理如何计价产生争议。发包人认为，应套用《广东省房屋建筑与装饰工程综合定额 2018》的旋挖桩入岩增加费定额子目进行计价。承包人认为，《广东省房屋建筑与装饰工程综合定额 2018》中旋挖桩入岩增加费定额子目的人工、材料及机具消耗量等远低于现场实际发生的消耗量，应根据现场人工、材料及机械消耗的实际情况进行计价。

　　我站认为，本工程招标时，发包人未向投标人提供地质勘察报告，招标模拟清单中未开列孤石处理相关清单，旋挖灌注桩的清单项目特征中也无孤石的相关描述，施工图预算编制时，孤石处理的综合单价属于"招标清单综合单价中没有适用或类似的综合单价"，根据合同专用条款第二款第 9 条第

（58）点约定，应执行《广东省房屋建筑与装饰工程综合定额 2018》进行计价。因该定额并无旋挖桩旋挖贯穿孤石的适用子目，建议发承包双方依据经审定的施工组织设计，结合市场询价，合理确定价格。

专此函复。

广东省建设工程标准定额站
2023 年 4 月 28 日

关于珠海市香洲区南湾 B-香工园泵站改造（辅助用房）工程计价争议的复函

粤标定复函〔2023〕55 号

珠海市城市排水有限公司、珠海市供水工程有限公司：

你们通过广东省建设工程造价纠纷处理系统申请解决关于珠海市香洲区南湾 B-香工园泵站改造（辅助用房）工程计价争议的来函及相关资料收悉。

2020 年 5 月 20 日签订的施工合同显示，本工程位于珠海市，资金来源为企业自筹，珠海市城市排水有限公司通过直接发包的方式，确定由珠海市供水工程有限公司负责承建。工程采用工程量清单计价方式，合同价格形式为单价合同，目前处于竣工结算阶段。现对来函涉及的工程计价争议事项答复如下：

本工程采用冲孔灌注桩，设计参考桩长 47m，桩持力层为全风化花岗岩，岩石工程勘察报告显示，场地自上而下分布块石填土（平均厚度 3.04m）、冲填土（细沙，平均厚度 2m）、淤泥（平均厚度 24.10m）、粉质黏性土（平均厚度 10.52m）、强风化花岗岩，稳定水位平均 1.94m。实际施工中的冲孔灌注桩混凝土扩散系数为 1.83，发承包双方对冲孔灌注桩的清单单价产生争议。发包人认为，灌注桩的扩散系数应在综合单价中综合考虑，由于无法证明因非承包人的原因致使混凝土实际用量远超设计用量，合同未约定实际施工与定额的混凝土扩散系数不同时可以调整，因此不调整冲孔灌注桩的清单单价。承包人认为，根据《广东省房屋建筑与装饰工程综合定额 2018》A.1.3 桩基础工程章说明第八条"沉管混凝土灌注桩，钻、冲孔灌注桩，旋挖桩、素混凝土桩（CFG 桩）的混凝土含量按 1.2 扩散系数考虑，实际灌注量不同时，可调整混凝土量，其他不变"的规定，混凝土浇筑工程量应按实计算。

我站认为，本工程合同未约定由承包人承担地质因素导致的风险，发包人提供的冲孔灌注桩清单亦未要求承包人报价考虑因地质原因导致超灌的费用。因此，建议发承包双方厘清冲孔桩混凝土超出常规灌注量的原因、责任，如因非承包人原因导致的，应予计算增加的费用。

　　专此函复。

广东省建设工程标准定额站

2023 年 5 月 22 日

关于信宜市人民医院二期
工程计价争议的复函

粤标定复函〔2023〕56 号

信宜市人民医院、河北建工集团有限责任公司：

你们通过广东省建设工程造价纠纷处理系统，申请解决信宜市人民医院二期工程计价争议的来函及相关资料收悉。

2018 年 4 月 2 日签订的施工合同显示，本工程位于广东省信宜市，资金来源为企业自筹，发包人信宜市人民医院通过公开招标方式，确定由河北建工集团有限责任公司负责承建。工程采用工程量清单计价方式，合同价格形式为单价合同，目前处于合同履行阶段。现对来函涉及的工程计价争议事项答复如下：

本工程施工合同专用条款第 76.1 条对物价涨落事件的价差调整进行了约定，明确主要材料、工程设备、施工机械台班价格价差依据造价管理部门发布的信息价进行调整的方法，但未约定信息价缺项如何调整。2022 年 3 月 28 日，发承包双方签订了《建设工程施工合同补充协议（二）》（以下简称"补充协议二"），对原合同未明确信息价缺项的材料、工程设备、施工机械台班价差的调整方法进行了补充约定，即该部分的价格由施工方、建设方和监理方进行询价，按询价后确定的价格进行价差调整。现发承包双方就信息价缺项部分调差产生争议。发包人认为，合同专用条款约定的调差方法为"主要材料、工程设备、施工机械台班价格在施工期间的信息价平均值 A 增减超出招标控制价的单价 B 的 ±5% 时，超出 ±5% 部分的价差按实调整……"则仅调整信息价（或暂估价）中的材料、工程设备、施工机械台班价格。信息价缺项但未列为暂估价的材料、设备已通过招投标方式确定单价，其投标单价已考虑施工期间物价涨落的因素，该部分风险由承包人承担，不纳入价差调整范围。而合同补充协议二否定招投标活动的法律效力，对其他投标人有失公平，则不予调整。承包人认为，合同补充协议二已明确约定信息价缺项的材料、工程设备和施工机械台班调差方法，应按补充协议二执行。

我站认为，双方共同签订的合同补充协议二为原合同的组成部分，并依据施工合同协议书约定的"合同文件组成及优先解释顺序"，补充协议优先于专用合同条款，信息价缺项的材料、工程设备、施工机械台班价格调差，应按补充协议二约定执行。

专此函复。

广东省建设工程标准定额站

2023 年 5 月 22 日

关于和祐国际医院项目一期
工程计价争议的复函

粤标定复函〔2023〕57 号

广东和康医疗管理有限公司、中建三局集团有限公司：

你们通过广东省建设工程造价纠纷处理系统，申请解决和祐国际医院项目一期土建总承包工程计价争议的来函及相关资料收悉。

2021 年 8 月 27 日签订的施工合同显示，本工程位于佛山市顺德区，资金来源为企业自筹，发包人广东和康医疗管理有限公司通过模拟清单公开招标的方式，确定由中建三局集团有限公司负责承建。工程采用工程量清单计价方式，合同价格形式为单价合同，目前处于合同履行阶段，现对来函涉及的工程计价争议事项答复如下：

一、关于框架柱及剪力墙定位钢筋的计价争议

本工程结构设计总说明第 5.3.7 条要求框架柱及剪力墙等竖向构件钢筋应确保定位准确，参照国家标准图集 11G902—1 相关要求执行。招标文件中对钢筋的工程量计算有专门的约定，现发承包双方就框架柱及剪力墙定位钢筋是否包含在其他措施项目清单中包干计价产生争议。发包人认为，根据招标文件中经济标的编制说明要求，固定位置的支撑钢筋、双层钢筋用的铁马、垫铁在其他措施项目清单中属于包干项目，并单独开列"预算包干费及其他措施项目"清单，由投标人自主报价，且在招标过程中，承包人在询标记录中确认此部分费用已在措施费中综合考虑，框架柱及剪力墙定位钢筋不再单独计价。承包人认为，预算包干费及其他措施项目清单中总价包干的名称为"钢筋的垫铁垫块、按施工措施用的支撑钢筋（含筏形基础、承台、板等）、

开孔打凿恢复用筋、线管加筋、图纸没有明确要求的措施钢筋"，则图纸未明确的措施钢筋属于包干范围，但结构设计总说明第 5.3.7 条明确了剪力墙梯子筋、柱定位框的要求，此部分定位钢筋为设计要求，不属于包干范围，应另行计价。

我站认为，本工程招标文件是合同的组成部分，招标文件对钢筋的工程量计算有明确约定，固定位置的支撑钢筋、双层钢筋用的铁马、垫铁在其他措施项目中属于包干项目，与图纸上有无明确要求无关，框架柱及剪力墙定位钢筋已在其他措施项目的包干总价中考虑，不另计算。

二、关于梁与梁、墙、柱交接处模板工程量计算的争议

本工程招标文件的经济标编制说明第 10 条约定模板项目不分构件（坡度＞15°的屋面斜板除外），不区分现浇及预制，综合考虑模板按结构接触面积计算，其中楼梯按设计图示尺寸以水平投影面积计算。发承包双方就梁与梁、梁与墙、梁与柱交接部位是否计算模板工程量产生争议。发包人认为，按经济标编制说明的约定，只有混凝土与模板接触才能计算模板面积，梁与梁、梁与墙、梁与柱结合处结构与模板不存在接触面积，不应计算模板工程量。承包人认为，依据《房屋建筑与装饰工程工程量计算规范》GB 50854—2013及《广东省房屋建筑与装饰工程综合定额 2018》（以下简称"2018 房建定额"），模板工程量均按照接触面积计算，合同未说明梁与梁、梁与墙、梁与柱结合处模板是否计算工程量，但 2018 房建定额中规定，梁与梁、梁与墙、梁与柱交接时，不扣减结合处的模板面积，则结合处的模板工程量应予计算。

我站认为，本工程采用工程量清单计价方式，招标文件中经济标编制说明对模板的工程量计算已有明确约定，与定额工程量计算规则无关，模板工程量计算应依据合同约定按结构的接触面积计算，梁与梁、梁与墙、梁与柱结合处不计算模板工程量。

专此函复。

广东省建设工程标准定额站

2023 年 5 月 22 日

关于斗门区井岸城区排水管网
工程计价争议的复函

粤标定复函〔2023〕58号

珠海市斗门区生源城市开发有限公司、珠海尚川建设有限公司：

你们通过广东省建设工程造价纠纷处理系统，申请解决斗门区井岸城区排水管网工程计价争议的来函及相关资料收悉。

2019年11月15日签订的施工合同显示，本工程位于珠海市斗门区，资金来源是财政资金，发包人珠海市斗门区生源城市开发有限公司采用公开招标方式，确定由珠海尚川建设有限公司负责承建。工程采用工程量清单计价方式，合同价格形式为单价合同，目前处于竣工结算阶段。现对来函涉及的工程计价争议事项答复如下：

本工程在施工中多次遇到较大粒径块石无法顶进而发生设计变更，在原泥水平衡机头基础上加设"破碎金刚刀头"。双方就"泥水平衡机头基础上加设破碎金刚刀头"的套用定额发生争议。发包人认为，为后续顶管顶进顺利实施，确定由顶管施工调整为改进的破碎顶管施工工艺，现行定额是否适用于本工程工艺要求，如不适用，如何确定其单价。承包人认为，设计变更采用"在原泥水平衡机头基础上加设破碎金刚刀头"工艺施工，加大电机功率和千斤顶规格，现行定额不适用于本工程工艺要求，可参照使用中国地质学会非开挖技术专业委员会《顶管施工定额》或采用询价方式经过专家评审方式定价。

我站认为，《广东省市政工程综合定额2018》泥水平衡顶进定额子目不适用于本工程施工工艺，也无其他定额子目可以适用，根据合同专用条款第68条约定，合同双方可根据经批准的施工方案结合市场询价结果协商定价。

专此函复。

广东省建设工程标准定额站
2023 年 5 月 22 日

关于珠海横琴天沐琴台工程
计价争议的复函

粤标定复函〔2023〕59 号

珠海大横琴股份有限公司、中交横琴投资有限公司：

你们通过广东省建设工程造价纠纷处理系统，申请解决珠海横琴天沐琴台基坑、桩基工程及天沐河双桥工程计价争议的来函及相关资料收悉。

2012 年 8 月 10 日签订的投资建设合同显示，本工程位于珠海市横琴区，资金来源为企业自筹，珠海大横琴投资有限公司采用公开招标方式，确定由中国交通建设股份有限公司融资承建（现权利义务转让给中交横琴投资有限公司）。工程采用定额计价方式，执行《广东省建设工程计价依据 2010》和《公路工程概算定额》JTG/TB 06—02—2007，其中《公路工程预算定额》JTG/TB 06—02—2007 仅适用于单跨超过 100m 的大型桥梁工程，目前处于竣工结算阶段。现对来函涉及的工程计价争议事项答复如下：

一、关于膨润土计量计价的争议

本工程《横琴天沐琴台（桩基工程）施工图》说明（一）第 5 条"钻孔护壁泥浆应采用制备泥浆，泥浆制备应选用优质膨润土"，双方对相应定额中黏土替换为膨润土的用量计算产生争议。发包人认为，本工程执行的《广东省建筑与装饰工程综合定额 2010》（以下简称"2010 房建定额"）未具体明确膨润土与黏土是否需要换算及换算关系，以膨润土直接等量替换"钻孔桩成孔灌注""旋挖桩"等定额子目的黏土缺乏依据，结算工程资料中缺少泥浆配合比资料、泥浆用量及膨润土使用量等签证内容，送审资料的光盘文件"膨润土进货台账"中的进货单未经发包人或监理签认；承包人编报结算时将原定额子目工料机中"黏土"直接等量替换为"膨润土"，远远大于"膨润土进货台账"载明数量及《公路工程预算定额》JTG/TB 06—02—2007第四章第四节说明的每立方米黏土换算为95kg膨润土。承包人认为，本工程的钻孔灌注桩和旋挖桩定额分别套用的2010房建定额"钻孔桩成孔灌注""旋挖桩"子目中均采用黏土护壁，定额中无膨润土护壁的相关子目，而本工程的桩基工程设计说明采用优质膨润土护壁，是否可将定额子目中的黏土换成膨润土，且定额消耗量不作调整；如不可，黏土与膨润土的消耗量应如何调整。

我站认为，本工程约定采用定额计价方式，2010房建定额的"钻孔桩成孔灌注"和"旋挖桩"定额子目是按采用黏土制作泥浆考虑的，由于膨润土泥浆与黏土泥浆的组成不同，两者的消耗量也不相同。膨润土消耗量可按合同第11.2.1条约定计算，即参考《公路工程预算定额》JTG/TB 06—02—2007第四章第四节说明第九条进行换算，每 m^3 黏土换算95kg膨润土。

二、关于钢护筒定额套用的争议

本工程进场前已进行了软基处理，处理后的地基含淤泥和局部淤泥质黏土层，层厚5.00～31.00m，平均层厚17.69m。桩基工程设计文件（设变02-桩-07）说明"本工程建设场地为较厚的软弱土层，为保证灌注桩成桩质量，施工时可考虑采用双护筒工艺，内外护筒长度均须穿透淤泥层，进入黏土层1m"，内护筒为永久性护筒，外护筒在成桩后拔出。发承包双方对钢护筒定额适用问题产生争议。发包人认为，场地经过吹填、软基处理后形成陆域，不涉及承包人提出的桩基水上作业情况；"钻孔桩成孔灌注"定额子目包含"护筒埋设及拆除""钻（冲）孔出渣"等工作内容，已综合考虑成孔与钢护筒埋设；根据合同约定，随着成孔跟进埋设钢护筒或先埋打设钢护筒再在筒内出土成孔，属于施工方案的机械选型及工序安排，并不影响计价。结合作业条件及工况，发包人提出：（1）外钢护筒适用"陆上钢护筒埋设、拆除"子目，并相应扣除"钻孔桩成孔灌注"定额子目中与钢护筒相关的重复内容，且不应重复计取外钢护筒段的泥浆护壁费用。（2）内钢护筒在清孔后浇筑前，与钢筋笼同步安装，适用"桩钢筋笼制作安装"子目，或属于定额缺项。承包人认为本工程位于河道中心人工岛，虽然进场前场地进行了真空预压处理，但地质仍较差，仍存在冲填土、淤泥、淤泥质黏土、粉质黏土、粗砾砂。为保证在淤泥中顺利成孔、有效控制灌注桩成桩质量和充盈系数，经试桩后设计采用双护筒施工工艺。承包人提出：（1）《公路工程定额应用释义》载有

"本定额编制中，干处埋设护筒埋设按埋深 1.8m 计算""对于在旱地或岸滩处采用振动沉埋较长的护筒时，可按水深 5m 以内埋设护筒定额扣除型钢、钢板、工程船舶的定额消耗并适当考虑护筒的周转次数进行计算"的有关说明。因本工程外护筒埋深采用的是振动沉管工艺，故应套用《广东省市政工程综合定额 2010》（以下简称"2010 市政定额"）"钢护筒埋设 水上（水深）5m 以内"子目并扣除该子目中的型钢、钢板、工程船舶，不应套用 D1-3-132（钢护筒埋设、拆除陆上）子目。（2）内护筒埋设长度均在 20m 以上，埋设难度较大，且 2010 市政定额第一册《通用项目》中无相应子目；评审单位要求套用桩"钢筋笼制作、安装"子目进行组价，但该定额子目为钢筋笼制作、安装，无法扣除钢筋笼的制作费用。承包人建议套用 2010 房建定额"金属结构工程-钢结构"中的"钢柱安装"子目。

我站认为，本工程约定采用《广东省建设工程计价依据 2010》，只有在约定使用的定额缺项情况下，才能参考借用其他行业定额计价规则。根据 2010 市政定额中有关"水上作业"的定义，本工程不属于"水上作业"。因此，外护筒应套用 2010 市政定额 D1-3-132"钢护筒埋设、拆除"子目，并扣减桩子目中的"金属材料（摊销）"用量；内护筒在清孔后浇筑前与钢筋笼同步安装，《广东省建设工程计价依据 2010》中没有相关子目，属于定额缺项，可由双方进行市场询价协商确定。

三、关于施工便道水泥搅拌桩费用列项的争议

本工程设计要求对施工便道采用 ϕ800 大直径单轴搅拌桩进行地基加固，发承包双方对该搅拌桩的列项存在争议。发包人认为，有关设计文件虽提示了施工便道单轴水泥搅拌桩的规格、范围及布桩方式，但施工便道加固单轴水泥搅拌桩仅作为施工便道的地基处理，属于施工便道的工作内容。根据 2010 房建定额的费用列项，施工便道属于措施项目，用于施工便道地基加固的水泥搅拌桩亦应按措施项目列项。承包人认为，施工便道的 ϕ800 单轴水泥搅拌桩已在施工图有明确的施工做法，计价应纳入分部分项中。但在审核过程中，评审单位认为施工便道的 ϕ800 单轴水泥搅拌桩计价应纳入措施项目中。

我站认为，施工便道加固单轴水泥搅拌桩仅作为施工便道的地基处理，属于施工便道的工作内容。根据 2010 房建定额的费用列项，施工便道属于措施项目，用于施工便道地基加固的水泥搅拌桩应按措施项目列项。

四、关于泥浆池（槽）砌筑及拆除的计价争议

本工程经审批的施工方案要求砌筑泥浆池，双方对泥浆池的计量计价产生争议。发包人认为，送审资料仅光盘中提供了有关施工组织设计和钻孔灌注桩施工方案的数字文件和报审表的扫描件，未提供经审批施工方案的纸质版资料；相关施工组织设计和施工方案文件提出泥浆池（箱）的具体设置，但现场施工影像资料有采用土质泥浆坑、槽，未见泥浆池；结算资料中未见泥浆池的验收资料及工程量签证资料；2010 房建定额 A.2 桩基础工程的章说明第十八条约定"本章子目未考虑泥浆池（槽）砌筑及拆除，发生时按照措施其他项目的规定计算"；《关于惠州市大亚湾美悦湾项目工程计价争议问题的复函》（粤标定函〔2020〕159 号）指出"以挖出部分土坑直接作为泥浆池不得另外计算费用"。综合上述情况，发包人认为工程现场未按专项施工方案设置泥浆池，未产生泥浆池费用。承包人认为，本工程桩基工程采用 2010 房建定额计价，A.28 措施其他项目费用标准第 28.4 条规定，钻（冲）孔桩、旋挖成孔灌注桩的泥浆池（槽）砌筑及拆除应按桩工程量以体积计算，每立方米 26.26 元。泥浆池（槽）砌筑及拆除工程量未包含在钻（冲）孔桩、旋挖成孔灌注桩的定额子目中，应按上述第 28.4 条规定单独计取，审核单位认为已包含在钻（冲）孔桩、旋挖成孔灌注桩定额子目中，不再单独计取。泥浆池（槽）砌筑及拆除是否可以按上述第 28.4 条规定单独计取。

我站认为，2010 房建定额 A.28 措施其他项目费用标准第 28.4 条规定，泥浆池（槽）砌筑及拆除费用按桩（成孔）工程量以体积乘以相应的费用标准计算，列入措施其他项目费。泥浆池（槽）砌筑及拆除的费用与砌拆泥浆池（槽）的做法及数量无关。

五、关于大型机械进出场的计量争议

本工程前期，承包人编制的"钻孔灌注桩施工方案"中有各类打桩机械的数量并经过监理批准，双方对大型机械进出场的计量产生争议。发包人认为，"钻孔灌注桩施工方案"由承包人结合本工程实际情况及自身技术条件自主编制，经监理单位、项目公司批准，作为预算编制的主要依据；结算资料未见施工方案调整及审批确认的资料，承包人调整机械配置属于自身的管理组织行为；投资建设合同第 11.2.1 条第（7）点"施工图预算措施项目费和其他项目费"计算规定，"当不能按施工图计算工程量的则按经项目公司、监

169

理单位及甲方确认的施工组织设计或施工方案计算，结算时不再调整"。因承包人没有及时编报预算，根据投资建设合同约定仍应按经确认的施工方案计量计价。承包人认为，施工前编制的施工组织设计、方案中有各类打桩机械的数量，但在施工过程中，我方根据现场的实际情况，对打桩机械的数量进行了调整，每台机械的进出场均有发包人、承包人、监理单位签字确认。

我站认为，投资建设合同第 11.2.1 条第（7）点"施工图预算措施项目费和其他项目费"计算规定，"当不能按施工图计算工程量的则按经项目公司、监理单位及甲方确认的施工组织设计或施工方案计算，结算时不再调整"。因承包人没有及时编报预算，根据投资建设合同约定仍应按经确认的施工方案进行计算。

六、关于钢构柱的定额套用争议

本工程设计的坑内支撑采用立柱桩＋钢格构柱形式，双方对钢构柱的定额套用产生争议。发包人认为，钢构柱嵌固于灌注桩内，与钢筋笼一起整体吊装，适用"桩钢筋笼制作安装"定额子目或属于定额缺项。承包人认为，灌注桩内的钢格构柱在 2010 房建定额没有相应的子目；钢格构柱加工制作、安装的难度远远大于钢柱的制作、安装；应套用"焊接钢管柱构件制作"和"钢柱安装"子目较为合理。

我站认为，本工程的钢格构柱加工制作、安装工艺与 2010 房建定额金属结构工程中的钢柱制作、安装子目一致，应套用钢柱制作及钢柱安装相关子目，并扣减拆除钢格构柱的残值。

专此函复。

广东省建设工程标准定额站

2023 年 5 月 22 日

关于松岗街道五指耙体育主题公园新建工程计价争议的复函

粤标定复函〔2023〕60号

深圳市宝安区松岗街道办事处、广州市八达工程有限公司：

你们通过广东省建设工程造价纠纷处理系统，申请解决松岗街道五指耙体育主题公园新建工程计价争议的来函及相关资料收悉。

2017年1月22日签订的施工合同显示，本工程位于深圳市宝安区，资金来源为财政资金。发包人深圳市宝安区松岗街道办事处通过公开招标方式，确定由广州市八达工程有限公司负责承建。工程采用工程量清单计价方式，合同价格形式为单价合同，目前处于竣工结算阶段。现对来函涉及的工程计价争议事项答复如下：

一、关于土石方工程的计价争议

本工程在实施期间发现主入口地下停车场区域有大量垃圾填埋，为防止二次环境污染，需对污染区进行封场处理，发包人取消了主入口地下停车场建设。该区域的场地平整与基坑开挖等土石方工程取消，原计划的场内土方平衡未能实现，承包人需从园区外借土完成整个工程。发承包双方对设计变更后土石方工程的计价产生争议。发包人认为，设计变更取消的土石方工程费用应扣减，承包人从园区外借土回填到本工程所需区域的挖运费用不计取。承包人认为，根据合同补充条款约定，土石方工程结算应按预算审定的工程费用包干，设计变更取消的土石方工程费用不扣减，可不计算外借土方的挖运费用，或采用按实计量的方法，扣除设计变更取消的土石方费用，但需增加从园区外借土回填的挖运费用。

我站认为，合同补充条款中关于土石方工程结算按审定预算包干的约定是基于招标图纸、工程条件未发生变化情况下的费用包干。本工程因地质原因，主入口地下停车场区域已做设计变更，依据合同变更计价的有关约定，设计变更后未实施的土石方工程费用应予以扣除，承包人从园区外借土回填的挖运费用应予计算。

二、关于基础换填的计价争议

本工程地基开挖过程中，3 号公厕位置发现基础中含有大量淤泥和地下水，发包人批准设计变更，对 3 号公厕位置实施基础换填处理。发承包双方对基础换填的计价产生争议。发包人认为，清淤换填的挖运淤泥属于土石方包干范围，费用不予计算；承包人认为，合同中的土石方费用包干指设计图纸范围内的包干，因地基承载力达不到设计要求的设计变更不属于土石方包干的范围，该地基处理的费用应予计算。

我站认为，3 号公厕位置的基础换填属于设计变更，应按合同专用条款中工程变更的约定计价。

专此函复。

广东省建设工程标准定额站
2023 年 5 月 23 日

172

关于解决广州大道快捷化改造一期工程（4标）计价争议的复函

粤标定复函〔2023〕61号

广州市建设投资发展有限公司、广州市第二市政工程有限公司：

你们通过广东省建设工程造价纠纷处理系统，申请解决广州大道快捷化改造一期（洛溪桥南—广州南站）工程（4标）计价争议的来函及相关资料收悉。

2018年4月1日签订的施工合同显示，本工程位于广州市，资金来源为财政资金，发包人广州市建设投资发展有限公司采用公开招标方式，确定由广州市第二市政工程有限公司负责承建。工程采用工程量清单计价方式，合同价格形式为单价合同，目前处于合同履行阶段。现对来函涉及的工程计价争议事项答复如下：

本工程安全文明施工措施费包含按系数计算的安全文明施工措施费及按清单项目计算的围蔽及脚手架项目费用。招标文件要求，承包人须按《广州市住房和城乡建设委员会关于印发〈广州市建筑施工实名制管理办法〉的通知》（穗建规字〔2017〕4号）文件落实实名制有关制度，绿色施工措施费项目按《广州市建设工程造价管理站关于绿色施工措施费计价办法的通知》（穗建造价〔2015〕69号）要求执行，在措施其他项目中填报。《关于建设工程施工扬尘污染防治措施和用工实名管理费用计价有关事项的通知》（穗建造价〔2018〕64号）等文件印发后，发承包双方就扬尘污染防治措施和用工实名制管理费用增加费率产生争议。发包人认为，合同约定承包人必须负责施工扬尘污染防治和用工实名制管理的工作，所产生的费用属于措施费，由于合同措施费合价包干，因此不予计算该费用。承包人认为，穗建造价〔2018〕64

号文是 2019 年发布的文件，本工程投标未考虑该部分费用，且文件内容要求全面实施 6 个 100％的扬尘控制措施后的增加费用，故应予计算。

我站认为，根据穗建造价〔2015〕69 号文和招标文件的《工程量清单编制总说明》，施工扬尘污染防治措施费属于绿色施工措施费，相关费用已包含在投标报价中。但穗建造价〔2018〕64 号文和《广州市交通运输局关于印发 2019 年广州市交通建设工程扬尘污染防治专项工作方案的通知》（穗交运函〔2019〕1127 号）对扬尘污染防治标准进一步提出要求。因此，针对不同标准而增加的费用，发承包双方可根据有关文件规定，以实施施工扬尘污染防治新标准的工程量为基础，相应增加计算费用。用工实名管理费用可依据《广州市建设工程造价管理站关于建设工程施工扬尘污染防治措施和用工实名管理费用计价有关事项的通知》（穗建造价〔2018〕64 号）第二条"已按照省市有关文件规定开展施工扬尘污染防治或用工实名管理费用的在建项目，除合同另有约定外，以按开展施工扬尘污染防治或用工实名管理期间的工程量为基础，增加计算相应费用"，即由发承包双方确认按照文件落实用工实名管理期间的内容，相应增加计算费用。

专此函复。

广东省建设工程标准定额站
2023 年 5 月 30 日

关于江门 20 号地项目（中学）
工程计价争议的复函

粤标定复函〔2023〕62 号

江门越盛房地产开发有限公司、中建四局第六建设有限公司：

你们通过广东省建设工程造价纠纷处理系统，申请解决江门 20 号地项目（中学）施工总承包及总承包管理配合服务工程计价争议的来函及相关资料收悉。

2021 年 5 月 18 日签订的施工总承包合同显示，本工程位于江门市蓬江区，资金来源为企业自筹，发包人江门越盛房地产开发有限公司通过邀请招标方式，确定由中建四局第六建设有限公司负责承建。工程采用工程量清单计价方式，合同价格形式为单价合同，目前处于合同履行阶段。现对来函涉及的工程计价争议事项答复如下：

本工程体育馆招标图纸显示篮球馆层高 9m、排球馆层高 11m，跨度最大为 20.1m。竞价文件第八章工程量清单计价说明对高支模进行了专门约定，高大支模（8m）是指混凝土构件模板支撑高度超过 8m（含 8m）的情况，高大支模应分别计算模板与高大支模支撑体系，但模拟清单中未单独开列高支模清单项目，发承包双方就高支模计价产生争议。发包人认为，招标图纸明确体育馆层高及架空要求，招标清单未单列高支模项，但模板清单备注要求综合考虑支模高度，承包人也未在答疑中提及相关内容。根据合同专用条款第 1.13.3 条项目特征描述不符事件的约定，工程量清单中的项目特征及工作内容的任何误差皆由承包人承担风险。故高支模应属于合同约定的项目特征及工作内容误差范围，不另计算。承包人认为，根据竞价文件第八章工程量清单计价说明对高支模的划分约定，招标工程量清单中，"教育设施"的清单开项分别列了"木模板及支架（支模高度综合考虑）""木模板及支架（5～6m 高度）""高支模支撑体系（5～8m 高度）"，而文化体育设施的清单开项只列了"木模板及支撑架（支模高度综合考虑）"，根据《建设工程工程量清单计价规范》GB 50500—2013 规定，招标工程量清单其准确性和完整性应由招标人负责。高大支模支撑体系是由于发包人的漏项错误及图纸提供不全面而导致报价的缺陷与风险，不应由承包人承担。故文化体育设施的高支模属于清单缺漏项，应按合同清单缺漏项的相关条款另行计算。

我站认为，根据竞价文件第八章工程量清单计价说明，明确各专业工程的措施项目，属于危大工程范围的模板工程及支撑体系在"危大工程施工技术措施费"中计取，但招标清单未列该清单内容，属于工程量清单漏项。依据合同专用条款第 1.13.2 条非总价包干的项目出现工程量清单缺项、漏项事件的，合同双方当事人按合同专用条款第 10.4 条约定的变更估价计价原则进行计价。

专此函复。

广东省建设工程标准定额站

2023 年 5 月 30 日

关于佛禅网（挂）2013-001地块兆阳大厦工程计价争议的复函

粤标定复函〔2023〕63号

佛山市兆阳房地产投资有限公司、佛山市房建集团有限公司：

你们通过广东省建设工程造价纠纷处理系统，申请解决佛禅网（挂）2013-001地块兆阳大厦工程计价争议的来函及相关资料收悉。

2013年12月16日签订的施工合同显示，本工程位于佛山市禅城区，资金来源为企业自筹，发包人佛山市兆阳房地产投资有限公司采用直接发包的方式，确定由佛山市房建集团有限公司负责承建。工程采用定额计价方式，执行《广东省建设工程计价依据2010》，目前处于合同履行阶段。现对来函涉及的工程计价争议事项答复如下：

一、关于外墙飘板面镶贴纸皮饰面砖的计价争议

本工程外墙飘板混凝土结构宽800mm、厚150mm，飘板面两端宽200mm处各高出板面50mm，形成中间凹陷的400mm×50mm排水沟，飘板面及板外侧50mm处镶贴纸皮饰面砖，发承包双方对外墙飘板面镶贴纸皮饰面砖的计价产生争议。发包人认为，根据A.4混凝土及钢筋混凝土工程章说明第二条悬挑板伸出墙外500mm以内按挑檐计算、500mm以上按雨篷计算的规定，本工程飘板伸出墙外800mm应属于雨篷。依据A.9楼地面工程工程量计算规则第9.2条第5点，阳台、雨篷的面层抹灰并入相应楼地面项目抹灰计算，而外墙飘板面镶贴纸皮饰面砖应套用楼地面块料面层子目，并换算主材。承包人认为，经咨询佛山市建设工程造价服务中心，外墙飘板面镶贴纸皮饰面砖应套用零星装饰子目。

我站认为，A.9楼地面工程工程量计算规则第9.2条第5点规定，只适用于抹灰装饰面层，不适用于块料装饰面层，外墙飘板面镶贴纸皮饰面砖（包括飘板顶面、沟内立面及外侧50mm）应执行零星装饰子目。

二、关于外墙飘板顶混凝土挡水模板的计量争议

本工程外墙飘板面上有宽200mm、高50mm的混凝土挡水模板，发承包双方对该挡水模板的计量产生争议。发包人认为，飘板伸出墙外800mm属于雨篷，高出飘板50mm的混凝土挡水为反檐，依据A.4混凝土及钢筋混凝土工程章说明第二条第5点规定反檐的体积，纳入雨篷混凝土工程量计算，则反檐属于雨篷的一部分。根据A.21模板工程量计算规则第21.1.4条雨篷按外挑部分的水平投影面积计算，反檐模板应已包含在雨篷模板内不另行计算。承包人认为，外墙飘板面混凝土挡水属于反檐，其模板应按接触面积计算。

我站认为，外墙飘板混凝土挡水属于反檐，A.21模板工程量计算规则第21.1.4条只规定雨篷模板按外挑部分的水平投影面积计算，包括伸出墙外的牛腿、挑梁及板边的模板，但并未包括反檐模板，反檐模板应按混凝土与模板接触面积计算。

三、关于型钢柱、梁拼装的计价争议

本工程的型钢柱、梁是否应计取拼装费用，发承包双方产生争议。发包人认为，并未要求承包人在加工厂预拼装型钢构件，型钢柱是按各层高度制作后运抵现场直接吊装焊接，按佛山市建设工程造价服务中心的解答，不应计取拼装费用。承包人认为，型钢柱、梁在现场安装前需将榀段校正、焊接或螺栓固定后拼装成整体结构，再按图纸要求安装至各楼层处，应计取拼装费用。

我站认为，若钢构件因运输规定限高、限宽、限长限制及非制作安装原因的构件需分段解体或散件（如网架）运输，运抵现场后的构件不能直接进行吊装、需在现场拼装后再吊装的，应计取拼装费用；若在工厂拼装制作后运抵现场直接吊装焊接，则不应计取拼装费用。

四、关于标准层夹层单梁及柱脚手架的计价争议

本工程标准层高5m，施工中发生设计变更，在离楼面2.5m及2.9m处增加夹层，发承包双方对夹层单梁及柱脚手架的计价产生争议。发包人认为，

夹层结构修改变更的图纸在施工过程中已下发给承包人，新增夹层的单梁及柱位于成品分户墙处，其浇捣单排脚手架已包含在按标准层高步距计算的里脚手架内，不应另行计取费用。承包人认为，新增夹层结构在主体完成才开始施工，施工难度大，夹层的单梁及柱浇捣需另外搭设独立脚手架才能完成，应另行计取单排脚手架费用。

我站认为，A.22 脚手架工程章说明第一条第 3 点及工程量计算规则第 22.1.7 条已明确，里脚手架已包含现浇混凝土柱、混凝土墙结构及装饰脚手架费用，与楼板一起现浇的梁均不得计算脚手架费用。新增夹层后的整个工程的建筑面积应按《建筑工程建筑面积计算规范》GB/T 50353—2013 有关规定计算，里脚手架费用根据建筑面积对应的不同高度按 A.22 脚手架工程的工程量计算规则第 22.1.14 条规定计算，夹层柱及与楼板相接的夹层梁脚手架费用不再计算，不与楼板相接的夹层梁可按工程量计算规则第 22.1.7 条规定计算脚手架费用。

专此函复。

广东省建设工程标准定额站

2023 年 6 月 1 日

关于广州市天河区前进村等污水治理工程计价争议的复函

粤标定复函〔2023〕64 号

广州市天河区水务设施建设中心、广州机施建设集团有限公司：

你们通过广东省建设工程造价纠纷处理系统，申请解决关于 152 条黑臭河涌城中村污水处理及自来水改造工程——天河区前进村、吉山村、黄村、珠村污水治理及自来水改造工程计价争议的来函及相关资料收悉。

2018 年 10 月 24 日签订的施工总承包合同显示，本工程位于广州市天河区，资金来源为国有资金。广州市天河区水务设施建设中心（原名称为广州市天河区市政河涌管理所）采用公开招标方式，确定由广州机施建设集团有限公司负责承建。工程采用工程量清单计价方式，合同价格形式为单价合同，目前处于竣工结算阶段。现对来函涉及的工程计价争议事项答复如下：

一、关于材料二次运输费用计算的争议

本工程施工场地受城中村场地限制，材料需在施工红线外设置材料大堆场，再转至场内临时堆场，发承包双方对材料发生二次运输费用计算产生争议。发包人认为，各村均有进村的主干道，可通行汽车或小型汽车直接将材料运达施工现场；承包人将材料先行集中堆放属于承包人的施工措施，且施工措施二次转运工地属于材料价已包含的内容，故本工程所发生的材料二次运输费用不应计算。承包人认为，清单未列二次运输清单项目，属于漏项；工程处于城中村，由于施工环境和场地限制，大型汽车不能直接将施工材料运到现场直接堆放，在施工场地红线外设置材料大堆场，从而发生了材料的

二次装卸及运输；建设单位、监理单位、施工单位对该工程发生材料二次运输的事实已签证，故本工程所使用的材料应计算材料二次运输费用。

我站认为，招标工程量清单开列"二次运输"清单项目，但承包人在投标时未报价，且施工环境和场地在中标前后并未发生实质性变化，故争议的二次运输费用已包含在投标报价中，不另行计算。

二、关于土方类别划分的争议

本工程的岩土工程勘察报告描述为"素填土"和"杂填土"，双方对其划分土方类别产生争议。发包人认为，地质勘察报告资料显示的"素填土"和"杂填土"均属于"软弱土"，按照 2010 定额规定的土壤类别表中的一、二类土计价。承包人认为，合同专用条款第 68.4 条约定本工程计价方式为清单计价，因此应按照《市政工程工程量计算规范》GB 50857—2013（以下简称"市政计算规范"）附录 A 土石方工程表 A.1-1 土壤分类表中的规定，"素填土"划分为三类土，"杂填土"划分为四类土，计算综合单价。

我站认为，本工程采用工程量清单计价的方式，土方类别划分应执行市政计算规范规定。本工程的"素填土"和"杂填土"，应按市政计算规范附录 A 土石方工程表 A.1-1 土壤分类表中的规定划分土方类别。

三、关于中粗砂材料价差调整的争议

本工程回填管沟采用中粗砂，因广州发布的信息价没有中粗砂价格，双方对中粗砂价差调整产生争议。发包人认为，施工图预算时中粗砂采用中砂与 5～10 碎石各 50％的方式确定其材料价格，故预算的中粗砂价格为基准日期价格，施工期间回填的中粗砂价格按预算价格组成确定并进行价差调整。承包人认为，按合同专用条款第 76.1 条"物价涨落调整办法"规定，因市场波动造成人工、材料、工程设备和机械台班价格涨落的，依据广州市建设工程价格信息及有关计价办法进行价格调整，由于广州市建设工程造价管理站在基准期和合同履约期均未发布"中粗砂"的税前综合价格，因此不符合合同材料调差的规定，所以此项工程量清单综合单价不做价差调整。

我站认为，管沟回填采用中粗砂，组成中粗砂的砂、石比例应按照预算审定时双方同意组成中粗砂价格的中砂、碎石比例确定，并依据合同关于基准期的约定以及基准期广州市建设工程造价管理站发布的相应砂、石信息价确定其基准价格，结算时相应计取其中的中砂、碎石价差。

专此函复。

广东省建设工程标准定额站

2023 年 6 月 7 日

关于黄埔区东区至科学城规划十一路集中供热管道工程计价争议的复函

粤标定复函〔2023〕65号

广州恒运热能工程建设有限公司、湖北省工业建筑集团安装工程有限公司：

你们通过广东省建设工程造价纠纷处理系统，申请解决广州市黄埔区东区至科学城规划十一路集中供热管道工程计价争议的来函及相关资料收悉。

2019年12月27日签订的施工合同显示，本工程位于广州市黄埔区，资金来源为企业自筹，发包人广州恒运西区热力有限公司（后更名为广州恒运热能工程建设有限公司）直接发包，确定由湖北省工业建筑集团安装工程有限公司负责承建。工程采用工程量清单计价的方式，合同价格形式为单价合同，目前处于竣工结算阶段。现对来函涉及的工程计价争议事项答复如下：

施工合同专用条款约定，承包人应根据《广东省建设工程计价依据2018》、投标期广州市建设工程造价管理站最新颁布的材料综合价格、合理的市场价并结合企业的自身实力填报综合单价。如果承包人填报的综合单价超过按上述方法计算的综合单价10％以上（不含10％）的，则结算时按承包人依据上述方法计算的综合单价的90％作为结算综合单价。结算时，发承包双方对执行此条款产生争议。发包人认为，招标文件和合同均有该条款，并认为应以招标控制价作为判断标准执行该条款，即对投标综合单价超出招标控制价对应综合单价10％以上（不含10％）的，结算时按承包人投标综合单价的90％作为结算综合单价。承包人认为，该工程是双方通过协商议价达成一致并签订施工合同的，填报的综合单价符合该合同条款的要求，且发包人在整个投标及议价过程中未公布基准价，也就是说不存在超出10％基准价的说法，应按双方协商的最终单价结算，不予下浮。

我站认为，综合分析招标文件与施工合同资料以及合同订立过程，承包人结合市场价与自身实力进行报价，但如果投标单价超出按照《广东省建设工程计价依据 2018》、投标期广州市建设工程造价管理站最新颁布的材料综合价格计算的综合单价 10%以上（不含 10%）的，则结算时按承包人投标综合单价的 90%作为结算单价。

专此函复。

广东省建设工程标准定额站

2023 年 6 月 7 日

关于蓬江 20 号地块（C、D 地块）建设工程计价争议的复函

粤标定复函〔2023〕66 号

江门越盛房地产开发有限公司、中建四局第六建设有限公司：

你们通过广东省建设工程造价纠纷处理系统，申请解决蓬江 20 号地块（C、D 地块）建设项目施工总承包及总承包管理配合服务工程计价争议的来函及相关资料收悉。

2021 年 3 月 29 日签订的施工总承包合同显示，本工程位于江门市蓬江区，资金来源为企业自筹。发包人江门越盛房地产开发有限公司采用邀请招标方式，确定由中建四局第六建设有限公司负责承建。工程采用工程量清单计价方式，合同价格形式为单价合同，目前处于施工图预算转固定总价阶段。现对来函涉及的工程计价争议事项答复如下：

本工程的钢筋工程有专门的计量计价规则以及钢筋搭接设置表，发承包双方就墙柱纵向钢筋连接是否计算钢筋绑扎、套筒、电渣压力焊的工程量产生争议。发包人认为，合同附件十竞价文件第八章工程量清单计价说明第四条 C 钢筋混凝土工程中，钢筋单价须包括"（3）图纸上未表示的钢筋连接，不管是搭接、焊接、机械接头等方法，在净长度以外所需要的其他一切额外材料如搭接之钢筋及机械连接和/或人工焊接、定尺长度、施工损耗"，钢筋单价已包含了钢筋连接，故工程量不予计算。承包人认为，合同附件＋竞价文件第八章工程量清单计价说明第四条 C 钢筋混凝土工程中钢筋计算第 h）条的钢筋搭接设置表，明确按以上钢筋搭接设置计算的套筒、电渣压力焊接连接接头按个计算工程量，故根据钢筋搭接设置表计算的钢筋绑扎、套筒、电渣压力焊连接的工程量应予计算。

我站认为，本工程在施工图预算转固定总价阶段钢筋工程的清单计价中，混凝土墙柱纵向钢筋连接工程的计算，应依据发包人提供的《工程量清单计价说明》，结合竞价工程量清单钢筋工程清单列项，图纸（钢筋搭接设置图）所示搭接、屈勾、屈曲的长度以及钢筋定尺长度引起的连接，区分绑扎搭接、机械连接或焊接等连接方式，分别计入钢筋、机械连接及焊接清单工程量。

　　专此函复。

广东省建设工程标准定额站

2023 年 6 月 7 日

关于大湾区科创走廊新光谱工程
计价争议的复函

粤标定复函〔2023〕67 号

广州高新建设开发集团有限公司、广州机施建设集团有限公司：

你们通过广东省建设工程造价纠纷处理系统，申请解决大湾区科创走廊新光谱工程计价争议的来函及相关资料收悉。

2019 年 12 月 20 日签订的工程总承包合同显示，本工程位于广州市，资金来源为企业自筹。发包人广州高新建设开发集团有限公司通过公开招标方式，确定由广州机施建设集团有限公司负责设计施工。工程采用工程量清单计价方式，合同价格形式为单价合同，目前处于合同履行阶段。现对来函涉及的工程计价争议事项函复如下：

一、关于钢结构是否属于可调整合同价款范围的计价争议

发承包双方就钢结构厚钢板材料（规格：40～60mm 厚板带 Z 向性能）是否符合材料调差的合同约定条件产生争议。发包人认为，根据合同"物价涨跌价格调整"条款约定调价的范围仅限于人工、钢材、水泥、砂、碎石、石屑、砂浆、商品混凝土、沥青商品混凝土、电线（铜材价格涨跌幅度超过 5% 时方可调整）、电缆（铜材价格涨跌幅度超过 5% 时方可调整），其他材料、设备及机械费用均不调整，且各调价工料机的信息价格按广州市建设工程造价管理部门当月发布的《广州地区建设工程常用材料税前综合价格》（以下简称"广州综合价格"）计取，综合价格中没有的材料、设备均不予调整。钢结构厚钢板材料（规格：40～60mm 厚板带 Z 向性能）无信息价，不能予以调差。承包人认为，根据《建筑材料术语标准》JGJ/T 191—2009 规定，钢材包括钢

筋、盘条、钢丝和钢绞线、型钢、钢板和钢带、结构用钢管，因此，钢结构厚钢板材料亦属于钢材，符合本工程合同条款关于材料调差的范围，故应予以调差。

我站认为，根据合同专用条款第23.5.2条约定"各调价工料机的信息价格按广州市建设工程造价管理部门发布的当月广州综合价格计取，综合价格中没有的材料、设备均不予调整"，故在广州综合价格中有信息价的钢材价格可以调差，无信息价的钢材价格不能调差。

二、关于母线槽是否属于可调整合同价款范围的争议

发承包双方就母线槽材料未在条款中明确，是否属于前述可调整价款范围的材料产生争议。发包人认为，根据合同专用条款"物价涨跌价格调整"约定，本工程"母线槽"不属于可调整价款范围的材料，因此不予调差。承包人认为，本工程母线槽、电线、电缆均以铜材为主要材料，且合同约定电线、电缆价格调整均在铜材价格涨跌幅度超过5%时即可调整，另外母线槽在本工程中使用量较大，施工期间铜材价格出现异常波动，已经超出一个有经验的承包人可以正常预见的风险范围，故母线槽应予以调差。

我站认为，合同专用条款第23.5.2条第2款明确约定，调价的范围仅限于人工、钢材、水泥、砂、碎石、石屑、砂浆、商品混凝土、沥青商品混凝土、电线、电缆，其他材料、设备及机械费用均不予调整，母线槽不在合同约定的调差材料范围内，故不予以调差。如母线槽价格波动导致损失过大的，受损一方可以通过索赔方式提出诉求。

三、关于砂、碎石、石屑、砂浆材料调差计价的争议

发承包双方就砂、碎石、石屑、砂浆材料价格涨幅超过5%后是否进行材料调差产生计价争议。发包人认为，根据合同专用条款第23.5.2条第3款①约定，砂、碎石、石屑、砂浆四种材料的调差，不调增、只调减。承包人认为，合同专用条款第23.5.2条第2款明确约定，砂、碎石、石屑、砂浆等材料属于可调差范围（调增或调减），而合同专用条款第23.5.2条第3款①是价款调整方法的约定，不应用方法去约束或确定范围。

我站认为，根据合同专用条款第23.5.2条第3款调整方法的约定①当人工、钢材、水泥、商品混凝土、沥青商品混凝土、电线（铜材价格上涨幅度超过5%方可调整）、电缆（铜材价格上涨幅度超过5%方可调整）的价格上涨

幅度超过5%，超出5%部分由发包人承担；当人工、钢材、水泥、砂、碎石、石屑、砂浆、商品混凝土、沥青商品混凝土、电线（铜材价格下跌幅度超过5%方可调整）、电缆（铜材价格下跌幅度超过5%方可调整）价格下跌幅度超过5%时，超出5%部分由承包人退回发包人，属于对具体调差方式进行细化说明，因此砂、碎石、石屑、砂浆的调差方式应按照此条款执行，约定仅调整价格下跌超过5%的部分。

四、关于幕墙铝材（型材及铝单板）是否纳入可调整价款范围材料的争议

发承包双方就幕墙铝材（型材及铝单板）材料未在条款中明确是否属于前述可调整价款范围的材料存在争议。发包人认为，根据合同"物价涨跌价格调整"约定，本工程"幕墙铝材（型材及铝单板）材料"不属于可调整价款范围的材料，因此不予调差。承包人认为，本工程8栋建筑外墙均为铝合金玻璃幕墙及铝板幕墙，涉及铝型材用量约2000t、铝单板约30000m²，施工期间（2021—2023年）受国内外经济环境影响，国内大宗材料价格市场大幅涨价，尤其工程施工期间铝锭的涨幅严重超出了发承包双方所能预见的范围及承包人所能承担的风险范围，故应列入价差调整范围予以调差。

我站认为，合同专用条款第23.5.2条第2点明确约定可调价的范围仅限于人工、钢材、水泥、砂、碎石、石屑、砂浆、商品混凝土、沥青商品混凝土、电线、电缆，幕墙铝材（型材及铝单板）不在合同约定的调差材料范围内，故不予调整。如铝材价格波动导致损失过大的，受损一方可以通过索赔方式提出诉求。

五、关于梁、板高大支模计价的争议

发承包双方就危险性较大的模板工程支撑体、超过一定规模的危险性较大的模板工程及支撑体系，是按经审批的专项施工方案计价还是按定额的规定计价产生争议。发包人认为，支模高度8.4m以内依据定额计算规则按子目计价；当支模高度超过8.4m时，有方案的按施工方案计价，没有方案的按定额子目计价；当支模高度超过30m时，按施工方案另行确定。承包人认为，依据《广东省住房和城乡建设厅关于印发房屋市政工程危险性较大的分部分项工程安全管理实施细则的通知》（粤建规范〔2019〕2号），第一，混凝土模板支撑工程只需符合：搭设高度5m及以上，或搭设跨度10m及以上，或施

工总荷载（荷载效应基本组合的设计值，以下简称设计值）10kN/m² 及以上，或集中线荷载（设计值）15kN/m² 及以上，或高度大于支撑水平投影宽度且相对独立、无联系构件的其中任何一个施工条件时，则属于危险性较大的分部分项工程范围，施工单位需编制专项施工方案，专项施工方案经参建各方审批通过后方可组织实施。第二、混凝土模板支撑工程只需符合：搭设高度8m 及以上，或搭设跨度 18m 及以上，或施工总荷载（设计值）15kN/m² 及以上或集中线荷载（设计值）20kN/m² 及以上的其中任何一个施工条件时，则属于超过一定规模的危险性较大的分部分项工程范围，施工单位需编制专项施工方案且须经专家论证施工方案，施工方案经专家评审论证会通过后方可组织实施。《广东省房屋建筑与装饰工程综合定额 2018》（以下简称"房建定额"）中模板支撑体系是按常规方案考虑的，本工程按发包人确认的施工图施工，依据国家现行施工规范及技术标准需采用非常规方案，应按专项施工方案计价。因此，危险性较大的分部分项工程应按已审批的专项施工方案计价；超过一定规模的危险性较大的分部分项工程范围的模板支撑体系，应按已审批且经专家论证后的专项施工方案计价，故可参考《关于仁和横琴（国际）中医药创新中心总包工程计价争议》（粤标定复函〔2022〕40 号）的复函，并结合《关于潮博中心工程高支模计价问题争议》（汕建价函〔2016〕15 号）的复函执行计价。

我站认为，本工程施工图预算涉及争议的措施费暂未审定，发承包双方对于存在争议暂未审定的措施费部分仍需按合同条款第 23.1 条设计概算施工图预算编制原则的约定"施工图预算编制原则执行《建设工程工程量清单计价规范》GB 50500—2013、《广东省市政工程综合定额 2018》《广东省建筑与装饰工程综合定额 2018》《广东省安装工程综合定额 2018》《广东省园林绿化工程综合定额 2018》等相关定额标准。"本工程的模板搭设高度虽小于 8m，但分部区域集中线荷载 20kN/m 以上，符合《广东省住房和城乡建设厅关于房屋市政工程危险性较大的分部分项工程安全管理的实施细则的通知》（粤建规范〔2019〕2 号）和《关于印发广东省住房和城乡建设厅关于〈危害性较大的分部分项工程安全管理办法〉的实施细则的通知》（粤建质〔2011〕13 号）中关于危险性较大的分部分项工程范围的规定。因此本工程模板支架不适用以常规施工方案编制的定额，符合上述文件中规定的高大模板或高支模范围，可根据经审批的专项施工方案计价。

六、关于吊篮措施项目计价计量的争议

发承包双方就在已按定额规则计算综合脚手架的前提下，后续施工幕墙铝合金装饰线条由于安全问题影响施工工序，需先拆除脚手架再采用吊篮施工，是否可以按已审批的施工方案另外计取吊篮措施费用产生争议。发包人认为，承包人在已按房建定额标准计取建筑用外脚手架费用的前提下，不应再按方案另外计取铝金装饰线条施工需要的吊篮措施费用，房建定额 A.1.2 脚手架工程说明第二条第 3 点"建筑用外脚手架是指单独为建筑物外墙外边线上的所有构件及部位的整体结构、装饰工程施工所需搭设的外脚手架"，幕墙铝合金装饰线条施工属于建筑外立面装饰工程施工的一部分，施工单位上报的施工方案"先拆脚手架后再进行幕墙铝合金装饰线条的施工"属于施工单位自己的组织措施，故在计取了建筑用外脚手架费用的前提下不应再重复计取吊篮措施费用。承包人认为，本工程外脚手架按房建定额计算双排外综合脚手架，为了保证幕墙铝合金线条安全安装所采用的吊篮施工措施，按已审批且经专家论证后的施工方案（双排外综合脚手架＋吊篮措施的方案）仍需计取吊篮措施费用。因为本工程幕墙铝合金线条凸出幕墙玻璃外立面 300mm，实际凸出结构外沿 500mm 龙骨厚度 200mm，铝合金线条 300mm，根据《建筑施工扣件式钢管脚手架安全技术规范》JGJ 130—2011 规定，脚手架内立杆与建筑物距离应小于或等于 300mm，当脚手架内立杆与建筑物距离大于 300mm 时，应按需要分别选用窄挑梁或宽挑梁设置作业平台。按规范要求外架施工完后，没有安装装饰线条施工空间，幕墙铝合金装饰线条安装需要在拆除外脚手架后采用吊篮施工，且双排外综合脚手架加吊篮施工方案也经各方专家论证和业主审批同意。双排外综合脚手架加吊篮施工方案是本工程建筑幕墙围护结构提供安全服务的措施，故承包人认为本双排外脚手架既应按房建定额标准计算外综合脚手架，同时计取吊篮措施费用。

我站认为，本工程施工图预算中涉及争议的措施费暂未审定，发承包双方对于存在争议暂未审定的措施费部分，依据合同条款第 23.1 条设计概算施工图预算编制原则约定，按照经审批的施工方案单独计取吊篮的措施费用。

七、关于异形柱与剪力墙模板计量的争议

发承包双方就凸出剪力墙的构件模板应并入剪力墙模板计算工程量还是并入异形柱模板计算工程量计价产生争议。发包人认为，根据房建定额

A.1.20 模板工程说明第七点"附墙柱及混凝土中的暗柱、暗梁及墙突出部分的模板并入墙模板计算",且根据 16G101 平法图集,约束边缘构件/构造边缘构件属于剪力墙的一部分,故凸出剪力墙体的约束边缘构件/构造边缘构件应该套用剪力墙模板。房建定额 A.1.20 模板工程说明第八点"异形柱与剪力墙按下图单向划分"仅适用于短肢剪力墙和异形柱的划分,并不完全适用于普通的剪力墙约束边缘构件/构造边缘构件。承包人认为,凸出剪力墙的约束边缘构件/构造边缘构件属于柱,柱及异形柱的配筋与剪力墙的配筋不同,柱及异形柱的配筋较剪力墙配筋密,导致模板的制作难度增大,实际消耗的人工及辅材亦增加,且房建定额章节说明第八条明确规定了异形柱与剪力墙的划分(未按 16G101 平法去划分构件)。所以模板中异形柱与剪力墙的划分应依据房建定额章节说明第八条规定加以划分计量。

我站认为,对于发承包双方来函所描述的凸出剪力墙的构件模板工程量,应根据《房屋建筑与装饰工程工程量计算规范》GB 50854—2013 附录 S 措施项目 S.2 混凝土模板及支架(撑)工程量计算规则"2.附墙柱、暗梁、暗柱并入墙内工程量内计算"及房建定额 A.1.20 模板工程说明第七点"附墙柱及混凝土中的暗柱、暗梁及墙突出部分的模板并入墙模板计算"的规定计价。

八、关于围墙外挂式垂直绿化计价的争议

发承包双方就围墙外挂式垂直绿化是否已包含在按费率计取的绿色施工安全文明措施费中存在争议。发包人认为,依据房建定额第 1443 页相关说明,"按费率计取的绿色施工安全文明措施费"包含"美化现场围挡外墙:外墙绘画图案、栽种绿色植物或花草处理",围墙垂直绿化费用应包含在按费率计取的绿色施工安全文明措施费中,不再单独计取立体绿化的费用。承包人认为,本项目合同协议书第 3 条约定,现场临时施工围蔽不属于合同范围;招标时合同专用条款第 21.4 条约定,绿色施工围蔽按指导图集 V1.0 试行版实施;项目实施过程中,发包人要求按"穗埔建〔2020〕183 号文"增加垂直绿化,垂直绿化不属于合同中约定绿色施工安全文明措施费的内容,应另行计算费用。

我站认为,本工程招标文件及合同约定施工围蔽费用不在措施项目费总价包干范围内,应理解为综合单价包干,按实际工程量计算。合同专用条款第 21.4 条约定施工围蔽按《广州市住房和城乡建设委员会关于广州市建设工程绿色施工围蔽指导图集(V1.0 试行版)》实施,施工过程中根据发包人要

求执行《广州市建设工程绿色施工围蔽指导图集（V2.0版）》，重要路段采用立体绿化围蔽，因而增加围墙垂直绿植，属非原合同约定的绿色施工内容，且房建定额中"按费率计取的绿色施工安全文明措施费"所包含的"美化现场围挡外墙：外墙绘画图案、栽种绿色植物或花草处理"与立体绿化围蔽不属于相同项目。故垂直绿化属于合同外增补内容，其费用另行计算。

专此函复。

广东省建设工程标准定额站

2023年6月13日

关于南湾 B-香工园泵站改造工程
（主体泵房）计价争议的复函

粤标定复函〔2023〕68 号

珠海市城市排水有限公司、中铁十四局集团有限公司：

你们通过广东省建设工程造价纠纷处理系统，申请解决南湾 B-香工园泵站改造工程（主体泵房）计价争议的来函及相关资料收悉。

2021 年 8 月 24 日签订的施工合同显示，本工程位于珠海市横琴新区，资金来源为企业投资，发包人珠海市城市排水有限公司采用公开招标方式，确定由中铁十四局集团有限公司负责承建。工程采用工程量清单计价方式，合同价格形式为单价合同，目前处于合同履行阶段。现对来函涉及的工程计价争议事项答复如下：

为加快施工进度，新建主体泵房桩基础由原设计的 19 根灌注桩变更为 36 根预制管桩，打桩机械采用液压锤击桩机（环保桩机），现承发包双方对预制管桩预算所套用定额子目的施工机械存在争议。发包人认为，实际采用的液压环保锤击桩机虽与定额的柴油锤击桩机不完全吻合，但均属于锤击桩机，故应套用 A1-3-22 打预制管桩进行计价，实际使用机械与定额不一致时，除定额另有规定外，不作调整。承包人认为，采用液压锤击桩机（环保桩机）施工已向建设主管部门报备，管桩造价需按环保液压锤桩机计算台班费，故建议计价时将 A1-3-22 打预制管桩子目中柴油打桩机台班费改为环保液压锤桩机台班费，台班消耗量不变。

我站认为，因工程地质原因导致工期拖延后，为加快施工进度，将灌注桩变更为液压锤锤击预制管桩，按照合同约定的变更估价原则执行《广东省房屋建筑与装饰工程综合定额 2018》，编制预制管桩的新增单价，因液压锤击桩机与定额的柴油打桩机工效存在差异，不能完全按 A1-3-22 打预制管桩子目的台班消耗量计算，故属于定额缺项。建议发承包双方按施工合同专用条款第 10.4.1 条变更估价原则协商确定液压锤击桩机打预制管桩的综合单价。

专此函复。

广东省建设工程标准定额站

2023 年 6 月 13 日

关于顺德农商银行大厦工程计价
争议申请复议的复函

粤标定复函〔2023〕69号

广东顺德农村商业银行股份有限公司、中国建筑第六工程局有限公司：

你们通过广东省建设工程造价纠纷处理系统，申请复核《关于顺德农商银行大厦工程计价争议的复函》（粤标定复函〔2022〕79号）中"旋挖成孔灌注桩空桩回填"及相关资料收悉。

2022年8月3日，我站依据你们线上提交的《关于顺德农商银行大厦工程计价争议事项的咨询函》及有关资料，通过粤标定复函〔2022〕79号文（以下简称"原复函"）就争议事项进行了回复。发承包双方对复函部分内容如何执行产生争议，申请复议。现对来函涉及的工程计价争议事项答复如下：

一、关于空桩回填C15混凝土计算范围的争议

我站已根据发承包双方提交的核心筒区域内旋挖成孔灌注桩空桩回填计价争议的资料进行了函复。现发承包双方对核心筒区域外采用C15混凝土填灌的灌注桩空桩是否也按复函意见进行计价产生争议。发包人认为，根据相关方案、报告、专题会议，参建各方论证需填灌的空桩部分仅涉及塔楼核心筒区域内，核心筒外的空桩回填没有参建各方论证，不应计算工程量。承包人认为，核心筒内及核心筒外空桩的回填属于同一性质，均属于分部分项工程费用，核心筒外的空桩回填工程量也应按C15混凝土填灌计算。

我站认为，如果核心筒区域外与核心筒区域内的桩施工条件、桩长、塌孔程度、原材料回填达不到要求等，影响桩施工质量与机械行走的因素相同时，建议符合此种情况的核心筒区域外的空桩回填可参照原复函执行，并完

善相关手续。否则，按原清单回填材料计算。

二、关于空桩回填混凝土定额消耗量的争议

原复函明确采用 C15 混凝土填灌空桩，执行合同第 10.4.1 条变更估价原则，该原则明确，新增单价执行 2010 年相应专业定额，现发承包双方对于定额消耗量产生争议。发包人认为，回填混凝土消耗量应按灌注桩相应定额子目的消耗量 1.2 执行，不作调整。承包人认为，由于现场施工过程中塌孔、串孔严重，导致实际回填 C15 混凝土用量大于定额用量，根据《广东省建筑与装饰工程综合定额 2010》A.2 桩基础工程章说明"八、沉管混凝土灌注桩，钻（冲）孔灌注桩、水泥粉煤灰碎石灌注桩和地下连续墙的混凝土含量按 1.2 扩散系数考虑，实际灌注量不同时，可调整混凝土量，其他不变"的约定，混凝土的浇筑量、人工、机械以及凿除和外运应按实计量计价。

我站认为，根据 2019 年 3 月 12 日发布的"工程技术研讨专题会议纪要"，空桩回填混凝土是在浇灌完桩基混凝土后，借助原有施工器具继续浇灌 C15 素混凝土作为空桩回填，故该部分回填定额消耗量可依据《广东省建筑与装饰工程综合定额 2010》"A.2 桩基础工程章说明八……实际灌注量不同时，可调整混凝土量，其他不变"规定，按实调整定额消耗量，其他不变，同时凿除与外运的工程量按实计算。

专此函复。

广东省建设工程标准定额站

2023 年 6 月 13 日

关于保利花园建筑安装工程
计价争议的复函

粤标定复函〔2023〕70 号

惠州市保置房地产开发有限公司、深圳市金世纪工程实业有限公司：

你们通过广东省建设工程造价纠纷处理系统，申请解决关于保利花园建筑安装工程计价争议的来函及相关资料收悉。

2020 年 1 月 10 日签订的施工承包合同显示，本工程位于惠州市惠城区，资金来源为自筹资金，发包人惠州市保置房地产开发有限公司通过公开招标的方式，确定由深圳市金世纪工程实业有限公司负责设计施工，工程采用模拟清单招标，工程量清单计价、定额组价方式，合同价格形式为单价合同，目前处于竣工结算阶段。经研究，现对来函涉及的工程计价争议事项答复如下：

一、关于梁的计价争议

本工程部分外墙采用钢筋混凝土构造墙，墙顶设计了与墙同厚的非框架梁，发承包双方对于此非框架梁的归属及混凝土强度等级问题产生争议。发包人认为，该位置构造墙顶的梁为结构设计的非框架梁，混凝土强度应按梁的强度，工程量并入"有梁板"内计算。承包人认为，定额 A.1.5 混凝土及钢筋混凝土工程工程量计算规则规定，有梁的计至梁底，与墙同厚的梁，其工程量并入墙计算，没有梁的计至板面，且《一般通用构造详图》明确规定，钢筋混凝土构造墙的混凝土强度等级同竖向构件，故梁混凝土强度应按墙的强度，工程量并入"直形墙"内计算。

我站认为，经查阅所提交的相关图纸，来函涉及争议的混凝土梁与铝模现浇构造墙一次性浇筑施工，且与构造墙厚度相同，故该梁工程量应并入构造墙工程量计算，混凝土强度按设计图纸要求执行。

二、关于构造墙的计价争议

本工程为框架-剪力墙结构，部分外墙采用钢筋混凝土构造墙，发承包双方对于构造墙按异形柱还是直形墙计量产生争议。发包人认为，铝模深化设计的构造墙与剪力墙为整体浇捣，整体浇捣的混凝土墙长度均超过定额规则的范围长度，同时图纸显示构造边缘柱非异形柱，构造墙应依据定额工程量计算规则加以区分后均按"直形墙"计量。承包人认为，外墙由剪力墙及构造墙组成，构造墙与剪力墙在结构上是断开连接的，并非一个整体（钢筋断开），构造墙及剪力墙若满足定额规则的范围长度，应按"异形柱"计量。

我站认为，经查阅所提交的相关图纸，来函涉及争议的构造墙与剪力墙一次性浇筑且为同一方向的应列入直形墙计算，其余的根据《房屋建筑与装饰工程工程量计算规范》GB 50854—2013 的 E.4 现浇混凝土墙"短肢剪力墙是指截面厚度不大于 300mm、各肢截面高度与厚度之比的最大值大于 4 但不大于 8 的剪力墙；各肢截面高度与厚度之比的最大值不大于 4 的剪力墙按柱项目编码列项"的规定划分为直形墙和柱，混凝土柱根据截面形状分别列入合同清单中的矩形柱和异形柱计量计价。

三、关于架空层超高增加费的计价争议

本工程塔楼投影区域范围内架空层位于首层，层高 4m，现发承包双方对于架空层是否计取超高增加费产生争议。发包人认为，建筑高度未超 20m 的不应考虑超高增加费，根据惠州市住房和城乡建设局下发的《建设工程规划核实合格证》，首层建筑面积包含公共架空层、商业等业态用房，2～27 层建筑为住宅业态，因此，架空层属于首层范围，不归属于住宅业态范围，其清单项目单价不考虑超高增加费。承包人认为，塔楼投影区域范围内的首层架空层属于塔楼的组成部分，其相应工程量应并入塔楼工程量，按塔楼合同清单单价计取。

我站认为，塔楼投影区域范围内的首层架空层不属于塔楼的组成部分，应属于裙楼范围。从提交资料显示，本工程裙楼部分并未发生超高作业，故

塔楼投影区域范围内的首层架空层单价不计取超高增加费。

专此函复。

广东省建设工程标准定额站

2023 年 6 月 13 日

关于西区向东区长距离供热一期工程
计价争议的复函

粤标定复函〔2023〕71号

广州恒运热能工程建设有限公司、湖南省工业设备安装有限公司：

你们通过广东省建设工程造价纠纷处理系统，申请解决关于西区向东区长距离供热一期工程计价争议的来函及相关资料收悉。

2015年8月7日签订的施工合同显示，本工程位于广州经济技术开发区，资金来源为企业自筹。发包人广州凯得基础设施有限公司（现权利义务转让给广州恒运热能工程建设有限公司）采用公开招标的方式，确定由湖南省工业设备安装有限公司负责承建。本工程采用工程量清单计价方式，2015年8月开工后由于规划调整、设计变更等原因导致工程暂停、工期延后，2019年10月28日重新开工，发承包双方签订补充协议约定2019年10月28日前完成的工程量计价执行《广东省建设工程计价依据2010》，2019年10月28日后完成的工程量计价执行《广东省建设工程计价依据2018》，目前处于合同履行阶段。现对来函涉及的工程计价争议事项答复如下：

一、关于顶管工程的计价争议

本工程合同约定下穿广深铁路及广园快速路段顶管工程为固定费用，结算时不予调整。工程实施过程中因现场情况及地质条件，顶管工程发生了变更，主要对工作井的平面位置、尺寸及出发井内径尺寸进行了调整，现发承包双方就变更后顶管工程的计价产生争议。发包人认为，根据合同约定顶管工程为总价包干，结算时不予调整。承包人认为，合同约定的包干项目是基于招标图进行总价包干，施工图对比招标图已经发生较大变更调整，原固定合同价已无效，应参照合同专用条款第 37.2 条规定的合同价款进行变更调整。

我站认为，顶管工程属于设计变更的，应按合同专用条款第 38 条中工程变更的约定，调整合同价款。

二、关于顶管工程是否计算入岩增加费的争议

本工程下穿广深铁路及广园快速路段，顶管工程施工是否计算入岩增加费，发承包双方产生争议。发包人认为，根据施工图纸及地勘报告，顶管施工无入岩工作，施工过程资料也无法证明实际施工存在入岩工作，故不予计算入岩增加费。承包人认为，为避免顶管施工时遭遇其地基加固碎石桩出现顶管泥水平衡机抱死、工程废弃等情况，顶管施工时需采用硬岩机械顶管进行顶进。前期已经提供了入岩机头和产出的碎石渣照片，且设计单位出具的变更图纸及 2000 年竣工的广园路项目竣工图也证实具有碎石桩，已达到入岩的条件，应计算入岩增加费。

我站认为，顶管工程若存在入岩工作，承包人可根据合同约定的索赔条款处理。

三、关于预应力放散及锁定长度的计价争议

本工程下穿广深铁路及广园快速路段护涵工程中预应力放散及锁定的长度确认，发承包双方产生争议。发包人认为，顶管工程根据 2014 年版招标图纸，2015 年完成招投标工作，2016 年完成变更图纸设计后开始施工，2017 年完成该工作。2014 年施工图及 2016 年变更图中对争议内容的描述均为"行车影响范围 6km，应力放散范围 200m"。现承包人要求变更图纸，更改为"应力放散范围 24km"，并计取相关费用，却无法提供行车影响范围、应力放散范围计算的相关规范及计算过程资料，则预应力放散及锁定的长度应按原施工图纸及变更图纸显示数据计取，不调整费用。承包人认为，旧版变更图参照的 2014 版图纸，实际应参照 2016 版（现已更正），最终版变更图纸更正后表述为"每股锁定及应力放散范围为 6km，共 4 股道"，则应力放散范围应为 24km。

我站认为，提交资料显示，设计单位已明确 200m 为应力放散工作中的锯轨总长度，设计变更图纸描述为每股道锁定及应力放散范围为 6km，共 4 股

道。每股道路轨均需进行应力放散，故应力放散及锁定总长度为 24km。
专此函复。

广东省建设工程标准定额站

2023 年 6 月 13 日

关于海汕路西闸至埔边段综合改造（第一标段）工程计价争议的复函

粤标定复函〔2023〕72 号

汕尾市公路局、太平洋建设集团有限公司：

你们通过广东省建设工程造价纠纷处理系统，申请解决海汕路西闸至埔边段综合改造（第一标段）工程计价争议的来函及相关资料收悉。

2019 年 3 月 20 日签订的施工合同显示，本工程位于汕尾市，资金来源为财政投资，发包人汕尾市公路局采用公开招标方式，确定由太平洋建设集团有限公司负责承建。工程采用工程量清单计价方式，合同价格形式为单价合同，目前处于竣工结算阶段。现对来函涉及的工程计价争议事项答复如下：

一、关于变更新增真空堆载联合预压的计价争议

本工程招标文件约定真空堆载联合预压试验段道路工程费用为不可竞争费用，要求投标人按招标人提供的综合单价及总造价列入投标总价，但工程施工阶段发生设计变更，扩大了真空堆载联合预压范围，发承包双方对新增部分真空堆载联合预压的计价产生争议。发包人认为，原合同清单中有真空堆载预压的综合单价，且变更新增的真空堆载预压做法与合同清单中试验段的真空堆载预压项目特征描述一致，新增的真空堆载预压应按合同清单中的综合单价计算，不应重新确定综合单价。承包人认为，试验段道路工程费用及综合单价并非承包人的投标报价，试验段的真空堆载预压为建设单位在招标前定价及组织实施。新增真空堆载预压软基处理段为设计变更，变更增加的施工段软基处理深度比试验段的软基处理深度大，排水板数量远大于试验段，试验段的监测由建设单位单独组织实施，变更增加段的监测均由承包人

204

实施，设计要求及组织实施均与试验段不一致，原合同价中的综合单价不适用于新增真空堆载预压，应按照合同约定的新增单价确定方式确定综合单价。

我站认为，合同清单内试验道路工程费用中真空堆载预压清单综合单价由招标人提供并约定不予竞争，且非承包人自主报价，仅适用于试验段工程范围。设计变更新增的真空堆载预压软基处理工程应依据合同变更条款重新确定综合单价。

二、关于交通干扰施工增加费的计价争议

本工程交通疏导方案为保证双向四车道全线通行，发承包双方对是否应以工程整体为基础计取交通干扰施工增加费，以及变更增加的临时交通疏解道路等工程是否应计取交通干扰施工增加费产生争议。发包人认为，根据《广东省市政工程综合定额 2010》规定，交通干扰施工增加费是指在行人车辆通行的市政道路上施工所发生的施工降效费用，按市政道路上施工项目人工费的 10% 计算（在小区和交通全封闭的道路施工时不能计算）。按照审批通过的交通疏解方案，本工程已计算施工围挡、隔离围挡等施工措施费。地下管道和道路结构层（沥青除外）均在交通全封闭的情况下完成，施工中不存在交通干扰工程施工增加费，只有路面沥青层受行人车辆通行的影响。对于本工程交通干扰施工增加费只计取路口段路面结构层及全路段路面沥青层部分，其他不予计取。承包人认为，招标控制价中交通工程施工增加干扰费没有计列造价，属于招标控制价缺失。且本工程为边通车边施工项目，且日均车流量超过 4 万车次，老路部分也需要进行建设施工，不具备现场全封闭施工条件，因拆迁进度滞后增加了陶河路口交通疏解改道和拆除工程，交通干扰施工增加费应按工程整体计取。

我站认为，招标工程量清单中已单独开列交通干扰工程施工增加费清单。根据交通疏解方案，设置围挡进行封闭施工的工程不应计取交通干扰工程施工增加费，部分路口等存在不能封闭情形的应计取交通干扰工程施工增加费。陶河路口改道和 2020 年春节前临时水稳道路工程，根据实际发生情况及相关变更审批资料，应按变更进行计价。

三、关于石粉渣、中砂的材料价差调整的计价争议

本工程合同约定市场价格波动可调整合同价格，可调整的范围包括碎石、砂、石屑等，承包人承担的市场价格风险为 5%。发承包双方对石粉渣和中砂

是否应调整价差以及价差调整的基数确定产生争议。发包人认为，根据工程中粗砂使用部位综合考虑，按 173.44 元/立方米计算。承包人认为，中砂的材料调差基数应为 173.44 元/立方米，石粉渣的材料调差基数应为 85 元/立方米，应按照合同约定以施工期间发布的信息价作为对比对上述两种材料的价差进行调整。

我站认为，合同明确市场价格波动可调整的范围包括水泥、钢筋、沥青混合料、商品混凝土、碎石、砂、石屑、花岗岩石材、给排水管材。本工程设计要求的石粉渣主要用于回填，石粉渣与碎石、石屑为同类材料，从合同签订时双方真实意思分析，石粉渣属于可调整材料范围。材料调整基数应按合同约定以招标控制价中的材料单价为基础，对比施工期间发布的信息价进行计算。

四、关于 X129 跨线桥预制梁 C50 混凝土材料调差的计价争议

本工程公布的招标控制价中，X129 跨线桥预制梁 C50 混凝土材料单价为零，发承包双方在确定材料价差调整时产生争议。发包人认为，投标时的主材单价为零，应视为投标的不平衡报价，材料价的调差应为基准价与相应施工期的材料信息价对比，涨跌幅度超过 5% 的才予调整。承包人认为，合同约定材料调差的基数为财政审核预算采用的材料单价，且招标文件明确材料调差的基数为财政审核预算采用的单价，且最高投标限价中该综合单价显示主材价格为零，本工程为"双限价"招标，招标文件规定投标报价中清单综合单价不得高于公布综合单价的 5%，故投标时不存在不平衡报价。X129 跨线桥预制梁 C50 混凝土应按照合同的约定以 0 为基数对 C50 混凝土进行材料价差的调整。

我站认为，根据合同材料价差调整条款，材料调差的基数为招标控制价中采用的材料单价，计算预制梁 C50 混凝土价差时应以最高投标限价中预制梁 C50 混凝土所采用的材料单价作为基数进行调差。

五、关于人工费调差基数确定的计价争议

本工程招标文件要求投标报价依据汕建价发〔2018〕2 号文，公布的招标控制价也依据该文按 88 元/工日进行编制，发承包双方就人工费调差基数产生争议。发包人认为，本工程投标截止时间为 2019 年 2 月 2 日，可推算基准日期为 2019 年 1 月 5 日，截至当日最新发布的关于人工工日单价的文号为汕

建发〔2018〕17 号，其中规定一般计税的人工单价为 91 元/工日，故人工费调差的基准价应为 91 元/工日。承包人认为，投标时虽然已发布汕建价发〔2018〕17 号文件，但招标文件第 13.8.2 条投标报价编制依据中规定了投标人应按照汕建价发〔2018〕2 号文编制人工工日单价，其中规定一般计税的人工单价为 88 元/工日，同时招标时提供的招标控制价所采用的人工费也为 88 元/工日，故应以人工费 88 元/工日为基数进行人工费用的调差。

我站认为，汕建价发〔2018〕17 号文件于 2018 年 12 月 27 日发布，招标文件发布时间为 2019 年 1 月，发包人在发布招标文件时已知晓人工工日单价已调整为 91 元/工日，但招标文件中要求投标人执行汕建价发〔2018〕2 号文按 88 元/工日计价，且本工程为"双限价"招标，招标控制价中的人工费单价也采用 88 元/工日计价，故本工程人工费调差的基准价应按 88 元/工日确定。

专此函复。

广东省建设工程标准定额站
2023 年 6 月 15 日

关于中山市阿丁莱湾区学校工程
计价争议的复函

粤标定复函〔2023〕73号

中山市启迪教育投资有限公司、中国建筑第二工程局有限公司：

你们通过广东省建设工程造价纠纷处理系统，申请解决中山市阿丁莱湾区学校工程计价争议的来函及相关资料收悉。

2021年6月2日签订的施工合同显示，本工程位于中山市东区，资金来源为企业自筹，发包人中山市启迪教育投资有限公司通过直接发包方式，确定由中国建筑第二工程局有限公司负责承建。工程采用定额计价方式，执行《广东省建设工程计价依据2018》，合同价格形式为单价合同，目前处于竣工结算阶段。现对来函涉及的工程计价争议答复如下：

本工程外墙采用烧结页岩多孔砖砌筑，发承包双方对该砌体执行《广东省房屋建筑与装饰工程综合定额2018》定额子目产生争议。发包人认为，烧结页岩多孔砖属于轻质混凝土小型空心砌块，应套用A1-4-42轻质混凝土小型空心砌块外墙定额子目。承包人认为，A1-4-42轻质混凝土小型空心砌块外墙定额子目砂浆消耗量远低于现场实际用量，应套用A1-4-3混水砖外墙定额子目，因为A1-4-3混水砖外墙定额子目的砂浆消耗量符合现场实际用量。

我站认为，根据来函提供的图纸、现场照片等资料以及烧结页岩多孔砖的施工工艺、方法，建议参照执行《广东省房屋建筑与装饰工程综合定额2018》中A1-4-42轻质混凝土小型空心砌块外墙子目，并按A.1.4章砌筑工程说明第二条第1点"设计规格与定额不同时，砌体材料和砌筑（粘结）材料用量应作调整换算"规定进行计价。

专此函复。

广东省建设工程标准定额站

2023年6月16日

关于平岗—广昌原水供应保障工程
计价争议的复函

粤标定复函〔2023〕74 号

珠海水务环境控股集团有限公司、上海市基础工程集团有限公司：

你们通过广东省建设工程造价纠纷处理系统，申请解决平岗—广昌原水供应保障工程计价争议的来函及相关资料收悉。

2017 年 7 月 22 日签订的施工合同显示，本工程位于珠海市，资金来源为企业自筹，其中部分为政府注资补贴，发包人珠海水务环境控股集团有限公司通过公开招标方式，确定由上海市基础工程集团有限公司负责承建。工程采用工程量清单计价方式，合同价格形式为单价合同，目前处于竣工结算阶段。现对来函涉及的工程计价争议事项答复如下：

根据监理单位现场确认的混凝土灌注量，本工程钻孔灌注桩的平均充盈系数为 1.77，中标综合单价采用的预算定额的充盈系数为 1.2，现发承包双方就能否调整灌注桩合同单价产生争议。发包人认为，本工程采用工程量清单计价方式，清单项目特征已明确投标报价要综合考虑地层情况，投标人应当根据招标工程量清单以及勘察、设计文件等材料自行考虑风险因素进行投标报价，投标报价应当包含完成设计图纸内应由中标人完成的施工内容。由监理单位确认的混凝土数量超过预算定额考虑的充盈系数的责任难以界定为非施工单位现场施工原因，因此调整合同清单单价的理由不充分。承包人认为，上述情况主要受地质因素的客观影响。根据定额相关说明，充盈系数可据实调整，且钻孔灌注桩实际施工使用的混凝土数量已经监理单位确认，应据实调整。

我站认为，本工程合同价格形式为单价合同，采用工程量清单计价方式，招标文件专用条款第 18.1 条的第（1）款地质风险中明确"土建工程对土质类别（含淤泥）、石质类别投标人根据有关资料及现场察看等自主报价，结算时综合单价不予调整"，且招标时提供了地质勘察报告，实际施工过程中也无相关设计变更。因此，如钻孔灌注桩施工条件未发生实质性改变，其合同综合单价不予调整。

专此函复。

广东省建设工程标准定额站

2023 年 6 月 16 日

关于篁胜新城商住区五期工程
计价争议的复函

粤标定复函〔2023〕75号

东莞市建工集团有限公司、东莞市永晋水电安装有限公司：

你们通过广东省建设工程造价纠纷处理系统，申请解决篁胜新城商住区五期（27栋、28栋、29栋、30栋及地下室）工程计价争议的来函及相关资料收悉。

2020年8月13日签订的建设工程分包合同显示，本工程位于清远市佛冈县，施工总承包单位东莞市建工集团有限公司采用邀请招标方式，确定东莞市永晋水电安装有限公司为专业分包。工程采用建筑面积单价包干的方式，合同价格形式为单价合同，目前处于合同履行阶段。现对来函涉及的工程计价争议事项答复如下：

一、关于图纸会审记录导致增减工程费的计价争议

本工程图纸会审记录导致增减工程费用，发承包双方就该增减的工程费用计价产生争议。发包人认为，按合同协议书第三条第2款约定，分包工程内容已包含图纸会审记录内容等，因此不应另行计取。承包人认为，合同约定图纸会审记录内容属于工程承包内容，但并未约定图纸会审记录导致的增减工程费不予计算。该增减的工程费用应按合同专用条款第5条第①点合同价款调整中因设计变更引起的增减工程结算方式的约定计算。

我站认为，根据合同约定，图纸会审记录的内容属于工程承包内容，在签约合同前已出具并且承包人知晓图纸会审记录为工程承包范围，已含在综合单价内，不另计算；若在签约合同后，图纸会审引起设计变更导致增减工

程费的，应按合同专用条款第 5 条第①点设计变更的计算约定调整合同价款。

二、关于绿色施工安全防护措施费的计价争议

对本工程因设计变更增减工程是否应计取绿色施工安全防护措施费，发承包双方产生争议。发包人认为，不应计算。承包人认为，按合同约定变更增减工程的总价应计算绿色施工安全防护措施费。

我站认为，由于工程变更引起绿色施工安全防护措施项目发生实质性变化并产生费用增减的，按合同专用条款第 5 条第①点的约定，因设计变更引起的增减工程结算按《广东省房屋建筑与装饰工程综合定额 2018》《广东省通用安装工程综合定额 2018》及相关的计价程序表计算并调整合同价款。

三、关于消防设备总配电箱之后的线路及配电箱施工是否属于承包范围的争议

本工程合同协议书第三条第 3 点中约定施工范围包含成套配电箱及消防和通风设备总电源箱及箱前线路等，发承包双方就消防设备总配电箱之后的线路及配电箱施工是否属于工程承包范围产生争议。发包人认为，已包含在施工范围内。承包人认为，合同施工范围只包括消防设备总电源箱及箱前线路，不包括消防设备总电源箱之后的线路及配电箱。

我站认为，根据合同协议书第三条第 3 点第（3）款"水消防、电消防、防排烟等消防相关配套工程，均由消防分包单位施工，消防设备总电源箱及箱前线路由乙方施工，其余部分由消防分包单位施工"的约定，消防设备总电源箱之后的工程内容（包括线路及下级配电箱）不属于承包人的施工范围。

专此函复。

广东省建设工程标准定额站
2023 年 6 月 20 日

关于增城区体育广场篮球场改造
工程申请复议的复函

粤标定复函〔2023〕76 号

广州市增城区旅游体育发展中心、广东省第一建筑工程有限公司：

2023 年 4 月 26 日，你们通过广东省建设工程造价纠纷处理系统，申请复议的来函及相关资料收悉。2023 年 3 月 28 日，我站《关于增城区体育广场篮球场改造工程计价争议的复函》（粤标定复函〔2023〕45 号）进行了函复，发包人对函复意见无异议，承包人提请复议。现对复议来函涉及的工程计价争议事项答复如下：

经对本工程复议来函和补充资料再次分析研究，我站认为，本工程签证单明确的硅 PU 球场面层的材质和做法与《广东省建筑与装饰工程综合定额 2010》A9-119 弹性纯 PU 球场面层 5mm 的材质和做法不一致，不适用该定额子目，且《广东省建筑与装饰工程综合定额 2010》中也无其他适用子目，建议发承包双方依据经审批的施工方案，结合市场询价，合理确定相关费用。

专此函复。

广东省建设工程标准定额站

2023 年 6 月 26 日

关于珠海大横琴大厦工程计价争议的复函

粤标定复函〔2023〕77 号

珠海大横琴大厦开发有限公司、中国建筑第五工程局有限公司：

你们通过广东省建设工程造价纠纷处理系统，申请解决珠海大横琴大厦工程计价争议的来函及相关资料收悉。

2019 年 11 月 29 日签订的工程总承包（勘察、设计、施工）合同显示，本工程位于珠海市横琴新区，资金来源为企业自筹。发包人珠海大横琴大厦开发有限公司通过公开招标方式，确定由中国建筑第五工程局有限公司、湖南省勘察设计院、中信建筑设计研究总院有限公司组成联合体负责承建。工程采用工程量清单计价方式合同价格形式为单价合同，施工图预算依据《广东省建设工程计价依据 2018》组价，目前处于施工图预算审核阶段。现对来函涉及的工程计价争议事项答复如下：

一、关于施工场地内施工便道及基坑内地基处理的计价争议

本工程基坑底为淤泥层，《桩基设计与施工说明》要求换填厚度不小于 0.8m，根据现场实际制定的《桩基础道路及场地处理措施方案》要求如下：沿围墙四周及场地中间东西向设置硬化施工便道，采用 0.8m 碎石或砖渣换填，面层浇筑混凝土；场内环形施工便道铺设 0.8m 砖渣或碎石，面铺钢板或路基板；基坑内塔楼范围换填 2.5～3m 块石或砖渣，裙楼范围换填砖渣深度不宜小于 0.8m。现发承包双方对施工场地内施工便道及基坑内地基换填的计量计价产生争议。发包人认为，基坑内及施工场内环形施工便道铺设钢板路面及换填 0.3m 砖渣或碎石已包含在按系数计算的措施项目清单中，不另行计算，超出的换填 0.5m 砖渣或碎石是由于地基承载力无法满足机械行走而需要换填处理的，可按经审批的施工组织设计或方案计算。承包人认为，依据

214

《广东省房屋建筑与装饰工程综合定额2018》（以下简称"2018房建定额"）A.1.26绿色施工安全防护措施费的规定，施工便道属于按方案及现场签证情况以子目计算的绿色施工安全防护措施费，依据施工方案的全部做法，均应另行计取。

我站认为，2018房建定额按系数计算的绿色施工安全防护措施费不包括施工便道以及由于地基承载力无法满足施工机械行走的要求而需要换填产生的费用，故施工便道和地基换填加固的费用可按经审批的施工组织设计或方案单独列入措施项目计算。

二、关于钻孔灌注桩中空桩部分钢筋笼的计价争议

本工程设有四层地下室，采用先完成桩基础后土方开挖的施工方法，设计桩顶标高距原地面约18m，图纸会审要求空桩段采用钢筋笼固定支撑声测管或抽芯管，现发承包双方对空桩段钢筋笼的计价产生争议。发包人认为，合同专用条款第7.2.17条第25点约定"现浇混凝土钢筋及钢筋笼工程量按设计净长度乘以单位理论重量后以吨计算，除设计标明的搭接外，其他施工搭接、现浇构件中固定位置的支撑钢筋、止水螺杆、因钢筋加工综合开料和钢筋出厂实尺长度所引起钢筋非设计接驳或搭接长度等措施筋均不另外计算费用"，且灌注桩检测管定额子目中已综合考虑了检测管封头、接长、套管、安装、固定、临时支撑保护等消耗，使用定额确定综合单价时不应再另行计算；仅作超声检测或抽芯检测的桩，其空桩段为支撑声测管或抽芯管而做的"假笼"应为措施钢筋，按合同约定不予计取。承包人认为，2018房建定额的消耗量及费用标准是按正常的施工条件下编制的，本工程为深基坑工程，基坑设计为支护排桩加支撑梁，受支撑梁影响，工程桩只能在自然地面施工及自然地面检测，声波管、钻芯管需伸至地面后才进行基坑开挖，与常规基坑开挖后进行桩基施工、检测不同，故引起的空桩段需用钢筋固定声波管、钻芯管而设置钢筋笼，属于非正常施工条件，为定额考虑之外的特殊情况。工程桩空桩段钢筋假笼为一次性投入使用，待大土方开挖持续一年后再挖出被锈蚀的废钢筋，并随着土方分段开挖分段割除，不属于措施筋，故钻孔灌注桩中空桩钢筋假笼应按实计取。

我站认为，争议涉及的钢筋用于固定支撑声测管或抽芯管，不属于措施钢筋，因此根据《桩基设计与施工说明》及《施工图设计文件会审记录（二）》要求布置的伸至自然地面以上300mm的纵筋及圆形加劲箍应按设计

要求另行计取，同时土方开挖后钢筋笼的残值回收由发承包双方协商计算。

三、关于钢护筒放在分部分项工程还是措施项目的计价争议

本工程设计要求灌注桩成孔时孔口采用钢护筒施工，现发承包双方就钢护筒应列入分部分项工程还是措施项目计价产生争议。发包人认为，钢护筒按施工性质不构成工程实体，属于施工措施内容，应列入措施项目清单中计价。承包人认为，依据 2018 房建定额，钢护筒属于分部分项工程，不属于措施其他项目章节，因此钢护筒应放在分部分项工程计价。

我站认为，本工程现处于预算编制阶段，合同约定预算编制的依据 2013 计价规范与 2018 房建定额均表明钢护筒属于分部分项工程项目的内容，故钢护筒应列入分部分项工程。

四、关于钢护筒质量及长度计算的争议

本工程设计要求灌注桩成孔时孔口采用钢护筒施工，护筒选用钢制护筒，壁厚 20mm，平均长度 10m，现发承包双方对钢护筒工程量长度和质量的计算产生争议。发包人认为，依据《桩基设计与施工说明》要求，钢护筒埋深不宜小于 1.5m，编制预算时综合考虑本工程地质状况，钢护筒长度按 5m 计算，每米质量按定额内插法计算，结算时长度大于等于 5m 按 5m 计算，小于 5m 按实计算。承包人认为，塔楼桩施工过程中，地面出现较大范围沉降、开裂现象，使用长护筒等处理措施保证了桩成型质量。实际施工中，总体较多使用约 8m 长护筒壁厚 15～20mm，现场已进行签证。钢护筒质量及长度应按审批的方案 8～10m 计取，壁厚按实际厚度计算。

我站认为，《桩基设计与施工说明》要求钢护筒埋设深度不小于 1.5m，2020 年 12 月 17 日出具的《施工图设计文件会审记录（二）》明确钢护筒埋设深度由现场确定，且需由建设方、监理方确认，《护筒埋设措施方案—DHQDS003C》显示护筒平均长度 10m，故施工图预算时钢护筒应根据设计文件、会审记录及施工方案确定的长度计算。

五、关于配合第三方桩基检测工作的计价争议

本工程在由发包人委托第三方检测单位对桩基进行静载试验中，因地质条件不满足需要而对地基进行加固处理（换填加固）、捣制管桩基础及载重混凝土支撑平台（含完工破除）以及发生检测所需的配合工作。现发承包双方

对配合第三方桩基检测所做的桩帽及检测平台、地基加固处理的计价产生争议。发包人认为，依据合同专用条款第7.2.17条第4点规定，由发包人委托的第三方检测项目，需配合检测监测导致增加的工作内容等引起的费用属于承包人的权利义务。合同专用条款第14.3.6条第（3）②B点规定，发包人另行委托的第三方监测检测项目，需要承包人配合工作及相关管理所发生的费用在投标报价中综合考虑，不另行计算。承包人认为，由于地基承载力不够，桩基检测要求增加附属工程才具备检测条件，非配合工作，相关费用应由建设单位支付给施工单位。承包方受甲方要求实施地基处理、钢筋混凝土平台及桩帽加固等工程，为检测前做地基处理的准备工作所增加的附属工程，属于工程建设其他费，而非合同条款约定的检测配合服务范围，且粤标定函〔2020〕60号文件中明确"配合桩基检测，所做的桩帽及桩的加固在检测费中计取"，故上述费用应另行计算。

我站认为，合同专用条款第7.2.17条第4点及合同专用条款第14.3.6条规定，需要承包人配合工作及相关管理所发生的费用在投标报价中综合考虑，不另行计算，但合同中并未明确具体配合工作的内容及发生相关需要在报价中考虑的具体费用，属于合同约定不明事项，建议发承包双方结合检测需要配合的服务范围协商计价。

六、关于旋挖灌注桩泥浆工程量的计算争议

2021年8月30日发布的《关于印发广东省建设工程定额动态调整的通知（第11期）》（粤标定函〔2021〕167号）（以下简称"167号文件"）对旋挖成孔灌注桩的工程量计算规则进行了动态调整，增加了泥浆外运的工程量计算规则，现发承包双方对本工程是否适用该文件产生争议。发包人认为，在167号文件发布前桩基础工程已实施，渣土外运工程量按成孔工程量100%计算，不另计算泥浆外运工程量。承包人认为，合同约定计价原则执行2018计价依据，目前施工图预算尚未编制完成，应执行167号文件，最终结算泥浆外运工程量按成孔工程量的20%计算，渣土外运按成孔工程量100%计算。

我站认为，本工程现处于预算编制阶段，167号文件是对2018房建定额的动态调整，且合同专用条款第14.3.6条第1点约定当造价管理部门对局部定额子目勘误的则按勘误后的定额子目执行，故编制本工程施工图预算时应依据167号文件规定执行。

七、关于旋挖灌注桩岩增加费的计价争议

2022年10月10日发布的《关于印发广东省建设工程定额动态调整的通知（第16期）》（粤标定函〔2022〕190号）（以下简称"190号文件"），在190号文件发布之前已施工完成未办理结算的旋挖灌注桩是否调整入岩增加费，发承包双方产生争议。发包人认为，190号文件发布前桩基础工程预算已批复，不再调整旋挖桩入岩增加费。承包人认为，合同约定执行2018计价依据，应按定额动态调整的原则计取旋挖成孔灌注桩入岩增加费。

我站认为，本工程现处于预算编制阶段，190号文件是对2018房建定额的动态调整，依据合同专用条款第14.3.6条第1点约定，编制本工程施工图预算时应依据190号文件规定执行。若发承包双方就桩基础工程预算单独达成一致意见并按规定已批复的，则不按190号文件规定执行。

专此函复。

广东省建设工程标准定额站

2023年6月26日

关于东莞市水业大厦工程计价争议的复函

粤标定复函〔2023〕78号

东莞市万科房地产开发有限公司、裕达建工集团有限公司：

你们通过广东省建设工程造价纠纷处理系统，申请解决东莞市水业大厦工程计价争议的来函及相关资料收悉。

2020年8月21日签订的施工合同显示，本工程位于东莞市，资金来源为企业自筹，发包人东莞市万科房地产开发有限公司通过公开招标的方式，确定由裕达建工集团有限公司负责承建。工程采用工程量清单计价方式，合同价格形式为总价合同，目前处于合同履约阶段。现对来函涉及的工程计价争议事项答复如下：

本工程的支护桩及基础工程桩均为旋挖混凝土灌注桩、支护锚索及灌注桩工程，施工过程中遇到大量不可预见的孤石在地下随机分布且孤石硬度非常高，旋挖机钻孤石的施工难度大，根据合同通用条款第29.2条规定，地质等非承包人原因造成施工过程费用增加属于发包人风险，发承包双方就旋挖机钻孤石的计价产生争议。发包人认为，旋挖机钻孤石属于新增单价，可依据合同约定新增的综合单价按照《广东省房屋建筑与装饰工程综合定额2018》旋挖成孔灌注桩入岩增加费计取，锚索钻孤石的综合单价按照《广东省房屋建筑与装饰工程综合定额2018》锚杆成孔入岩增加费计取。承包人认为，基坑支护、基础施工过程中遇到不可预见的地质条件，该场地存在大量孤石，孤石大小和分布位置无规律可循，且岩石硬度高、施工难度大，致使人、材、机实际消耗量与《广东省房屋建筑与装饰工程综合定额2018》旋挖成孔灌注桩入岩增加费及锚杆成孔入岩增加费所反映的人、材、机消耗量相差较大。由于定额的入岩增加费子目是按常规岩层考虑，而孤石属于地下障碍物，根据《广东省房屋建筑与装饰工程综合定额2018》A.1.3桩基础工程章说明第二条第 3 点中明确了"定额不包括清除地下障碍物，若发生时应按实计算"，故应按现场签证的材料、机械台班实际消耗量结合定额旋挖桩入岩增加费子目进行重新组价来计取单价，或者参考深圳定额旋挖钻机微风化入岩增加费子目计取。

我站认为，本工程为总价合同，招标图中的设计总说明与地质勘察报告对地层存在的孤石埋深及厚度进行了描述，且招标文件中投标人须知第 15.3 条明确"若投标人在投标前未仔细阅读地质勘察报告，导致在报价中或施工过程中，因对地质勘察报告所列明的地质条件不清楚，引起报价失误或施工中增加措施费用及导致工期拖延，招标人概不负责"。因此，旋挖灌注桩及支护锚索钻孤石的费用已在相应综合单价或总价内考虑，不另行计算。但如果实际施工中的孤石状况与设计总说明、地质勘察报告中的描述不一致的，则对差异部分导致增加的费用，按经批准的施工组织方案，由双方结合市场价格协商计算。

专此函复。

广东省建设工程标准定额站

2023 年 6 月 28 日

关于顺德高新区 B 区公交枢纽站（北侧地块）工程计价争议的复函

粤标定复函〔2023〕79 号

佛山市顺德区盛弘投资开发有限公司、华赣城建集团股份有限公司：

你们通过广东省建设工程造价纠纷处理系统，申请解决顺德高新区 B 区公交枢纽站（北侧地块）工程计价争议的来函及相关资料收悉。

2021 年 12 月 20 日签订的施工合同显示，本工程位于佛山市顺德区，资金来源为企业自筹，发包人佛山市顺德区盛弘投资开发有限公司通过公开招标方式，确定工程由华赣城建集团股份有限公司负责承建。工程采用工程量清单计价方式，合同价格形式为单价合同，目前处于竣工结算阶段。现对来函涉及的工程计价争议事项答复如下：

本工程连廊部分为铝单板屋面的单层钢结构，屋面、封檐及天沟外侧安装 2.5mm 厚银白色铝单板，发承包双方就连廊铝单板屋面的清单工程量是按斜面积还是按展开面积计算产生争议。发包人认为，本工程为单价合同，连廊铝单板型材屋面的清单项目特征描述明确按斜面积综合报价，其综合单价构成中铝单板材料的损耗数量已按展开面积考虑计价，且实施过程中未发生变更，故清单工程量应按斜面积计算，综合单价包含封檐及天沟外侧垂直构造展开面积部分的费用，该部分展开面积工程量不另计。承包人认为，招标文件及《房屋建筑与装饰工程工程量计算规范》GB 50854—2013 并未明确规定型材屋面工程量按斜面积计算，其综合单价应考虑屋面斜面积及侧立面积，在合同的综合单价中仅包含铝单板屋面的人工、材料、机械、管理、利润、风险，不能以其定额的组成作为判断清单工程量的结算依据，故铝单板型材屋面清单结算工程量应按屋面铝单板斜面积加侧立面面积计算。

我站认为，招标答疑明确连廊部分即原清单序号 14 的清单工程量依据《房屋建筑与装饰工程工程量计算规范》GB 50854—2013 的计算规则要求，由"展开面积"改为"以斜面积计算"，该清单项目特征描述也未包含招标图纸对封檐及天沟外侧安装 2.5mm 厚银白色铝单板垂直装饰的构造要求以及该部分面积的计算规则，同时招标工程量清单也未单独对该项目作清单列项，则属于工程量清单缺项。根据合同专用条款第 1.13 条，约定工程量清单错误时，发包人应调整合同价格。由于本工程合同无工程量清单缺项的计价原则，建议发承包双方参照《建设工程工程量清单计价规范》GB 50500—2013 第 9.5 条规定协商确定缺项清单的合同价格。

　　专此函复。

广东省建设工程标准定额站

2023 年 6 月 30 日

关于清城区龙塘镇轻轨站至集美精品线路
农房外立面改造建设工程计价争议的复函

粤标定复函〔2023〕80号

清远市清城区龙塘镇安丰村民委员会、华晟建工集团（广东）有限公司：

你们通过广东省建设工程造价纠纷处理系统，申请解决清城区龙塘镇轻轨站至集美精品线路农房外立面改造建设工程计价争议的来函及相关资料收悉。

2021年5月12日签订的施工合同显示，本工程位于清远市清城区，资金来源为财政资金，发包人清远市清城区龙塘镇安丰村民委员会通过直接发包的方式，确定由清远市清城区建筑工程有限公司〔后变更为华晟建工集团（广东）有限公司〕负责承建。工程采用定额计价方式，合同价格形式为单价合同，目前处于竣工结算阶段。现对来函涉及的工程计价争议事项答复如下：

本工程设计要求真石漆墙面底涂、主涂、面涂各两遍，结算时发承包双方对《广东省房屋建筑与装饰工程综合定额2018》A1-15-143真石漆墙面子目的材料消耗量是否调整产生争议。发包人认为该定额子目底漆、真石漆、罩面漆的消耗量不调整。承包人认为，该定额子目底漆、真石漆、罩面漆的消耗量应按设计要求的遍数不同而调整。

我站认为，本工程设计图、竣工图大样图的真石漆涂料墙面描述分别为"真石漆外墙涂料（底漆、主漆、面漆两遍）""真石漆外墙涂料（底漆、主漆、面漆各两遍）"，与A1-15-143墙面真石漆定额子目的工作内容"清扫、满刮腻子两遍、打磨、刷底漆、真石漆、罩面漆等"描述基本一致，且根据《关于广东省建设工程定额动态管理系统定额咨询问题的解答（第19期）》（粤标定函〔2020〕281号），定额A1-15-143真石漆墙面子目消耗量已综合考虑了满足施工技术规范要求的底漆、真石漆、罩面漆的遍数。因此本工程结算套用 A1-15-143 真石漆墙面子目时，底漆、真石漆、罩面漆的消耗量不作调整。

　　专此函复。

广东省建设工程标准定额站

2023 年 7 月 4 日

关于东莞市水业大厦工程计价争议的复函

粤标定复函〔2023〕81号

东莞市万科房地产开发有限公司、裕达建工集团有限公司：

你们通过广东省建设工程造价纠纷处理系统，申请解决东莞市水业大厦工程计价争议的来函及相关资料收悉。

2020年8月21日签订的施工合同显示，本工程位于东莞市，资金来源为企业自筹，发包人东莞市万科房地产开发有限公司通过公开招标的方式，确定由裕达建工集团有限公司负责承建。工程采用工程量清单计价方式，合同价格形式为总价合同，目前处于合同履约阶段。现对来函涉及的工程计价争议事项答复如下：

一、关于幕墙材料铝型材、玻璃、铝单板调差争议

本工程合同中关于物价波动调整价款事项的可调价材料范围未包括幕墙工程的主要材料（铝型材、玻璃、铝单板），2021—2022年受疫情、国际形势变化等因素影响，材料价格出现不同程度上涨，发承包双方就铝型材、玻璃、铝单板幕墙主要材料价格能否调差产生了争议。发包人认为，根据合同第76条物价涨落事件、第76.2条调整价差条件及计算公式、第76.7条计算细则（四）"各计量周期内应计付的价格差额以该周期内计量支付完成的合同价款为计算基础，考虑风险系数"，虽然仅约定部分材料调差，但合同材料调差风险系数已考虑铝型材、玻璃、铝单板等幕墙材料。承包人认为，由于2021—2022年受疫情、国际形势变化等不可控的多种因素造成价格波动异常，已超出所能预见的范围和承担的风险，应根据《广东省住房和城乡建设厅关于加强建筑工程材料价格风险管控的指导意见》（粤建市函〔2018〕2058号）、《建设工程工程量清单计价规范》GB 50500—2013第9.8.2条，重新确定材料价

格调整范围与方法。

我站认为，合同专用条款第 76.3 条中可调工料机范围不包括幕墙铝型材、玻璃、铝单板，按照本工程合同价格形式及条款，幕墙铝型材、玻璃、铝单板等材料价差应不予调整。但 2021—2022 年施工期间，受多种因素影响，建筑材料价格波动异常，材料价格出现不同程度上涨，如铝材、玻璃等材料价格波动导致损失过大的，受损一方可以索赔方式提出诉求。

二、关于暂估价的图纸深化费用计取的争议

本工程承包范围包括泛光照明工程、高压外线工程、抗震支架工程、中水系统工程及空调控制系统工程等五项非招标暂估价专业工程，根据合同约定"承包人在采购工作启动前 45 天将采购方案（包含图纸、预算或招标控制价、工程量清单、采购方式、采购文件、确定分布供应商的规则）通过监理人报送发包人审查，经发包人审核后，报项目业主东莞市置拓投资有限公司确认"，发承包双方就暂估价采购方案中的图纸深化费用是否计取产生争议。发包人认为，预算是根据图纸内容编制的工程造价，不涉及设计费，且根据合同第 65.4 条"承包人在采购工作启动前 45 天需提供采购方案（包含图纸）"，承包人在投标时已综合考虑暂估价事项需配合深化图纸的事实。承包人认为，发包人未向承包人提供暂估价专业工程的施工深化图纸，且合同对暂估价工程施工图深化设计费用没有约定，承包人已委托符合资质要求的设计院深化了施工图纸，发生的设计费用应该在其施工图预算的工程量清单综合单价中予以考虑。

我站认为，虽然本工程合同专用条款第 65 条约定承包人要将采购方案（包含图纸、预算或招标控制价、工程量清单、采购方式、采购文件、确定分布供应商的规则）报送发包人审查，但涉及图纸深化的设计费用并未明确约定，根据《建设工程工程量清单计价规范》GB 50500—2013 暂估价第 9.9.4.1 条"与组织招标工作有关的费用应当被认为已经包括在承包人的签约合同价（投标总报价）中"，承包人需要承担组织招标工作的相关费用，因此建议双方可对承包人负责招标的暂估价专业工程深化设计所产生的相关费用重新约定，协商解决。

专此函复。

广东省建设工程标准定额站

2023 年 7 月 5 日

关于广州城市职业学院微改造维护维修工程计价争议的复函

粤标定复函〔2023〕82 号

广州城市职业学院、君兆建设控股集团有限公司：

你们通过广东省建设工程造价纠纷处理系统，申请解决广州城市职业学院微改造维护维修工程计价争议的来函及相关资料收悉。

2020 年 8 月 15 日签订的施工总承包合同显示，本工程分别位于广州市白云区、海珠区，资金来源是财政资金，发包人广州城市职业学院采用公开招标方式，确定君兆建设控股集团有限公司承建。工程采用工程量清单计价方式，合同价格形式为单价合同，目前处于竣工结算阶段。现对来函涉及的工程计价争议事项答复如下：

一、关于取消部分工程内容是否调整相应的安措费用的争议

本工程合同约定，综合单价包干、总价措施项目费合价包干，但施工中建设单位根据实际使用需求，取消了合同内部分单位工程或分项工程，增加了合同外部分工程。现发承双方就取消合同内部分单位工程或分项工程是否调整相应的安全防护文明施工措施费用产生争议。发包人认为，合同中部分工程取消了，则应相应扣减安全防护文明施工措施费用。承包方认为，合同约定总价措施费是合价包干，则安全防护文明施工措施费用不因工程项目及工程量的增减而调整，故应按合同约定的总价不变。

我站认为，取消合同内部分工程属于工程变更，安全防护文明施工措施项目等总价措施项目如由于工程变更发生实质性变化的，应视为改变了原合同约定总价包干的基础条件，由此引起费用增减的应予调整。故发承包双方

227

应结合安全防护文明施工措施项目的实质性变化增减相关费用，不能简单以减少工程比例进行调整，部分前期已经实施完成的或者为工程整体提供保障的措施费用应予保留。

二、关于抹灰面底漆是否属于工程量清单漏项的争议

本工程招标图 JS-04"装饰及构造做法表 01"，宿舍楼顶棚做法 D01，做法表描述"4. 封底漆一道；5. 涂料面：内墙涂两遍"。而招标工程量清单"乳胶漆天棚面"的项目特征描述为"1. 基层类型：一般抹灰面；2. 油漆品种、刷漆遍数：乳胶漆两遍；3. 做法：D01"。发承包双方就清单项目特征描述没有"抹灰面底漆"是否属于工程量清单漏项产生争议。发包方认为，招标工程量清单中"乳胶漆天棚面"已含设计图纸中的一底两面，承包人在投标清单中的子目定额中套用的是两底两面，应执行合同单价。承包方认为本工程是单价合同，"乳胶漆天棚面"清单项目特征无抹灰面底漆，属于清单漏项，应根据合同专用条款第 68.2.1 条规定增加抹灰面底漆项。

我站认为，"乳胶漆天棚面"招标及已标价工程量清单项目特征均有"3. 做法：D01"的描述，与招标图 JS-04"装饰及构造做法表 01"宿舍楼顶棚做法一致，且 D01 做法已明确"封底漆一道"，故"乳胶漆天棚面"清单项的特征描述完整、准确，与招标图 D01 做法一致，已包含抹灰面"封底漆一道"，不属于清单漏项。

专此函复。

广东省建设工程标准定额站
2023 年 7 月 5 日

关于肇庆高新区麒麟湖片区发展综合提升工程计价争议的复函

粤标定复函〔2023〕83 号

肇庆交融城市建设有限公司、中交第四航务工程局有限公司：

你们通过广东省建设工程造价纠纷处理系统，申请解决关于肇庆高新区麒麟湖片区发展综合提升工程计价争议的来函及相关资料收悉。

2020 年 6 月 23 日签订的投资合作协议显示，本工程为 ABO＋投资人＋EPC 建设模式的城镇综合开发类项目，位于肇庆高新区，由肇庆大旺城市发展集团有限公司通过公开招标的方式，确定由中交第四航务工程局有限公司、中交第一公路勘察设计研究院有限公司、中交公路规划设计院有限公司、广东交融高新投资合伙企业（有限合伙）组成联合体作为投资合作方和勘察、设计、施工总承包人。根据投资合作协议约定，肇庆大旺城市发展集团有限公司与联合体投资合作方组建项目公司肇庆交融城市建设有限公司（以下简称"发包人"），2020 年 9 月 20 日发包人与中交第四航务工程局有限公司（以下简称"承包人"）签订了施工总承包合同。施工合同显示，工程采用工程量清单计价方式，合同价格形式为单价合同，目前处于施工图预算编审阶段。现对来函涉及的工程计价争议事项答复如下：

本工程《投资合作协议》第 19.7 条约定，肇庆大旺城市发展集团有限公司协助发包人办理施工所需的临地征用及临电、临水的接入点，费用已包含在文明措施费中，不另行计列。《施工总承包合同》专用条款第 2.4.2 条约定，发包人应负责提供施工所需要场地界区外的临时、水、电、路、通信等设施，但工程实际开工前并未按约定及时提供临电接入点或所提供的用电接入点负荷不能满足现场施工需求，造成承包人以自发电的方式组织现场施工，现发承包双方就自发电的计价产生争议。发包人认为，如确因发包人临电接入点满足不了现场施工时，承包人采用自发电的方式组织施工的工程项目，可按自发电费用在建安费中计取。本工程以市政道路为主，与公路工程类似，市政定额台班价格与公路定额台班价格比较接近，可参考《公路工程建设项目概算编制办法》JTC 3830—2018 中自发电电价的计算公式计算电价。自发电电费与信息价电费差额增加部分，属于分部分项工程费，工程结算时从暂列金额中列支。承包人认为，由于发包人提供的临电设施不能满足现场施工需求，需要以自发电的方式组织现场施工，在施工图预算编制时，应以暂估价形式列支，并同意发包人计算电费差额的意见，但此部分费用在结算时应计算绿色施工安全防护措施费及规费。

我站认为，对于非承包人原因导致以自发电方式组织施工的费用应由发包人承担。由于本工程施工图预算处于编审阶段，但项目已在施工中，可根据经审批的自发电施工组织方案测算或预估自发电电费增加费用，列入暂估价。工程结算时，可依据实际使用发电施工项目的工程量，按双方已协商一致的算法，即参考《公路工程建设项目概算编制办法》JTC 3830—2018 中自发电电价的计算公式和计价方式计算费用，列入清单分部分项并计取绿色施工安全防护措施费。

专此函复。

广东省建设工程标准定额站

2023 年 7 月 6 日

关于莞韶创新产业园项目一期
工程计价争议的复函

粤标定复函〔2023〕84 号

韶关市骐骥投资开发有限公司、广东省第五建筑工程有限公司：

你们通过广东省建设工程造价纠纷处理系统，申请解决莞韶创新产业园项目一期工程计价争议的来函及相关资料收悉。

2022 年 3 月签订的施工合同显示，本工程位于韶关市武江区，资金来源为自筹资金，发包人韶关市骐骥投资开发有限公司通过公开招标方式，确定由广东省第五建筑工程有限公司承建。工程采用工程量清单计价方式，合同价格形式为单价合同，目前处于合同履行阶段。现对来函涉及的工程计价争议事项答复如下：

本工程旋挖成孔灌注桩在施工过程中，桩端在未达到设计要求的岩层前遇到中间岩石夹层，发承包双方就岩石夹层计算入岩增加费计价产生争议。发包人认为，桩身从进入完整岩面至持力层段计算入岩增加费，夹层段不计入岩增加费。承包人认为，根据《岩土工程详细勘察报告》《超前钻勘察报告》和现场施工实际记录，应从岩石夹层起始标高计算入岩增加费。

我站认为，本工程开列的入岩增加费招标清单项目特征描述地层情况为"中风化灰岩；入岩厚度为 1 米"，与图纸终孔要求中风化岩层 1 米一致，该清单单价指的是旋挖桩按设计要求终孔进入持力层段的入岩增加费。发包人在招标清单中未开列旋挖桩穿越夹层岩层、破碎层岩层的相关清单，夹层、破碎岩层处理费不能按入岩增加费招标清单单价计取，属于清单缺项。故建议发承包双方按合同附件 12 补充条款第 2 条约定，依据《岩土工程详细勘察报告》《创新园一期超前钻勘察报告》《桩基施工原始记录》《有关创新产业园项目（一期）岩土类别划分说明》及审定的施工组织设计与桩基施工原始记录，通过市场询价合理确定旋挖桩穿越岩石夹层、破碎岩层的价格。

专此函复。

广东省建设工程标准定额站
2023 年 7 月 7 日

关于中山市北部组团垃圾综合处理基地垃圾焚烧发电厂和垃圾渗滤液处理厂三期工程计价争议的复函

粤标定复函〔2023〕85号

中山市天乙能源有限公司、云南建投安装股份有限公司：

你们通过广东省建设工程造价纠纷处理系统，申请解决中山市北部组团垃圾综合处理基地垃圾焚烧发电厂和垃圾渗滤液处理厂三期工程计价争议的来函及相关资料收悉。

2017年12月6日签订的设计采购施工（EPC）总承包合同显示，本工程位于中山市，资金来源是企业自筹，发包人中山市天乙能源有限公司通过公开招标方式，确定由山东淄建集团有限公司（牵头单位）、云南建投安装股份有限公司（成员单位）等（以下简称分别为"淄建"和"云建"）负责设计采购施工总承包。工程采用工程量清单计价方式，合同价格形式为总价合同，目前处于竣工结算阶段。现对来函涉及的工程计价争议事项答复如下：

本工程设备采购及安装费价格的确定方式，合同约定为"设备采购费由造价咨询单位、发包人询价确定，设备安装费依据图纸和国家地方相关计价规范编制设备安装工程量清单、综合单价及合价，设备采购费和设备安装费经发包人审核确认后，乘以（1－中标下浮率）即得出最终设备购置费。"淄建和云建于2020年3月18日对咨询单位审核出具的"关于确认三期工程设备购置费预算的函"中设备购置费进行了确认。在结算阶段，发包人内部审计发现已确认的设备购置费存在较明显的问题，合同双方就已确认的设备购置费如何计价产生争议。发包人认为，应由结算审核单位或双方再另行委托一家造价咨询机构重新对设备购置费结算价进行审核或复核，根据审核或复核结果双方再具体协商如何解决分歧。承包人认为，应按照 2020 年 3 月双方共同确认的设备购置费进行结算和支付。

我站认为，对于涉及争议的设备购置费，发承包双方根据专用条款第 17.1 条第 3 款第 3 项约定，进行询价并经发包人确定的价格应作为竣工结算的依据。审核部门认为经发承包双方确定的价格偏离实际或不符合合同约定且能提供合理可靠的质疑依据的，可按规定要求发承包双方重新确认再进行调整，否则发承包双方应按合同约定的价格执行。

专此函复。

广东省建设工程标准定额站

2023 年 7 月 7 日

关于创新科技孵化器综合楼
工程计价争议的复函

粤标定复函〔2023〕86 号

江门市蓬周创新科技有限公司、广东协鸿建设工程有限公司：

你们通过广东省建设工程造价纠纷处理系统，申请解决创新科技孵化器综合楼工程计价争议的来函及相关资料收悉。

2019 年 12 月 17 日签订的施工合同显示，本工程位于江门市蓬江区，资金来源为企业自筹，发包人江门市蓬周创新科技有限公司通过直接发包的形式，确定由广东协鸿建设工程有限公司承建。工程采用定额计价的方式，合同价格形式为单价合同，执行《广东省建设工程计价依据 2018》，目前处于竣工结算阶段。现对来函涉及的工程计价争议事项答复如下：

本工程现浇混凝土楼面、地面（包括地下室底板）结构浇捣后表面采用抹平机处理工艺，发承包双方就抹平机处理费用的计价产生争议。发包人认为，根据施工现场实际情况，本工程浇捣楼板后面层收光采用抹平机处理工艺，属于质量缺陷预防和修复工序，其内容已包含在楼板混凝土浇筑子目中，不应另行计算，且在交楼清场时发现楼板面存在凹凸不平的小坑，其平整度并不符合抹光定额子目的工艺要求，故不应另外套取抹光定额子目。承包人认为，现浇混凝土楼地面收水后采用抹平机进行抹光处理是混凝土楼地面捣制必需的工序，混凝土工程相应定额子目的工作内容未包括抹光，且没有抹平机的机械消耗量，故在混凝土捣制后采用混凝土抹平机抹光，需另外套取 A1-12-37 楼地面混凝土面层抹光定额子目进行计价。

我站认为，现浇混凝土楼面、地面（包括地下室底板）结构浇捣后，按规范要求，为避免混凝土浇筑后裸露表面产生塑性收缩裂缝，在初凝、终凝前对裸露表面进行磨平、压光或抹平、搓毛处理属于常规施工工艺，其费用已在相应定额子目的人工费中综合考虑，实际采用混凝土抹平机施工的，则仍按相应的定额子目执行不作调整。

专此函复。

广东省建设工程标准定额站

2023 年 7 月 7 日

关于广州火村融资 6 区工程
计价争议的复函

粤标定复函〔2023〕88 号

广州宏祥房地产有限公司、广东合建工程总承包有限公司：

你们通过广东省建设工程造价纠纷处理系统，申请解决广州火村融资 6 区工程计价争议的来函及相关资料收悉。

2022 年 1 月 11 日签订的工程总承包合同显示，本工程位于广州市黄埔区，资金来源为企业自筹，发包人广州宏祥房地产有限公司采用直接发包方式，确定由广东合创工程总承包有限公司（现更名为：广东合建工程总承包有限公司）负责承建。工程采用工程量清单计价方式，合同价格形式为总价合同，综合单价依据《广东省建设工程计价依据 2010》组价确定，目前处于施工图预算转固定总价阶段。现对来函涉及的工程计价争议事项答复如下：

一、关于外墙综合脚手架、垂直运输、建筑物超高增加人工机械步距计算起点的计价争议

发承包双方在计算外墙综合脚手架、垂直运输、建筑物超高增加人工机械步距起点时产生争议。发包人认为，根据《广东省建筑与装饰工程综合定额 2010》（以下简称"2010 房建定额"）的工程量计算规则，外墙综合脚手架、垂直运输、建筑物超高增加人工机械的步距计算起点均应为设计室外地坪。承包人认为，参照《关于珑山居商住小区工程计价争议的复函》（粤标定函〔2020〕184 号）的回复意见，外墙综合脚手架步距计算起点应为实际的搭设起点，垂直运输、建筑物超高增加人工机械的步距计算起点为地下室顶板。

我站认为，地下室部位的外墙综合脚手架步距计算起点如从地下室顶板

搭设的，未回填的以地下室顶板标高计算，已回填的以覆土后的标高计算。垂直运输、建筑物超高增加人工机械的步距计算起点为地下室顶板顶面。

二、关于屋面层上幕墙及混凝土墙脚手架计算的争议

本工程屋面层上设计高度为 4.5m 的铝板幕墙，该幕墙由铝板、混凝土压顶梁、中间混凝土分隔短墙组成，以及沿外墙局部设置混凝土女儿墙。发承包双方就该幕墙与混凝土女儿墙内侧脚手架计算产生争议。发包人认为，依据《关于印发 2010 年广东省建筑与装饰工程综合定额问题解答、勘误及补充子目的通知》（粤建造函〔2011〕039 号）第 22.6 条的问题解答，天面女儿墙高度超过 1.2m 时，女儿墙内侧计算单排脚手架，则幕墙与混凝土女儿墙内侧计算单排脚手架。承包人认为，根据 2010 房建定额 A.22 脚手架工程工程量计算规则第 22.1.3 条规定，外墙为幕墙时，幕墙部分按幕墙外围面积计算综合脚手架，以及第 22.1.7 条规定，现浇钢筋混凝土屋架以及不与板相接的梁，按屋架跨度或梁长乘以高度以面积计算综合脚手架，故该幕墙与混凝土女儿墙内侧均应计算综合脚手架。

我站认为，涉及争议的幕墙（包括压面梁与中间分隔短墙）起装饰作用，其内侧与混凝土女儿墙内侧应按单排脚手架计算。

三、关于地下室满堂脚手架的计价争议

本工程地下室层高 3.7m，扣减板厚后净高不足 3.6m，现发承包双方就是否需要计算满堂脚手架产生争议。发包人认为，地下室净高不足 3.6m，不应计算满堂脚手架。承包人认为，根据《关于广东省建设工程定额动态管理系统定额咨询问题的解答（第 17 期）》（粤标定函〔2020〕232 号）第 15 条的问题解答，楼层高度是指层高，应计算满堂脚手架。

我站认为，楼层高度是指层高，本工程地下室层高为 3.7m，应计算满堂脚手架。

四、关于墙面抹灰的计价争议

本工程内墙墙面装修交付标准为墙面抹灰，后续的刮腻子、乳胶漆或涂料面层不属于承包人施工范围，发承包双方就墙面抹灰计价产生争议。发包人认为，参照粤标定函〔2020〕184 号文的回复意见，工程有明确交付要求的应遵循交付要求执行，超过交付要求且未经发包人同意的，由承包人承担。

本工程内墙墙面设计交付标准中未要求砂浆压光、抹光，承包人自行按压光、抹光施工，超过交付标准的费用应由承包人自行承担，故应套用底层抹灰子目。承包人认为，根据《关于广东省建设工程定额动态管理系统定额咨询问题的解答的函（第 1 期）》（粤标定函〔2019〕9 号）第 20 条的问题解答，无块料墙面的抹灰应套用一般抹灰定额子目。

我站认为，若发包人有明确交付要求的则遵循交付要求执行。若交付标准并未明确时，则抹灰工程交付竣工验收无块料面层的，套用一般抹灰定额子目计价。

五、关于外墙柱面抹灰钉（挂）网的计价争议

本工程外墙面垂直高度超过 90m，外墙面抹灰设计要求需钉（挂）网，按 2010 房建定额规定需增加抹灰厚度 20mm，钉（挂）网部分的墙面抹灰人工消耗量乘以系数 1.30。现发承包双方就抹灰厚度增加部分的人工是否需要乘以系数 1.30 产生争议。发包人认为，墙面垂直高度增加的抹灰厚度为定额综合考虑的补偿费用，需钉（挂）网的墙面抹灰已按定额计算人工费的增加系数，则抹灰增加厚度部分不需要乘以系数 1.30。承包人认为，参照粤标定函〔2020〕184 号文的回复意见，钉（挂）网部分的墙面抹灰人工费消耗乘以系数 1.30 是考虑有钉（挂）网的墙面，砂浆与墙面的粘结贴合难度增加造成抹灰时的人工降效，而非钉（挂）网过程的人工消耗。本工程外墙抹灰厚度增加，砂浆粘结贴合度降低，施工难度增大，人工降效更多，因此增加的抹灰厚度应按照抹灰子目人工乘以系数 1.30。

我站认为，2010 房建定额规定的墙面垂直高度超过 90m 以上外墙抹灰厚度增加 20mm，是基于外墙符合施工验收规范情况下垂直度偏差引起的抹灰厚度增加考虑的，抹灰为分层实施，需钉（挂）网的墙面抹灰按照其抹灰子目人工乘以系数 1.30，抹灰增加厚度部分人工不需要乘以系数。

六、关于临时道路拆除的计价争议

本工程施工时修建临时道路，发承包双方就临时道路的拆除是否可另行计算产生争议。发包人认为，根据《广东省房屋建筑与装饰工程综合定额 2018》，临时设施拆除包含在按系数计算的绿色施工安全防护措施费中，2010 房建定额虽未说明，但应也包含在按系数计算的安全文明措施费内，不再另计。承包人认为，2010 房建定额按系数计算的安全文明措施费中场容场貌费

用中只包含地面硬化处理，临时道路的拆除应另行计算。

我站认为，2010房建定额临时道路的拆除包含在按系数计算的安全文明措施费内，不另行计算。

七、关于地下室暗室增加费的计价争议

本工程负一层地下室面积约3万平方米，周长约789m，其中左下角长度约100m、进深12m的商铺无覆土，其余地下室部位处于覆土下。发承包双方就地下室内进行施工的工程的暗室增加费计价产生争议。发包人认为，2010房建定额总说明已明确，需要照明的施工才计取暗室增加费，该项目地下室并未完全封闭，且分为15个施工段进行施工，每个施工段进深约40m，至少3边未封闭，光照充足，与整体封闭施工的地下室情况完全不一样，故不计取暗室增加费。承包人认为，本工程地下室在商铺进深12m有一道砌体隔墙，已形成封闭空间，该范围内的施工工序均需照明才能满足。地下室采用分段施工，定额并未规定分段施工时暗室增加费需进行扣减换算，施工时也无法界定施工段之间的光照范围，定额已综合考虑现场施工情况。主体结构完成后，进行后续的施工需要采用设备照明。故地下室主体结构模板拆除、二次结构、装修、满堂脚手架及里脚手架均应计算暗室增加费。

我站认为，在地下室内进行施工的工程，定额综合考虑其人工降效及照明，故在地下室内进行施工的工程均应计取暗室增加费。

八、关于空调机位侧墙抹灰的计价争议

本工程空调机位两侧墙体高2200mm、宽500mm、厚100mm，发承包双方就该部位抹灰定额子目的套用产生争议。发包人认为，该部位属于墙面，应套用墙面抹灰的相关子目。承包人认为，该部位单个面积小，应套用柱梁面抹灰的相关子目。

我站认为，根据2010房建定额规定，争议的空调机位侧墙属于外墙的一部分，其抹灰应套用墙面抹灰的相关子目。

专此函复。

广东省建设工程标准定额站

2023年7月11日

关于平岗—广昌原水供应保障
工程计价争议的复函

粤标定复函〔2023〕89号

珠海水务环境控股集团有限公司、珠海市供水机械工程有限公司：

你们通过广东省建设工程造价纠纷处理系统，申请解决平岗—广昌原水供应保障工程计价争议的来函及相关资料收悉。

2017年12月18日签订的施工合同显示，本工程位于珠海市，资金来源为企业自筹资金，珠海水务环境控股集团有限公司通过公开招标方式，确定由珠海市供水机械工程有限公司负责施工，工程采用工程量清单计价方式，合同价格形式为单价合同，目前处于竣工结算阶段。现对来函涉及的工程计价争议事项函复如下：

工程实施过程中，承包人按行政主管部门要求的施工围挡新标准来实施，与投标时成本费用差别较大，发承包双方就调整施工围挡费用产生争议。发包人认为，合同专用条款第96.1条其他事项（一）其他风险之（8）约定"现场施工围栏、围挡、围墙（包括交通安全防护）等所有安全措施必须符合珠海市城建部门及珠海水务环境控股集团要求，其费用由承包人在中标降幅中综合考虑"，因此不增加计算。承包人认为，合同专用条款对现场施工围栏包干结算风险的约定，未包括政府部门颁布的法律、法规、规章和政策在合同工程基准日期后发生变化而引起成本费用增加的风险。依据通用条款约定，合同履行期间法律、法规、规章和政策引起的工程造价增减事件，应按照实际确认的施工围挡工程量增加计算费用，计算规则结合广东省建设工程标准定额站发布的粤建标函〔2018〕106号文和珠海市造价站发布的《施工围挡A1补充子目》。

我站认为，本工程因行政主管部门要求执行新的施工围挡文件，如导致围挡标准与招标时相比发生了实质性变化且发生费用增减，应视为原合同约定的风险包干的基础条件发生了变化，发承包双方应调整计算施工围挡的费用。

专此函复。

广东省建设工程标准定额站

2023 年 7 月 19 日

关于东莞市石碣医院新住院大楼
建设工程计价争议的复函

粤标定复函〔2023〕90号

东莞市石碣医院、湖南星大建设集团有限公司：

你们通过广东省建设工程造价纠纷处理系统，申请解决东莞市石碣医院新住院大楼建设工程计价争议的来函及相关资料收悉。

2022年7月26日签订的施工总承包合同显示，本工程位于东莞市石碣镇，资金来源为医院自筹，发包人东莞市石碣医院采用公开招标方式，确定由湖南星大建设集团有限公司负责承建。工程采用工程量清单计价方式，合同价格形式为总价合同，目前处于合同履行阶段。现对来函涉及的工程计价争议事项答复如下：

本工程承包人已根据基坑支护设计图纸完成三轴止水搅拌桩和支护桩施工，为检验止水效果，发包人要求承包人委托具有资质的第三方进行专项基坑止水帷幕抽水试验，发承包双方对该试验费由谁承担产生争议。发包人认为，根据合同专用条款第96.7.3条约定，建设工程质量检测业务应由发包人依法委托，且由发包人支付相关费用，其他试验、检测则由承包人负责，基坑止水帷幕抽水试验属于其他试验范围，故费用已包含在合同总价中。承包人认为，合同清单只包含基坑降水费、水位观测井费，并未包含基坑止水帷幕抽水试验费，此费用属于发包人需委托第三方进行试验的费用，应由发包人承担。

我站认为，经查《建筑地基基础检测规范》DBJ/T 15—60—2019，基坑止水帷幕抽水试验并未列入检测规范内，为非必须检测项目，发包人在检验质量中要求承包人委托具有资质的第三方做专项基坑止水帷幕抽水试验，如检测合格，该费用由发包人承担，不合格则由承包人承担。

专此函复。

广东省建设工程标准定额站

2023 年 7 月 19 日

关于广州市黄埔区火村复建四区 P1~P10 栋及地下室桩基础工程计价争议的复函

粤标定复函〔2023〕91号

广东合建工程总承包有限公司、广东省珠海工程勘察院：

你们通过广东省建设工程造价纠纷处理系统，申请解决广州市黄埔区火村复建四区 P1~P10 栋及地下室桩基础工程计价争议的来函及相关资料收悉。

2022年5月23日签订的施工合同显示，本工程位于广州市黄埔区，资金来源为企业自筹，发包人扬迈建设有限公司（后变更为广东合建工程总承包有限公司）通过直接委托的方式，确定由广东省珠海工程勘察院负责承建。工程采用工程量清单计价方式，合同价格形式为单价合同，目前处于竣工结算阶段。现对来函涉及的工程计价争议事项答复如下：

本工程桩基在施工中遇到中风化破碎岩层，通过对该岩层岩样的岩石饱和单轴抗压强度试验，抗压值为 7.38~27.6MPa，发承包双方就该岩层是否计取入岩增加费产生争议。发包人认为，超前钻报告桩状图岩土名称及其特征中显示"强风化花岗岩""中风化花岗岩（破碎中风化）"均为极软岩，岩体等级为 V 类，且组织专家咨询研讨认为 17 组岩样点荷载抗压强度试验平均值为 12.7MPa，属于《广东省房屋建筑与装饰工程定额 2018》"岩石分类表"中 5~15MPa 之间的"软岩"，定额中极软岩和软岩不作入岩计算，故"中风化破碎层"不按岩层计算，按土层计算。承包人认为，岩样抗压强度实验值介于软岩与较软岩之间，现场桩成孔施工记录显示，中风化破碎岩层较强风化岩钻进的时效低，经参建方组织专家论证，建议将中风化破碎岩层归为中风化岩，故中风化破碎岩层应按合同清单的计算规则与单价计算入岩增加费。

我站认为，本工程已标价工程量清单的灌注桩入岩增加费清单项目特征为"中风化微风化岩作入岩计算"，依据"岩石分类表"，参照《广东省建设工程计价依据 2018》旋挖成孔灌注桩入岩增加费计算规则，极软岩和软岩不作入岩计算，较软岩、较硬岩、坚硬岩作入岩计算（其中较软岩按入岩相应子目乘以系数 0.70）。本工程发生的中风化破碎岩的岩石饱和单轴抗压强度为 15～30MPa，属于较软岩，故应计算入岩增加费。

专此函复。

广东省建设工程标准定额站

2023 年 7 月 19 日

关于蕉门河滨水两岸绿道及绿化提升工程计价争议的复函

粤标定复函〔2023〕92号

广州南沙经济技术开发区建设中心、广州市园林建设有限公司：

你们通过广东省建设工程造价纠纷处理系统，申请解决蕉门河滨水两岸绿道及绿化提升工程（丰泽大桥—蕉西水闸段）计价争议的来函及相关资料收悉。

2019年4月23日签订的施工合同显示，本工程位于广州市南沙区，资金来源为财政资金，发包人广州南沙经济技术开发区建设中心采用公开招标方式，确定由广州市园林建设有限公司负责承建。工程采用工程量清单计价方式，合同价格形式为单价合同，目前处于合同履行阶段。现对来函涉及的工程计价争议事项答复如下：

一、关于施工围蔽样式变更费用计算的争议

本工程招标文件及工程量清单采用《广州市城乡建设委员会关于印发广州市建设工程施工围蔽管理提升实施技术要求和标准图集的通知》（穗建质〔2014〕1335号）的施工围蔽样式，中标后发包人根据政府行政主管部门要求对工程施工围蔽进行提升，要求承包人按照《广州市建设工程绿色施工围蔽指导图集（V1.0试行版）》和相关标准设置工地围蔽，发承包双方对此是否可调整措施项目费产生争议。发包人认为，该项变更不符合合同中约定可调整措施项目费条件情形，且该围蔽样式图集发布于招标前，不存在建设行政主管部门下发新的围蔽标准，不予调整措施项目费。承包人意见，施工围蔽样式的变更属于非承包人责任，施工合同已明确约定按穗建质〔2014〕1335

247

号文要求围蔽，因建设单位要求执行建设行政主管部门下发的新的围蔽标准，围蔽样式及构造材质均发生重大变化，变更依据充分，应予调整措施项目费。

我站认为，承包人中标后根据发包人下发的通知和相关会议纪要精神对本工程施工围蔽进行提升，发承包双方应对新旧标准做比对。如果相对于合同约定的旧标准发生实质性改变的，则属实工程变更范围，由此增加的费用，符合《合同专用条款》第 10.4.1 条第 5 项第 3 点①可调整措施项目费情形，发承包双方应根据《合同专用条款》第 10.4.1 条第 5 项第 4 点规定，相应调整措施项目费用。

二、关于树木支撑样式变更费用计算的争议

原设计树木支撑样式为篙竹三脚桩支撑，发包人按政府行政主管部门要求将篙竹支撑更换为刷漆杉木支撑，发承包双方对此是否可调整措施项目费产生争议。发包人意见，该项变更不符合合同约定可调整措施项目费条件情形，且本工程约定综合合价包干的措施项目费不得调整，故不予调整支撑费用。承包人意见，树木支撑样式变更已构成重大设计方案调整情况，符合合同约定可调整措施项目费条件情形，根据《合同专用条款》予以调整措施项目费。

我站认为，本工程因行政主管部门为提升及保证支撑景观效果需要，树木支撑样式执行新的标准，导致树木支撑样式与招标时相比发生了实质性变化且发生费用增加，符合《合同专用条款》第 10.4.1 条第 5 项第 3 点①可调整措施项目费情形，发承包双方应根据《合同专用条款》第 10.4.1 条第 5 项第 4 点规定，相应调整措施项目费用。

三、关于设计变更增加措施项目费计算的争议

本工程增加滨水角公园与丰泽大桥底连通变更、滨水角公园车行道变更、增设金洲涌景观桥连通南北两段变更，三份变更增加的实体工程费发承包双方已达成一致意见，同意按实计算，但双方对是否可计取措施项目费产生争议。发包人意见，上述三项变更不符合合同中专用条款约定可调整措施项目费条件情形，综合合价包干的措施项目费不得调整。承包人意见，三项变更内容均为规划、建设等行政主管部门原因，符合合同约定可调整措施项目费条件情形，变更依据充分，应予调整措施项目费。

我站认为，本合同虽约定综合合价包干的措施项目费不得调整，但争议

的三项变更内容均因规划、建设行政主管部门原因导致新增工程，致使原合同约定的措施项目费包干的基础条件发生了重大变化。因此，发承包双方应根据《合同专用条款》第 10.4.1 条第 5 项第 4 点规定，相应调整措施项目费用。

专此函复。

广东省建设工程标准定额站

2023 年 7 月 19 日

关于琶洲西区地下综合管廊（二标段）工程计价争议的复函

粤标定复函〔2023〕93 号

广州市琶洲智慧管廊开发建设投资有限公司、广州市市政集团有限公司：

你们通过广东省建设工程造价纠纷处理系统，申请解决琶洲西区地下综合管廊（二标段）工程计价争议的来函及相关资料收悉。

2019 年 7 月签订的 PPP 项目合同显示，本工程位于广州市琶洲西区，资金来源为政府与社会资本。由广州市人民政府授权广州市道路工程研究中心采用公开招标的方式，确定广东华隧建设集团股份有限公司与广州市市政集团有限公司组成联合体为中标社会资本，并由中标社会资本方与政府出资代表共同出资组建广州市琶洲智慧管廊开发建设投资有限公司（以下简称"发包人"），2019 年 8 月 30 日发包人与广州市市政集团有限公司公司（以下简称"承包人"）签订了施工总承包合同。施工合同显示，工程采用工程量清单计价方式，合同价格形式为单价合同，目前处于施工阶段。现对来函涉及的工程计价争议事项答复如下：

一、关于清障和换填费用计价的争议

本工程廊体基础原设计采用静压预制管桩变更为水泥搅拌桩，发承包双方就变更后搅拌桩施工过程中因受地下块石、混凝土等障碍物影响需要清障和换填的费用计价产生争议。发包人认为，地质风险应由承包人承担，其在变更申请时并未提出换填施工，故此费用应为承包人自行承担的措施费用。承包人认为，现基础由管桩变更为搅拌桩，施工方案已发生重大变更，相应需要清除的地下障碍物工程量随施工工艺改变而变化，且发生地勘报告显示

250

没有障碍物而施工中发现障碍物的情形，应按地质条件不符走变更程序。

我站认为，廊体基础由静压预制管桩变更为水泥搅拌桩，属于合同约定的可调价款事项，水泥搅拌桩施工时所遇到的清障与换填工程量应按实计算，并依据专用条款的约定，按通用条款第 72.2 条工程变更调整工程费的方法调整合同价款。

二、关于周边建筑物破坏修复的计价的争议

本工程 2019 年招标阶段时，周边无大型建筑物，承包人进场后周边的建设项目已陆续开工或逐步建成并投入运营使用。工程基坑开挖是按设计图纸要求采用钢板桩＋钢支撑支护形式，施工过程中基坑周边红线外建筑物出现大面积开裂、沉降，建筑物广场砖、绿化、排水管、检查井等不同程度受到损坏，发承包双方就修复费用应由谁承担产生争议。发包人认为，合同清单已列支沿建筑物保护加固费用，钢板桩施工造成的破坏应由承包人承担。承包人认为，合同范围内只有对原有旧老建筑物增加高压旋喷桩的加固保护，而对周边新建建筑物所造成的损坏是由于施工环境变化造成的，该修复费用在原合同内并未考虑，应由发包人承担。

我站认为，根据合同专用条款第 20.2 条约定，承包人应做好施工场地地下管线和邻近建（构）筑物（包括文物保护建筑）、古树名木的保护工作，并在开工前制定建（构）筑物保护和监测方案，监测建（构）筑物、道路的变化。在施工过程中，周边建筑物发生不同程度受损，发承包应厘清责任，若因承包人未按保护加固方案和监测方案实施，或对已监测影响周边建（构）筑物安全的各类不利因素未能及时采取有效应对方案和防范措施的，其费用由承包人承担；若承包人已按保护加固方案和监测方案实施，并对监测到的不利影响因素及时采取必要措施，周边建（构）筑物仍然受到损坏的，其损失及其修复费用应由发包人承担。

专此函复。

广东省建设工程标准定额站

2023 年 7 月 19 日

关于保利·阳光城（四期）建筑安装（二标段）工程计价争议的复函

粤标定复函〔2023〕94 号

惠州市保利建业房地产开发有限公司、深圳市金世纪工程实业有限公司：

你们通过广东省建设工程造价纠纷处理系统，申请解决保利·阳光城（四期）建筑安装（二标段）工程计价争议的来函及相关资料收悉。

2018年8月1日签订的施工合同显示，本工程位于惠州市惠阳区，资金来源为企业自筹，发包人惠州市保利建业房地产开发有限公司采用公开招标方式，确定由深圳市金世纪工程实业有限公司负责承建。工程采用工程量清单计价方式，合同价格形式为单价合同，目前处于竣工结算阶段。现对来函涉及的工程计价争议事项答复如下：

本工程投标报价增值税税率为10%，合同专用条款第21.2.1条第4点约定结算时规费费率及税率执行合同附件投标报价的费率、税率，不因国家收费标准的变化而调整。工程开工日期为2019年6月10日，根据广东省住房和城乡建设厅《关于调整广东省建设工程计价依据增值税税率的通知》（粤建标函〔2019〕819号）规定，自2019年4月1日起，采用一般计税方法计税的，增值税税率由10%调整为9%，现发承包双方就增值税税率是否调整产生争议。发包人认为，合同专用条款的约定背离了国家税率政策，且承包方实际开具的增值税发票税率为9%，则结算增值税税率应按9%计取。承包人认为，合同专用条款的约定仅为发承包双方对税率调整风险负担的约定，未违反税收法定政策以及法律与行政法规的强制性规定。同时根据2021年5月24日签订的合同补充协议（四），发承包双方同意税率与原合同约定保持一致，按照10%执行，并约定承包人应按开具发票时国家税率政策规定的税率。故本工程计税方法是用于确定工程的含税造价，与增值税的实际缴纳方式和费率无关联，增值税税率应按合同约定执行。

我站认为，合同专用条款第21.2.1条第4点及合同补充协议（四）约定，工程结算时增值税税率执行投标报价时的税率，不作调整，应视为发承包双方对增值税税率变化导致价格风险的分担，故结算时按投标报价税率10％执行。

专此函复。

广东省建设工程标准定额站

2023年7月19日

关于七星岩大桥维修加固工程
计价争议的复函

粤标定复函〔2023〕95 号

肇庆星湖风景名胜区七星岩管理处、广东建科建筑工程技术开发有限公司：

你们通过广东省建设工程造价纠纷处理系统，申请解决七星岩大桥维修加固工程计价争议的来函及相关资料收悉。

2021 年 9 月 17 日签订的施工合同显示，本工程位于肇庆市端州区，资金来源为国有资金，发包人肇庆星湖风景名胜区七星岩管理处采用公开招标方式，确定由广东建科建筑工程技术开发有限公司负责承建。工程采用工程量清单计价方式，合同价格形式为单价合同，目前处于竣工结算阶段。现对来函涉及的工程计价争议事项答复如下：

本工程涉及水下作业，招标清单在暂列金额中开列潜水作业一项 50 万元。施工过程中，发承包及监理单位三方对投入潜水员人工记录表签章确认，结算时，发承包双方对潜水员人工费及其他潜水作业费计价产生争议。发包人认为，水下潜水作业项目投标清单综合单价已经按定额工日计算了人工费用，按签认潜水员人工费计算，需要扣除相应清单综合单价中的人工费用；同时因无相关水下作业定额子目，在原投标报价人工工日基础上增加 10％降效计取相应潜水作业工人费用。承包人认为，水下施工采用潜水员，但水下施工所用材料、设备及工序都需要水上辅助人员配合才可以完成，因此不应扣除潜水作业相应清单投标综合单价中的人工费；水下作业的环境由于复杂、携带作业设备多、施工难度大、危险程度高、连续作业时间短等特性，采用"定额人工工日，增加人工降效"来计价差异较大，应参考中国潜水打捞行业协会《关于公布〈潜水作业指导价格〉的通知》（中潜协字〔2010〕42 号）有关潜水作业人员行业指导价。且在实际施工过程中，水下有大量淤泥和碎石堆积的清理，潜水员和普工所增加的费用应予计价。

我站认为，本工程暂列金额中单独开列潜水作业费清单项，但在招标文件和合同文件中均无潜水作业的工作内容和计量计价规则等确定造价的要素信息。因此，建议发承包双方遵循合同签订时的真实意思，对潜水作业的工作内容和计量计价规则约定明确后，再计取相关费用。

专此函复。

广东省建设工程标准定额站

2023 年 7 月 19 日

关于东莞市常平西部污水处理厂二期工程计价争议的复函

粤标定复函〔2023〕96 号

东莞市石鼓污水处理有限公司、中铁十九局集团有限公司：

你们通过广东省建设工程造价纠纷处理系统，申请解决东莞市常平西部污水处理厂二期工程计价争议的来函及相关资料收悉。

2022 年 9 月 15 日签订的施工合同显示，本工程位于东莞市常平镇，资金来源为企业自筹。发包人东莞市石鼓污水处理有限公司通过公开招标方式，确定由中铁十九局集团有限公司负责承建。工程采用工程量清单计价方式，合同价格形式为总价合同，目前处于合同履行阶段。现对来函涉及的工程计价争议事项答复如下：

本工程基坑支护工程由原设计的放坡喷射混凝土支护变更为钢板桩支护加放坡喷射混凝土支护，而原设计图纸的喷射混凝土工程量与招标清单工程量不一致，现发承包双方就原设计方案工程量的扣减方法产生争议。发包人认为，本工程为总价合同，设计变更增减造价应按变更前后图纸计算的工程量确定。承包人认为，变更工程量扣减应以原招标清单工程量为基准，其扣减工程量应小于或等于原招标清单量，发包人应对其出具的招标控制价工程量精准性负责，不能扣减原设计方案工程量大于招标清单工程量部分。

我站认为，本工程为总价合同，发生变更时，应将变更对应的图纸与招标时的图纸进行对比计算工程量，再依据合同约定的综合单价确定条款进行计价，确定变更增减的合同价款。招标清单工程量存在的偏差另按合同专用

256

条款第 68.2 条、第 71 条约定执行。

　　专此函复。

广东省建设工程标准定额站

2023 年 7 月 25 日

关于天盈花园施工总承包工程
计价争议的复函

粤标定复函〔2023〕97 号

湛江巨恒房地产开发有限公司、广东中南建设有限公司：

你们通过广东省建设工程造价纠纷处理系统，申请解决天盈花园施工总承包工程计价争议的来函及相关资料收悉。

2018 年 6 月 10 日签订的施工总承包合同显示，本工程位于湛江市，资金来源为企业自筹，发包人湛江巨恒房地产开发有限公司通过直接发包方式，确定由广东中南建设有限公司负责承建。本工程合同价格形式为单价合同，采用建筑面积乘以综合单价的方式确定结算造价，建筑面积计算规则执行《建筑工程建筑面积计算规范》GB/T 50353—2013，目前处于竣工结算阶段。现对来函涉及的工程计价争议事项答复如下：

本工程首层为裙楼，裙楼边缘由独立柱支撑，距离独立柱 5m 为底层商铺，发承包双方就商铺外有柱走廊的建筑面积计算产生争议。发包人认为，争议部位为骑楼下的人行道，不能计算建筑面积。承包人认为，争议部位不属于骑楼下的人行道，应按建筑面积计算规范中檐廊的有关规定计算一半建筑面积。

我站认为，依据所上传资料，争议部位应按照《建筑工程建筑面积计算规范》GB/T 50353—2013 中第 3.0.14 条"有围护设施（或柱）的檐廊，应按其围护设施（或柱）外围水平面积计算 1/2 面积"的规定计算。

专此函复。

广东省建设工程标准定额站
2023 年 7 月 25 日

关于佛职院第二期学生宿舍及饭堂工程计价争议的复函

粤标定复函〔2023〕98号

佛山市代建项目管理中心、佛山市城市建设工程有限公司、广州建筑股份有限公司：

你们通过广东省建设工程造价纠纷处理系统，申请解决佛职院第二期学生宿舍及饭堂工程计价争议的来函及相关资料收悉。

2021年12月3日签订的施工合同显示，本工程位于佛山市三水区，资金来源为财政资金，发包人佛山市代建项目管理中心通过公开招标方式，确定由佛山市城市建设工程有限公司、广州建筑股份有限公司组成联合体负责承建。工程采用工程量清单计价方式，合同价格形式为单价合同，目前处于合同履行阶段。现对来函涉及的计价争议事项答复如下：

一、关于带"E"的钢筋替代不带"E"的钢筋的计价争议

本工程结构施工图按设计规范要求，对抗震延性有较高要求的混凝土结构构件的纵向受力钢筋采用带"E"的钢筋牌号钢筋（以下简称"带E钢筋"），其他均采用不带"E"的钢筋牌号钢筋（以下简称"不带E钢筋"），招标工程量清单按施工图分别列出带E钢筋和不带E钢筋的清单项目。实施过程中经市场调查，不带E钢筋需要厂家定制，承包人申请将带E钢筋替代不带E钢筋。发承包双方就带E钢筋替代不带E钢筋后的综合单价是否调整产生争议。发包人认为，作为有经验的承包人，在投标报价时应掌握不带E钢筋的市场供应情况，并在综合单价中综合考虑，且设计单位并未针对不带E钢筋出具变更单，我中心在施工单位采用高于施工图要求的材料而不增加费

用的情况下同意替换为不带 E 钢筋，故对施工图中的不带 E 钢筋采用了带 E 钢筋的综合单价不调整。承包人认为，投标时按招标文件所附的"主要材料参考品牌表"所列钢筋品牌厂家均生产不带 E 钢筋，但施工过程中钢筋参考品牌厂家均不生产不带 E 钢筋，造成材料替换是市场因素，非承包人原因；发包人编制招标工程量清单时，应考虑不带 E 钢筋的市场供应情况；不带 E 钢筋替换后，产品的附加值获得提升，发包人作为使用者应承担相应费用。因此，不带 E 钢筋替换后的综合单价应执行带 E 钢筋的价格。

我站认为，本工程用带 E 钢筋替代不带 E 钢筋，仅提供了会议纪要、工作联系单，未提供设计变更通知单，难以判辨是否属于合同专用条款第 10.4.1 条关于变更估价的约定范围。会议纪要、工作联系单明确费用增加问题按合同约定条款协商或仲裁，建议发承包双方对此争议事项进行协商解决。

二、关于淤泥质土弃置消纳和外运费用争议的计价争议

本工程招标提供的《岩土工程勘察报告（详勘报告）》（以下简称"详勘报告"）显示 90% 开挖土方可用于回填，10% 开挖土需外运（含淤泥、杂填土和建筑垃圾），而施工时淤泥质土开挖量 2 万多立方米，专题会议纪要（第 2 次）决定事项第 4 条"为确保工程质量，淤泥质土不可用作回填，外运弃置处理。"且场地准备及土方工程招标工程量清单未列余方弃置清单，而其他单位工程列有余方弃置清单。现发承包双方就淤泥质土外运费用是否应根据外运实际运距确定综合单价并按实缴消纳费计列产生争议。发包人认为，根据合同第 2.4.2 条第⑦款规定，本工程所有开挖产生的淤泥、杂填土、建筑垃圾等不能用于场地范围内回填，均由承包人负责外运弃土，弃土点由承包人负责，相关费用已包含在合同价款内，结算时不另行增加。此外，根据附件 13 "合同价规定"第 53 条"本工程所有开挖产生的淤泥（如有）、杂填土、建筑垃圾等均须由承包人负责外运弃土，不能用于场地范围内回填，项目所有土石方、淤泥（如有）、杂填土、建筑垃圾等清单已包含新型智能环保渣土运输车，弃土点由承包人负责，弃土运距综合考虑，消纳处置费已包含在余方弃置单价中，结算时不另行增加……"的约定，场内是否有淤泥，淤泥的数量多少，是承包人应承担的风险，淤泥质土外运的费用不予计算。承包人认为，详勘报告显示淤泥质土量较少，淤泥质土开挖后作可利用土回填，故原总包合同未考虑淤泥质士外运弃置费用；而施工时淤泥质土开挖外弃量 2 万多立方米，与招标文件详勘报告测算淤泥质土外弃量 500 立方米存在重大

偏差，详勘报告重大偏差所产生的风险不应由施工单位承担。故淤泥质土外运弃置应据外运实际运距确定综合单价，并按实缴消纳费计列。

我站认为，本工程合同价格形式为单价合同，淤泥质土外运工程量增加属于不可预见的地质等条件变化引起的工程量偏差，依据合同专用条款第7.6条不利物质条件的约定，承包人遇到不利物质条件时，应及时通知发包人和监理人，通知应载明不利物质条件的内容以及承包人认为不可预见的理由。监理人经发包人同意后应当及时发出指示，指示构成变更的，按第10条〔变更〕约定调整合同价款。

专此函复。

广东省建设工程标准定额站

2023年7月31日

关于唐家梁氏大宗祠维修工程
计价争议复函

粤标定复函〔2023〕99号

珠海市高新建设投资有限公司、潮州市建筑安装总公司：

你们通过广东省建设工程造价纠纷处理系统，申请解决唐家梁氏大宗祠维修工程计价争议的来函及相关资料收悉。

2020年9月25日签订的施工总承包合同显示，本工程位于珠海市高新区，资金来源为财政投资，发包人珠海市高新建设投资有限公司采用公开招标方式，确定由潮州市建筑安装总公司负责承建。工程采用工程量清单计价方式，合同价格形式为单价合同，目前处于竣工结算阶段。现对来函涉及的工程计价争议事项答复如下：

一、关于不平衡报价是否调整的计价争议

本工程招标文件第16.15条造价调整方式约定，本工程不接受不平衡报价，招标人有权要求中标人在总价不变的前提下对清单的不平衡报价进行调整。现发承包双方就已标价工程量清单中是否存在不平衡报价的调整产生争议。发包人认为，已标价工程量清单综合单价高于发包人公布的预算综合单价，应视为不平衡报价，则应根据招标文件的约定进行调整。承包人认为，已标价工程量清单综合单价未超过预算综合单价±10%的，应视为报价合理，不存在不平衡报价。

我站认为，招标文件只公布了最高投标限价，并未提供各综合单价，招标文件也未要求投标的综合单价不能超过最高投标限价的综合单价，且合同及招标文件也未明确不平衡报价的定义，故工程结算时应按已标价工程量清单综合单价执行，不作调整。

二、关于修复灰塑的计价争议

本工程招标清单有"修复灰塑"和"修复灰塑博古正脊"的清单列项，施工过程中山墙及围墙存在部分无灰塑做法，需要进行灰塑乌烟罩面的修复。发承包双方就修复灰塑的计价产生争议。发包人认为，本工程为单价合同，无灰塑做法属于清单缺项，应另行组价。承包人认为，根据招标答疑第6~7条，招标人已明确修复灰塑清单项包含正面、外山墙正面、外山墙、后墙、天井等墙面上部的灰塑、灰塑线条、抹灰层、乌烟罩面等修复内容，工程量按修复的各个部位灰塑的外边框线投影面积计算并汇总；修复灰塑博古正脊清单项包含了中路、左路、右路的灰塑博古正脊及轩廊、侧廊的檐口灰塑博古脊，工程量按修复灰塑博古正脊的延长米计算并汇总。故修复灰塑与修复灰塑博古正脊的清单报价是综合考虑了灰塑与灰塑乌烟罩面的，无须分开计价。

我站认为，本工程招标答疑已对修复灰塑及修复灰塑博古正脊的工程量计算有明确的计算方式，故工程结算时应按招标答疑文件执行。

专此函复。

广东省建设工程标准定额站

2023 年 7 月 25 日

关于平东中心公园工程
计价争议的复函

粤标定复函〔2023〕100 号

佛山市南海区桂城街平东社区居民委员会、深圳市金群实业发展有限公司：

你们通过广东省建设工程造价纠纷处理系统，申请解决平东中心公园工程计价争议的来函及相关资料收悉。

2016 年 2 月 26 日签订的施工合同显示，本工程位于佛山市南海区，资金来源为财政资金，发包人佛山市南海区桂城街平东社区居民委员会通过公开招标方式，确定由深圳市金群园林实业发展有限公司（现更名为深圳市金群实业发展有限公司）负责承建。工程采用工程量清单计价方式，合同价格形式为单价合同，目前处于竣工结算阶段。现对来函涉及的工程计价争议事项答复如下：

本工程因 C 区施工范围及内容与另一合同项目重复，发包人作出工程变更取消 C 区施工范围，结算时根据合同专用条款第 10.4.1 条变更估计约定，工程量增减超过 ±20％（不含 20％）时，减少的价款采用最高投标限价的综合单价与投标人所报的综合单价两者的最高者，由此导致取消 C 区的工程费用扣减金额为负值，发承包双方就此扣减方法产生争议。发包人认为，合同对扣减方法有明确约定，故应按合同约定扣减。承包人认为，工程量减少调整合同价款是必要的，但是扣减为零后还需要承包人额外拿出费用补贴不合理，经咨询佛山市建设工程造价服务中心，其答复意见认为结算时应扣减到零为止而不倒扣。

我站认为，综合分析招标文件、施工合同等相关资料，该合同专用条款

264

是对变更引起工程量增减后的费用进行合理定价的约定，且工程变更由发包人主导，发包人并非有意从减少工程量中获利。因此，从发承包双方在合同缔约时的真实意思看，结算时对工程量减少的项目，该部分造价扣减至零即止。

专此函复。

广东省建设工程标准定额站
2023 年 7 月 31 日

关于云浮市高级技工学校学生公寓
工程计价争议的复函

粤标定复函〔2023〕101号

云浮技师学院、广东精宏建设有限公司：

你们通过广东省建设工程造价纠纷处理系统，申请解决关于云浮市高级技工学校学生公寓工程计价争议的咨询函及相关资料收悉。

2019年4月3日签订的工程总承包合同显示，本工程位于云浮市，资金来源为财政资金，发包人云浮市高级技工学校（现更名为云浮技师学院）通过公开招标方式，确定由广东精宏建设有限公司和广东省建筑设计研究院组成联合体负责承建。工程采用定额计价方式，合同价格形式为单价合同，目前处于竣工结算阶段。现对来函涉及的计价争议事项答复如下：

本工程竣工结算报送财政审核过程中，承包人发现送审结算资料漏报了部分工程内容，发承包双方就漏报的工程费用是否予以增补产生争议。发包人认为，承包人应对上报竣工结算资料的完整性和真实性负责，且送审金额若超过批复概算金额，则不符合云浮市财政局、云浮市审计局联合发布的《关于进一步加强市级财政投资项目财审和审计送审有关工作的通知》（云财投审〔2022〕3号）要求，故漏报的工程费用不予增补。承包人认为，该增补的工程费用为实际发承包双方所确认的工程量，基于实事求是的原则，应按实结算。

我站认为，鉴于云财投审〔2022〕3号文是在合同签订后发布的，且属于内部管理性文件，而本工程招标文件及合同并未约定结算时发生承包人漏报情形不予增补。因此，根据合同签订遵循的平等、自愿、公平和诚信原则，发承包双方应秉承专业精神，核实结算资料的完整性，按合同约定的结算原则进行结算。但由于本工程为设计施工总承包模式，招标文件第 2.4 条招标范围规定，中标人应根据招标文件、可研报告、设计任务书要求进行限额设计及施工，若本工程发生未按要求进行限额设计及施工导致费用增加的，发承包双方应厘清责任并执行工程总承包合同相关条款。

专此函复。

广东省建设工程标准定额站
2023 年 7 月 31 日

关于东莞市水业大厦工程
计价争议的复函

粤标定复函〔2023〕102 号

东莞市万科房地产开发有限公司、裕达建工集团有限公司：

你们通过广东省建设工程造价纠纷处理系统，申请解决东莞市水业大厦工程计价争议的来函及相关资料收悉。

2020 年 8 月 21 日签订的施工合同显示，本工程位于东莞市南城区，资金来源为企业自筹，发包人东莞市万科房地产开发有限公司通过公开招标，确定由裕达建工集团有限公司负责承建。工程采用工程量清单计价方式，合同价格形式为总价合同，目前处于合同履约阶段。现对来函涉及的工程计价争议事项答复如下：

一、关于超前钻勘察费用的计价争议

本工程场地存在较多孤石，为判断桩基入岩层情况，以控制基础桩的终孔深度，经发包人要求，由承包人委托勘察单位进行超前钻的施工勘察。现发承包双方就超前钻的勘察费用应由谁承担产生争议。发包人认为，桩基础平面图已说明场地存在较多孤石，施工前应进行"一桩一孔"的施工勘察，承包人投标报价时应考虑该费用，故不另行计算。承包人认为，根据合同及招标文件，施工前勘察不属于承包人的承包范围，现应发包人要求进行施工前勘察，所发生的费用应由发包人承担。

我站认为，本工程是基于招标图纸包干的总价合同，桩基础平面图说明提出"由于本工程场地存在较多孤石，为了判断桩基进入岩层的情况，桩基施工前应进行'一桩一孔'的方式进行施工前勘察"，但招标文件及合同并未进一步明确约定超前钻勘察工作由承包人承担。此项工作可由发包人委托勘察单位进行，也可委托总承包人进行，由于约定不明，导致承包人未将此费用考虑在其总价范围内而损失过大的，承包人可向发包人提出索赔。

二、关于膨胀纤维抗裂防水剂的计价争议

本工程地下室人防结构图总说明第七条明确要求地下室底板（含承台）、地下室外墙及地下室顶板混凝土应添加膨胀纤维抗裂防水剂，而地下室结构图总说明第六条却未要求该部位需要添加膨胀纤维抗裂防水剂。现发承包双方就膨胀纤维抗裂防水剂的计价产生争议。发包人认为，本工程属于总价合同，地下室人防结构图已明确要求，则该费用不属于合同外新增内容，不应另行计价。承包人认为，两份图纸说明要求不一致，地下室底板（含承台）、地下室外墙及地下室顶板以及大部分外墙均只在建筑地下室结构图纸中体现，且招标工程量清单特征描述中只描述了混凝土等级为 C35、P8，并未有膨胀纤维抗裂防水剂的相关描述，发包人应对招标文件的准确性负责，故该费用应另行计价。

我站认为，本工程是基于招标图纸包干的总价合同，由于招标图纸中《人防地下室结构设计说明》与《地下室结构设计说明》关于防水外加剂的相关描述不一致而存在歧义，则根据招标图纸中人防工程范围内的地下室承台、底板、外墙顶板等混凝土构件外加剂的相关费用已包含在合同总价范围内，不作调整；而在工程实施过程中，由设计单位明确地下室承台、底板、外墙顶板等混凝土构件均应添加防水外加剂的，则应根据招标人所提供的招标图纸计算工程量差，超出招标图纸要求范围的应按实计取。

三、关于基础桩检测配合费用的计价争议

本工程承包人配合桩基静压检测进行换填块石、桩帽和支承板制作；配合桩基抗拔检测进行换填块石以及柱钢筋焊接接长；配合桩基声波检测埋设声测钢管；配合桩基小应变检测进行了桩头磨平。现发承包双方就上述配合基础桩检测配合费用的计价产生争议。发包人认为，投标报价中已综合考虑，不另行计取。承包人认为，合同及招标清单承包范围不包含配合桩基检测的施工内容，应另行计取。

我站认为，合同专用条款第 20.2 条第 A29 点约定地基基础检测工作不属

于承包人的责任范围，且根据合同专用条款第 20.5 条约定，本工程承包总价中只包含承包人提供配合人员所涉及的有关费用。因此，配合桩基检测所发生具体施工工序的相关费用应按实计取。

专此函复。

广东省建设工程标准定额站

2023 年 7 月 31 日

关于中山市阿丁莱湾区学校
工程计价争议的复函

粤标定复函〔2023〕103号

中山市启迪教育投资有限公司、中国建筑第二工程局有限公司：

你们通过广东省建设工程造价纠纷处理系统，申请解决中山市阿丁莱湾区学校工程计价争议的来函及相关资料收悉。

2021年6月2日签订的施工合同显示，本工程位于中山市东区，资金来源是企业自筹，双方通过竞争性沟通谈判，确定由中国建筑第二工程局有限公司负责承建。工程采用定额计价方式，合同价格形式为总价合同，目前处于竣工结算阶段。现对来函涉及的工程计价争议事项答复如下：

本工程合同第25.2.3条约定"安全文明施工费、利润、预算包干费等费率参照《广东省房屋建筑与装饰工程综合定额2018》推荐费率（有区间值的取中间值）及双方协商结果执行……"，结算时发承包双方对利润和预算包干费的费率取定发生争议。发包方认为，利润及预算包干费作为可竞争费用，定额给予的是指导费率，结算时应由双方协商确定比定额指导性费率更低的费率进行结算。承包方认为，应根据合同条款"25.2.1基价依据：……按广东省2018各专业工程综合定额以及相应配套的取费文件，取费规定中有上下限的，按中值计算。定额无相关子目采用双方议价的方式，不参与下浮"的规定，预算包干费及利润应按照定额推荐费率计取后计入税前总造价，下浮7%后计取税金即为预算及结算价款，不同意双方再次协商降低利润及预算包干费费率。

我站认为，本工程竞争性议标谈判时已对计价方式达成一致意见，且中标通知书载明"本工程采用最新版国家及广东省定额清单计价，按税前工程造价下浮 7% 下浮率下浮后即为预算及结算价的计价方式。"履约中双方也未再次对利润及预算包干费等取费费率进行谈判或协商。因此，在结算时，利润及预算包干费费率应按相应专业工程综合定额规定的费率执行。

专此函复。

广东省建设工程标准定额站

2023 年 8 月 9 日

关于城市新中心保障房工程二期
工程计价争议的复函

粤标定复函〔2023〕104 号

珠海大横琴城市新中心发展有限公司、中国建筑第六工程局有限公司：

你们通过广东省建设工程造价纠纷处理系统，申请解决城市新中心保障房工程二期工程计价争议的来函及相关资料收悉。

2020 年 9 月 8 日签订的施工总承包合同显示，本工程位于珠海市，资金来源为自有资金，发包人珠海大横琴城市新中心发展有限公司通过公开招标方式，确定由中国建筑第六工程局有限公司负责承建。工程采用工程量清单计价方式，合同价格形式为单价合同，目前处于竣工结算阶段。现对来函涉及的工程计价争议事项答复如下：

一、关于按系数计算的绿色施工安全防护措施费包干价的计价争议

2022 年 3 月 3 日发承包双方签订补充协议，确认招标预算与审定版预算差异 1000.85 万元，其中图纸变化增加造价 393.80 万元，标段划分界面调整增加造价 88.70 万元，原招标图纸工程量少算增加造价 157.72 万元，原招标图纸漏算增加造价 360.63 万元。因本工程按系数计算的绿色施工安全防护措施费实行合价包干，发承包双方就该包干合价产生计价争议。发包人认为，招标工程量清单中按系数计算的绿色施工安全防护措施费按"项"开列，清单项目特征已明确该项的价格为包干价，合同只在专用条款第 33.2.5 条约定了新增单项工程措施费的计算原则，并无其他关于措施费调整的约定。由于本工程不存在新增单项工程，因此按系数计算的绿色施工安全防护措施费应按投标价合价包干，不予调整。承包人认为，原招标清单中按系数计算的绿

色施工安全防护措施费是基于招标版图纸的造价按相应费率计算的，由于招标图与审定版施工图不一致，导致增加合同造价 1000.85 万元，因此按系数计算的绿色安全文明施工措施费应根据增加造价部分的比例相应增加。

我站认为，本工程约定按系数计算的绿色施工安全防护措施费为包干价，结算时工程变更引起绿色施工安全防护措施项目发生实质性变化并发生费用增减的，应予调整；因招标工程量清单缺漏项、工程量偏差引起措施费用的变化不予调整，但该变化导致承包人损失过大且有失公允的，承包人可以向发包人提出索赔补偿。

二、关于承台砖胎模的计价争议

招标清单中桩承台模板的工程量清单单位为"m^2"，项目特征描述为"1. 桩承台模板；2. 其他：满足设计要求"。中标后，承包人按经监理审批的地下室砖胎模施工方案完成砖胎模施工，发承包双方就承台砖胎模费用发生计价争议。发包人认为，由于招标过程投标人未提出过任何答疑，因此投标人应根据招标图纸和招标清单列项及特征描述进行报价，工程实施过程中必须发生或者投标人认为为完成本工程将会发生的其他措施费用均应在"其他措施项目费"中考虑。另根据合同附件《工程量清单计价总说明》第一节第三条规定，报价应充分考虑工程施工管理、施工组织设计及施工方案涉及的内容，不得与工程施工管理和施工组织脱节，中标后经审批的施工组织设计和施工方案仅对施工技术的可行性进行审批，相关费用含在已报价项目的综合单价中，不予调整。承包人认为，设计图纸要求承台、集水坑、筏板需要做正防水，按木模板施工不符合设计的防水要求，招标清单列项与图纸要求存在矛盾。在实际施工中，承包人按要求编制了地下室砖胎模施工方案，并经监理签字盖章确认后实施完成，因此要求把招标预算清单中的承台模板修改为按承台砖胎模计价。

我站认为，根据承台模板工程量清单特征描述，招标时承台模板的安拆按模板施工工艺考虑要求投标人报价，施工中，承包人已按经审批的施工方案完成地下室砖胎模施工。竣工结算时，承台砖胎模费用可根据《关于实施〈房屋建筑与装饰工程工程量清单规范〉GB 50854—2013 等的若干意见》（粤建造发〔2013〕4 号）第二条"招标工程量清单的措施项目按常规施工方案编制，投标按招标工程量清单填报单价和（或）合价；竣工结算时，经审定施工方案与招标工程量清单所列措施项目不一致的，应按审定施工方案调整措施项目费"规定计价。

三、关于斜屋面飘板挑架的计价争议

本工程斜屋面飘板宽度在 0.6m 至 1.8m 之间，对挑出宽度过宽的飘板需在下层增设悬挑工字钢作挑架为模板支撑及外综合脚手架受力支撑点，为此承包人编制安全专项施工方案，该方案经专家论证及监理批准后已实施完成，发承包双方就搭设该挑架费用发生计价争议。发包人认为，斜屋面飘板挑架的费用应考虑在以"项"包干的脚手架搭拆费及有梁板模板的综合单价中，该费用还可以在"其他措施项目费"中以项报价考虑，因此不予调整。承包人认为，安装工字钢和搭设外架较原来楼层中间层工字钢悬挑安装危险性增高，按照安检站等政府部门要求，承包人组织了珠海市专家现场踏勘、论证，并依据专家组意见调整修改了专项施工方案，完成钢管悬挑架和工字钢搭设，因此该部分工字钢悬挑架支撑费用不包含在外架型钢挑架措施费中，属于新增的安全保证措施，应按相应工程量计算其增加费用。

我站认为，通过对比招标图与审定版施工图，斜屋面设计并未发生变化，根据合同附件 8《工程量清单计价说明》第一节第三条规定，投标时承包人应在脚手架搭拆费包干费用及有梁板、挑檐、雨篷、悬挑板模板的综合单价报价中考虑挑架搭设费用，报价应充分考虑工程施工管理、施工组织设计及施工方案涉及的内容，不得与工程施工管理和施工组织脱节，中标后经审批的搭设挑架施工组织设计和施工方案仅对施工技术的可行性进行审批，相关费用含在已报价项目的综合单价中，不予调整。

专此函复。

广东省建设工程标准定额站

2023 年 8 月 9 日

关于盛源大厦工程计价争议的复函

粤标定复函〔2023〕105 号

河源市盛源资产经营有限公司、广东电白建设集团有限公司：

你们通过广东省建设工程造价纠纷处理系统，申请解决盛源大厦工程计价争议的来函及相关资料收悉。

2020 年 12 月 3 日签订的施工合同显示，本工程位于河源市，资金来源为企业自筹，发包人河源市盛源资产经营有限公司采用公开招标方式，确定由广东电白建设集团有限公司负责承建。工程采用工程量清单计价方式，合同价格形式为单价合同，目前处于合同履行阶段。现对来函涉及的计价争议事项答复如下：

一、关于合同工期的争议

本工程属于型钢组合混凝土结构，地下二层，地上十四层，建筑面积为 76080m²，合同计划开工日期为 2020 年 12 月 20 日，计划竣工日期为 2022 年 7 月 9 日，合同总日历天数为 566 天。因《广东省建设工程施工标准工期定额 2011》（以下简称"2011 工期定额"）无型钢组合混凝土结构的工期规定，合同工期参考 2011 工期定额的现浇钢筋混凝土结构的工期规定进行计算。在施工过程中，《广东省建设工程施工工期定额 2022》（以下简称"2022 工期定额"）发布实施，在 2022 工期定额中增加了型钢组合混凝土结构的工期规定。发承包双方就合同工期能否按 2022 工期定额调整产生争议。发包人认为，合同工期虽未考虑型钢混凝土结构施工难度增加的工期，但项目已根据国家现行相关法律法规，完善工程招标投标手续，因此仍应执行合同工期。承包人认为，因合同工期未考虑型钢混凝土结构施工难度增加的工期，合同工期计算不合理，无法按期完成工程项目，应按 2022 工期定额的型钢混凝土结构调整合同工期。

我站认为，本项目为公开招标工程，2022 工期定额的发布时间在招标和合同签订后，但合同并无按 2022 工期定额调整的相关约定，因此应执行合同工期。

二、关于金属结构工程量清单计价争议

本工程钢结构的设计说明明确"所有钢构件的制作均应在工厂进行，严格按钢结构有关规范规程执行。"柱、梁、支撑钢构件的清单项目特征描述为：1. 住宅钢结构 钢柱安装 每根构件质量（t），有≤3t、≤5t、≤10t；2. 焊接 H 型钢柱，有≤3t、≤5t、≤10t；3. 金属结构件场内运输；4. 建筑物超高增加人工、机械降效率（高度 70m 以内）。发承包双方就是否另外计取钢构件的场外运输费用产争议。发包人认为，合同综合单价中的材料费已包含材料的场外运输费，而清单已明确包含场内运输费用。承包人在投标时已按招标文件要求勘察现场，在施工过程中，承包人发函告知监理和发包人，向钢构件加工厂采购成品构件时也未提出合同价格变更或可能增加造价等。因此，该行为属于承包人对钢构件的采购方式和加工条件及地点的选择，是其施工组织行为，不应调整合同价格。承包人认为，根据最高投标限价及清单项目特征描述分析，清单描述的钢结构为现场制作加工，综合单价是以钢结构原材料制作、安装及场内运输构成，未考虑制作场到施工现场的运输费用。而施工图的钢结构设计总说明钢构件为工厂制作及预拼装。招标工程量清单项目特征描述与实际不符，应按合同约定重新确定的综合单价，并调整合同价款，增加计算钢构件场外运输费用。

我站认为，施工图钢结构总说明要求所有钢构件的制作均应在工厂进行，但招标清单项目特征描述未对场外运输予以说明，本合同为单价合同，工程量清单的准确性和完整性应由招标人负责，因此应另行计算钢构件的场外运输费用。

三、关于暂估价的计价争议

本工程招标时，将需要进行二次深化设计的部分工程内容按暂估价直接列入招标清单汇总表。在施工过程中，发承包双方对暂估价是否计取绿色施工安全防护措施费产生争议。发包人认为，合同已明确约定"绿色施工安全防护措施费用不再下浮，承包范围内的工程的绿色施工安全防护措施费用不

予调整"，因此暂估价应只计算分部分项工程费，不应再计算绿色施工安全防护措施费。承包人认为，暂估价的构成应包括分部分项工程费、措施项目费及其他项目费，且《建设工程工程量清单计价规范》GB 50500—2013明确规定"措施项目中的安全文明施工费须按国家或省级、行业建设主管部门的规定计算，不得作为竞争性费用"，因此，暂估价应计取绿色施工安全防护措施费。

我站认为，招标工程量清单汇总表中计列的暂估价应包含分部分项工程费、措施项目费及其他项目费，对此部分工程内容进行计价时应计取绿色施工安全防护措施费。

专此函复。

广东省建设工程标准定额站

2023年8月21日

关于高栏港经济区石化仓储区边坡
整治工程计价争议的复函

粤标定复函〔2023〕107 号

珠海市金湾区政府投资项目建设管理中心、中交第四航务工程局有限公司：

你们通过广东省建设工程造价纠纷处理系统，申请解决珠海市金湾区高栏港经济区石化仓储区边坡整治工程计价争议的来函及相关资料收悉。

2018 年 8 月 2 日签订的工程总承包合同显示，本工程位于珠海市金湾区，资金来源为企业自筹，发包人珠海汇华基础设施投资有限公司（后变更为珠海市金湾区政府投资项目建设管理中心）通过公开招标方式，确定由中交第四航务工程局有限公司和中国市政工程东北设计研究总院有限公司组成联合体负责承建。工程采用工程量清单计价、定额组价方式，合同价格形式为单价合同，目前处于竣工结算阶段。现对来函涉及的工程计价争议事项答复如下：

本工程边坡总体为岩质边坡，以Ⅲ～Ⅳ类岩体为主，边坡高 20～100m，边坡支护采用锚杆喷射混凝土、锚杆格构梁、锚杆（索）支护，招标文件及合同结算条款约定"施工总承包合同结算价＝［招标人审定的预算价（不含不可竞争费用）＋……＋签证］×施工中标费率……最终施工总承包结算价经发包人审定。同时审计机关依法作出的审计结果对承包人具有法律效力，并优选作为项目结算和决算的依据"。结算时，发承包双方就锚杆项目执行定额产生争议。发包人认为，参考审计意见，本工程按专业属性应属于市政工程，锚杆类项目应采用市政综合定额子目"D7-1-35～D7-1-38 砂浆锚杆"。承包人认为，本工程锚杆成孔作业的边坡土质特征属岩质边坡，岩性为花岗岩，中等风化为主，不属于土质且需要考虑入岩。市政定额子目"D7-1-35～D7-1-38

砂浆锚杆"是综合考虑各种土质情况，未考虑入岩费。依据施工合同专用条款第 68 条约定，合同结算价优先套用定额顺序为 2010 年广东省市政、园林绿化、建筑与装饰工程的综合定额。在市政定额不适用时应采用更符合本工程项目特征的建筑工程的锚杆定额（A2-155）。

我站认为，根据施工合同承包的范围，本工程属于市政工程，故应执行《广东省市政工程综合定额 2010》相关规定，其中定额子目"D7-1-35～D7-1-38 砂浆锚杆"综合考虑各种土质因素，与现场实际施工条件、作业环境有所区别；同时，《广东省建筑与装饰工程综合定额 2010》定额子目"A2-155 锚杆钻孔灌浆"所考虑的锚杆钻孔机体型大、重量大，不适用于本工程陡峭的高边坡作业环境，故上述定额子目均不适用于有争议的锚杆项目。本工程施工图预算既然已审定，根据合同结算条款约定，结算可按照发包人审定的预算价格计算。

专此函复。

广东省建设工程标准定额站
2023 年 8 月 21 日

关于石化仓储区南迳湾油气管廊边坡整治工程计价争议的复函

粤标定复函〔2023〕108号

珠海市金湾区政府投资项目建设管理中心、湖南望新建设集团股份有限公司：

你们通过广东省建设工程造价纠纷处理系统，申请解决石化仓储区南迳湾油气管廊边坡整治工程计价争议的来函及相关资料收悉。

2018年8月2日签订的工程总承包合同显示，本工程位于珠海市，资金来源为自筹资金。珠海汇华基础设施投资有限公司（后变更为珠海市金湾区政府投资项目建设管理中心）通过公开招标方式，确定由湖南望新建设集团股份有限公司、济南市市政工程设计研究院集团有限责任公司和湖南核工业岩土工程勘察设计研究院组成联合体负责承建。工程采用工程量清单计价方式，合同价格形式为单价合同，综合单价在编制施工图预算时采用定额组价并按中标下浮率的方式确定，目前处于竣工结算阶段。现对来函涉及的工程计价争议事项答复如下：

本工程主要建设内容为边坡防护，山体边坡支护采用锚杆结构，招标文件及合同结算条款约定"施工总承包合同结算价＝[招标人审定的预算价（不含不可竞争费用）＋……＋签证]×施工中标费率……最终施工总承包结算价经发包人审定。同时审计机关依法作出的审计结果对承包人具有法律效力，并优选作为项目结算和决算的依据"。发承包双方在结算时就锚杆项目执行定额产生争议。发包人认为，参考审计意见，本工程按工程专业属性应属于市政工程，锚杆类项目应采用市政定额子目"D7-1-35～D7-1-38砂浆锚杆"。承包人认为，本工程锚杆成孔作业的边坡土质特征属岩质边坡，岩性为花岗岩，以中等风化为主，不属于土质层且需要考虑入岩因素。市政定额子目"D7-1-

35～D7-1-38 砂浆锚杆"是综合考虑各种土质情况，未考虑入岩费。依据施工合同专用条款第 68 条约定，合同结算价优先套用定额顺序为 2010 年广东省市政、园林绿化、建筑与装饰工程的综合定额。在市政定额不适用时应采用更符合本工程项目特征的建筑工程的锚杆定额（A2-155）。

我站认为，根据施工合同承包范围，本工程属于市政工程，故应执行《广东省市政工程综合定额 2010》相关规定，其中定额子目"D7-1-35～D7-1-38 砂浆锚杆"综合考虑各种土质因素，与现场实际施工条件、环境有所区别。同时，《广东省建筑与装饰工程综合定额 2010》定额子目"A2-154、A2-155 锚杆钻孔灌浆"的锚杆钻孔机体型大、重量大，也不适用于本工程陡峭的高边坡作业环境，故上述定额子目均不适用于有争议的锚杆项目。本工程施工图预算既然已审定，根据合同结算条款约定，结算可按照发包人审定的预算价格计算。

专此函复。

广东省建设工程标准定额站
2023 年 8 月 21 日

关于合鸿达大厦幕墙工程
计价争议的复函

粤标定复函〔2023〕109 号

广州合瑞盛地产开发有限公司、广东世纪达建设集团有限公司：

你们通过广东省建设工程造价纠纷处理系统，申请解决合鸿达大厦幕墙工程计价争议的来函及相关资料收悉。

2019 年 3 月签订的幕墙工程施工专业承包合同显示，本工程位于广州市海珠区，资金来源为企业自筹。广州合瑞盛地产开发有限公司采用公开招标方式，确定由广东世纪达建设集团有限公司负责施工。工程采用工程量清单计价方式，合同价格形式为单价合同，目前处于竣工结算阶段。现对来函涉及的工程计价争议事项答复如下：

一、关于雨篷幕墙系统工程量计算的争议

本工程招标工程量清单总说明第 5 条约定，工程计量"除合同及以下约定外，按《房屋建筑与装饰工程工程量计算规范》GB 50854—2013、《广东省工程量清单计价指引 2013》等规范进行工程计量"，结算时发承包双方对雨篷幕墙系统工程量计算规则产生争议。发包人认为，投标单价分析表中雨篷幕墙报价综合了雨篷、铝板定额子目，因此雨篷幕墙工程量应按投影面积计算。承包人认为，发包人所编制的招标清单工程量是按雨篷幕墙展开面积计算的，所以投标单价是按展开面积综合考虑的。招标工程量清单作为招标文件属于合同文件之一，故结算应按照招标工程量清单的计算方式以展开面积计算。

我站认为，本工程工程量清单总说明约定工程量计算规则按 13 清单计价规范执行，上传的招标工程量清单及投标工程量清单显示"700 系统-钢结构

283

雨篷幕墙系统"项目编码以及项目特征均与 13 清单计价规范中"带骨架幕墙"项目一致,并无对雨篷幕墙的计算规则有专门约定,故工程量计算应按设计图示框外围尺寸以面积计算。

二、关于玻璃主材价格波动调差计价争议

本工程合同约定铝合金型材、玻璃材料施工期平均价格对比基期价格波动幅度超过 5%,可对超过 5%部分进行价差调整,基期价格取《2018 年 5 月份广州地区建设工程常用材料税前综合价格》,施工期间价格按施工期间《广州地区建设工程常用材料税前综合价格》(以下简称"综合价格")月度算术平均价,价差分不同规格分别计算汇总,材料损耗率按定额损耗率计算。现发承包双方对玻璃主材价格波动调差计价产生争议。发包人认为,综合价格中没有的玻璃规格,其价格按综合价格中已有的规格最接近的玻璃进行组合换算,无法换算时再进行市场询价。承包人认为,依据招标清单总说明"结算方式说明"第 4 点"如施工过程中发生铝型材或玻璃类型更换等变更,可以采用原清单中相近项目进行主材换算,按原综合单价进行主材价差调整",幕墙专业工程所采用的"玻璃"是用玻璃原片、氩气、铝材、胶等多种材料通过特殊、复杂工艺加工而成的复合产品,实际市场情况也是由专业的制造厂家通过复杂工艺制造成的成品玻璃,因此综合价格中没有的玻璃规格应采用市场询价进行调差。

我站认为,本工程合同约定玻璃材料价格施工期平均价格对比基期价格波动幅度超 5%时,可对超过 5%部分进行价差调整并约定了调整方式。但合同未明确约定《广州地区建设工程常用材料税前综合价格》中无相应规格的玻璃材料价格时,应如何确认基期价及施工期平均价格,属于合同未约定或约定不明事项,故建议发承包双方就《广州地区建设工程常用材料税前综合价格》中缺少规格的玻璃材料价格,通过调查施工实际采用玻璃品牌的施工期平均市场价格对比 2018 年 5 月实际采用品牌的玻璃材料价格波动幅度,对超过 5%的部分进行价差调整。

专此函复。

广东省建设工程标准定额站

2023 年 8 月 21 日

关于珠海市技工学校一期工程（吉大校区改扩建工程）计价争议的复函

粤标定复函〔2023〕110号

珠海市政府投资房建项目工务中心、华弘建设集团有限公司：

你们通过广东省建设工程造价纠纷处理系统，申请解决珠海市技工学校一期工程（吉大校区改扩建工程）计价争议的来函及相关资料收悉。

2017年11月20日签订的施工合同显示，本工程位于珠海市，资金来源为政府投资。发包人珠海市政府投资项目建设监督管理中心（后变更为珠海市政府投资房建项目工务中心）采用公开招标方式，确定由广东省广弘华侨建设投资集团有限公司（后变更为华弘建设集团有限公司）负责承建。工程采用工程量清单计价方式，合同价格形式为总价合同，目前处于竣工结算阶段。现对来函涉及的工程计价争议事项答复如下：

本工程沿砌体墙暗敷的电气配管存在刨沟及修复工作内容，发承包双方就墙面刨沟及修复能否计费产生争议。发包人认为，预算编制说明已明确计价依据执行《建设工程工程量清单计价规范》GB 50500—2013、《广东省建设工程计价依据2010》，依据粤标定函〔2019〕244号文，定额是考虑在土建施工时预留好管线的位置，电气线管安装子目中的工作内容不包含砖墙开槽和补槽，故凿槽、刨沟等相关费用不作考虑。承包人认为，清单电气配管招标工程量清单的项目特征与工作内容均没有凿槽刨沟及修复的描述和要求，而强弱电工程清单开列了刨墙沟及修复清单项目，且《通用安装工程工程量计算规范》GB 50856—2013明确"配管安装中不包括凿槽、刨沟"，现场墙体采用蒸压加气混凝土砌块无法预留线管沟槽，按开槽方式施工，故电气配管刨墙沟及修复应按合同清单另行单独计算。

我站认为，本工程采用工程量清单计价方式，《通用安装工程工程量计算规范》GB 50856—2013 明确"配管安装中不包括凿槽、刨沟"，且本工程招标清单又单列"凿槽、刨沟"清单项目，"配管（暗敷）"清单项目特征也未明确包含凿槽、刨沟。因此本工程电气配管沿蒸压加气混凝土砌块墙体暗敷发生的刨墙沟及修复费用，应予另行计算。

专此函复。

广东省建设工程标准定额站

2023 年 8 月 21 日

关于广百海港城（A、B地块）施工总承包及总承包管理配合服务工程计价争议的复函

粤标定复函〔2023〕111号

广州市佰城投资发展有限公司、中国建筑第四工程局有限公司：

你们通过广东省建设工程造价纠纷处理系统，申请解决广百海港城（A、B地块）施工总承包及总承包管理配合服务工程计价争议的来函及相关资料收悉。

2019年12月31日签订的施工合同显示，本工程位于广州市，资金来源为企业自筹，发包人广州市佰城投资发展有限公司通过公开招标方式，确定由中国建筑第四工程局有限公司负责承建。工程采用工程量清单计价方式，合同价格形式为单价合同，目前处于合同履行阶段。现对来函涉及的工程计价争议事项答复如下：

本工程招标时，发包人已明确二次装修施工、幕墙及铝门窗安装、机电安装工程由发包人直接发包，要求投标人按照所提供以上各专业工程131550456元的不含税暂估价及4%的费率进行总承包服务费报价。现发包人直接发包的专业分包单位陆续进场施工，截至目前已签订暂估价专业工程的不含税合同造价约为285790401元，未签订的还有35633026元，发承包双方就是否调整总承包服务费产生计价争议。发包人认为，根据施工合同专用条款第12.1.3.1条约定，总造价较大的专业工程签订合同金额大于招标时的暂估价，承包人的总承包服务费应按招标时暂估价的基数计取。承包人认为，合同专用条款第12.1.3.1条与招标文件其他项目清单计价说明第六条第3点"……投标单位按招标单位提供的暂估价金额进行报价，不得更改，将来以招

标单位招标确定的价格调整……"，合同专用条款第 10.7.1 条"……估价项目的价款在结算时按有关分包工程的结算总价调整暂估价，并相应调整合同价款……"，专用条款第 11.3.1 合同价款调整事件"……（5）工程量偏差事件（总价包干工程除外）……（9）暂定工程量（若有）的数量调整……"等约定之间存在矛盾。基于发包人直接发包的各专业分包工程的承包范围或工程量已发生重大变化，合同签订的基础和目的亦发生改变，承包人投入的塔式起重机、电梯、外架及现场配合等费用也随之增加，故应按照各专业工程实际总造价乘以费率（4%）计取总承包管理配合服务费。

我站认为，承包人按照发包人提供的专业工程造价总额 131550456 元与招标文件要求对专业工程进行总包服务管理报价并承诺包干结算，但在实际履约中因发包人原因导致已签订合同的专业工程造价远大于招标时的计价基数，对比招投标时发生了实质性的重大变化，属于承包人在招标时不能预见且不能控制的风险，超出了费用包干的范围，由此导致承包人对专业工程进行总包服务管理的费用增加应予计算。

专此函复。

广东省建设工程标准定额站
2023 年 8 月 1 日

关于莱尔智能照明制造工程
计价争议的复函

粤标定复函〔2023〕112号

广东三穗建筑工程有限公司、中山市联成劳务有限公司：

你们通过广东省建设工程造价纠纷处理系统，申请解决莱尔智能照明制造工程计价争议事宜来函及相关资料已经收悉。

2022年6月9日签订的承包合同显示，本工程位于东莞市，资金来源为企业自筹，发包人广东三穗建筑工程有限公司通过直接发包方式，由中山市联成劳务有限公司负责工程的模板施工。合同形式为单价合同，目前处于竣工结算阶段。现对来函涉及的工程计价争议事项答复如下：

按合同约定，结算工程款为建筑面积乘以综合单价，发承包双方对建筑面积计算产生争议。发包人认为，建筑面积应按现行《建筑工程建筑面积计算规范》GB/T 50353—2013计算；承包人认为，发包时工程量是按照设计图纸标注的建筑面积数量，故结算建筑面积应按合同或者设计图纸标注的建筑面积计算。

我站认为，根据本项目承包合同"计价条款"约定："……合同的暂定工程量是设计人提供的暂估量，实际工程量以实际的施工的范围以最新发布的《建筑工程建筑面积计算规范》计算……"。因此，建筑面积应根据施工期国家标准《建筑工程建筑面积计算规范》GB/T 50353—2013规则和竣工图纸计算建筑面积。

专此函复。

广东省建设工程标准定额站

2023年8月30日

关于北京师范大学珠海校区理工综合体（标段一）工程计价争议的复函

粤标定复函〔2023〕113 号

北京师范大学珠海校区、清华大学建筑设计研究院有限公司：

你们通过广东省建设工程造价纠纷处理系统，申请解决北京师范大学珠海校区理工综合体（标段一）工程计价争议的来函及相关资料收悉。

2020 年 4 月 8 日签订的合同显示，本工程位于珠海市，资金来源为财政资金，发包人北京师范大学珠海校区采用公开招标方式，确定清华大学建筑设计研究院有限公司负责理工综合体工程（标段一）方案及施工图设计。合同价格形式为单价合同，目前处于竣工结算阶段。现对来函涉及的工程计价争议事项答复如下：

本工程合同附件 6 约定"设计费最终结算价＝政府审批部门核准（规划验收）的建筑主体建筑面积乘以含税综合单价；设计费结算价在投标报价±5％以内不予调整（含 5％）"。合约双方对±5％以内不予调整的条款产生争议。发包人认为，设计费结算价在投标报价±5％以内不予调整，如超过±5％，仅调整超过±5％的部分。承包人认为，如超过±5％，则需调整全部超过部分；"政府审批部门核准（规划验收）的建筑主体建筑面积"应为项目最终建成的全部面积，无需扣除 5％。

我站认为，由于招标文件、合同只约定"设计费结算价在投标报价±5％以内不予调整（含 5％）"，没有对建筑面积超过±5％设计费结算方式进行约定，属于合同未有约定情形。因结算条款事关发承包双方的重大权益，建议双方遵循招投标、合同签订时的真实意思协商约定解决。

专此函复。

广东省建设工程标准定额站
2023 年 9 月 5 日

关于北京师范大学珠海校区理工
综合体（标段二）工程
计价争议的复函

粤标定复函〔2023〕114 号

北京师范大学珠海校区、清华大学建筑设计研究院有限公司：

你们通过广东省建设工程造价纠纷处理系统，申请解决北京师范大学珠海校区理工综合体（标段二）工程计价争议的来函及相关资料收悉。

2020 年 10 月 26 日签订的合同显示，本工程位于珠海市，资金来源为财政资金，发包人北京师范大学珠海校区采用公开招标方式，确定清华大学建筑设计研究院有限公司负责理工综合体工程（标段二）方案及施工图设计。合同价格形式为单价合同，目前处于竣工结算阶段。现对来函涉及的计价争议事项答复如下：

本工程合同附件 6 约定"设计费最终结算价＝政府审批部门核准（规划验收）的建筑主体建筑面积乘以含税综合单价；设计费结算价在投标报价±5％以内不予调整（含 5％）"。发承包双方对±5％以内不予调整的条款产生争议。发包人认为，设计费结算价在投标报价±5％以内不予调整，如超过±5％，仅调整超过±5％的部分。承包人认为，如超过±5％，则需调整全部超过部分；"政府审批部门核准（规划验收）的建筑主体建筑面积"应为项目最终建成的全部面积，无需扣除 5％。

我站认为，由于招标文件、合同只约定"设计费结算价在投标报价±5％以内不予调整（含 5％）"，没有对建筑面积超过±5％设计费结算方式进行约定，属于合同未有约定情形。因结算事关发承包双方重大权益，建议双方遵循招投标、合同签订时的真实意思协商约定解决。

专此函复。

广东省建设工程标准定额站

2023 年 9 月 6 日

关于珠海横琴天沐琴台工程计价争议的复函

粤标定复函〔2023〕115号

珠海大横琴股份有限公司、中交横琴投资有限公司：

你们通过广东省建设工程造价纠纷处理系统，申请解决横琴天沐琴台工程计价争议的来函及相关资料收悉。

2012年8月10日签订的投资建设合同显示，本工程位于珠海市横琴区，资金来源为企业自筹，珠海大横琴投资有限公司（现权利义务转让给珠海大横琴股份有限公司）采用公开招标方式，确定由中国交通建设股份有限公司（现权利义务转让给中交横琴投资有限公司）融资承建。工程采用定额计价方式，执行《广东省建设工程计价依据2010》，目前处于竣工结算阶段。现对来函涉及的工程计价争议事项答复如下：

本工程进场前已进行了软基处理，处理后的地基含淤泥，局部淤泥质黏土层较厚，设计要求采用双护筒工艺，内外护筒长度均须穿透淤泥层，内护筒为永久性护筒，外钢护筒在成桩后拔出。发承包双方对外护筒定额适用问题产生争议。发包人认为，场地经过吹填、软基处理后形成陆域，不存在桩基水上作业情况；"钻孔桩成孔灌注"子目包含护筒埋设及拆除、出渣等内容，综合考虑成孔与钢护筒埋设，外钢护筒套用陆上钢护筒埋设、拆除子目时，还应扣除钻孔桩成孔灌注子目与钢护筒相关的重复内容，且不应重复计取外钢护筒段的泥浆护壁费用。承包人认为，本工程的外护筒较长、重量较大，按设计相关要求，《广东省市政工程综合定额2010》钢护筒埋设、拆除子目无法满足现场外护筒吊重施工，且该定额施工工艺与现场实际施工工艺不符，现场实际施工工艺为振动沉埋钢护筒。可借用D1-3-133"钢护筒埋设 水上（水深）5m以内"子目，扣除木驳船、铁驳船等与施工无关的机械；另外泥浆的作用除护壁外还有浮渣、润滑钻头的作用，现场实际施工孔内泥浆是上升到外护筒檐口部位后循环到泥浆池，不应扣除外钢护筒段的泥浆护壁费用。

我站认为，定额子目 D1-3-132 "陆上钢护筒埋设、拆除" 子目是按埋设深度为 5m 内考虑的，为人工配合汽车式起重机埋设。本项目由于外护筒长度较长、重量较大，采用振动沉埋钢护筒，超出了定额子目 D1-3-132 的适用范围，可按我站《关于印发广东省建设工程定额动态调整的通知（第 21 期）》（粤标定函〔2023〕105 号）的相关规定进行外钢护筒计价，外钢护筒段的泥浆护壁费用不扣除。

专此函复。

广东省建设工程标准定额站

2023 年 9 月 7 日

关于广州太平金融大厦工程
计价争议的复函

粤标定复函〔2023〕116 号

太平置业（广州）有限公司、中建三局集团有限公司：

你们通过广东省建设工程造价纠纷处理系统，申请解决广州太平金融大厦工程计价争议的来函及相关资料收悉。

2020 年 8 月 25 日签订的施工总承包合同显示，本工程位于广州市天河区，资金来源为企业自筹，发包人太平置业（广州）有限公司通过公开招标方式，确定由中建三局集团有限公司承建。工程采用工程量清单计价方式，合同价格形式为单价合同，目前处于合同履行阶段。现对来函涉及的工程计价争议事项答复如下：

一、关于钢骨柱上的隔板、栓钉的争议

本工程主体结构采用钢骨混凝土劲性结构，钢骨柱上有连接钢板、牛腿、腹板、柱脚支座、隔板、铨钉等附属构件，合同钢骨柱清单项目特征描述为"单价中已考虑施工损耗以及钢骨柱与梁钢筋连接的套筒及连接钢板、牛腿、腹板、柱脚支座等"及"螺栓种类：$\phi 19$ 栓钉，焊后栓钉长度为 76mm，沿竖向 200mm 间距布置"，现发承包双方对于钢骨柱上的隔板、栓钉的计量产生争议。发包人认为，钢骨柱清单项目特征描述应理解为已考虑钢骨柱上所有的附属构件，包括未描述的隔板、栓钉等。投标单位在报价时，这部分构件的费用应综合考虑在投标单价中，不另计取工程量。承包人认为，合同钢骨柱清单项目特征描述中的"等"应理解为"包含在……之内"，即不包括隔板、栓钉，且隔板、栓钉不作为连接用途的构件，不具有同类性。因此，隔

板、栓钉属于清单漏项，应根据清单计价规范另行计取工程量。

我站认为，所提供的资料显示，钢骨柱的工程量清单项目特征没有按照清单规范进行描述，且与《房屋建筑与装饰工程工程量计算规范》GB 50854—2013、《关于实施〈房屋建筑与装饰工程工程量计算规范〉(GB 50854—2013)等的若干意见》(粤建造发〔2013〕4 号)及《广东省建设工程计价依据2018》中关于钢骨柱、栓钉的计量计价规则不一致，同时合同及招标文件也没有单独给出钢骨柱清单项目的计量规则，难以判定争议内容是否纳入综合单价考虑，建议双方遵循招投标时的真实意思协商解决。

二、关于钢骨柱上的连接钢板、牛腿、腹板、柱脚支座的争议

发承包双方对于钢骨柱上的连接钢板、牛腿、腹板、柱脚支座产生争议。发包人认为，清单特征描述已明确钢骨柱上的连接钢板、牛腿、腹板、柱脚支座已综合考虑在单价里，不应另行计量。承包人认为，合同专用条款第61.1 条约定了本工程的计量规则和计价办法执行《广东省建设工程计价依据2018》，采用工程量清单计价方式，按完成的工程实体工程量进行结算，同时也约定了发承包双方应按照优化版施工图进行重计量，重计量工作包括工程量计算及核对、项目特征的完善与修正所致的综合单价的重新组价。依据A.1.7 工程量计算规则"3. 依附在钢柱上的牛腿及悬臂梁的质量等并入钢柱的质量内，钢柱上的柱脚板、加劲板、柱顶板、隔板和肋板并入钢柱工程量内"的规定，钢骨柱上的连接钢板、牛腿、腹板、柱脚支座等实体构件并未综合考虑在投标单价中，重计量时应另行计取工程量。

我站认为，所提供的资料显示，钢骨柱的工程量清单项目特征没有按照清单规范进行描述，与《房屋建筑与装饰工程工程量计算规范》GB 50854—2013 关于钢骨柱的计量计价规则不一致，同时合同及招标文件也没有单独给出钢骨柱清单项目的计量规则，难以判定争议内容是否纳入综合单价考虑，建议双方遵循招投标时的真实意思协商解决。

专此函复。

广东省建设工程标准定额站
2023 年 9 月 7 日

关于广州设计之都设计殿堂工程
计价争议的复函

粤标定复函〔2023〕117 号

广州市白云城市建设投资有限公司、中建三局集团有限公司：

你们通过广东省建设工程造价纠纷处理系统，申请解决广州设计之都设计殿堂工程计价争议的来函及相关资料收悉。

2020 年 11 月 16 日签订的施工总承包合同显示，本工程位于广州市白云区，资金来源为财政投资，发包人广州市白云城市建设投资有限公司采用公开招标方式，确定由中建三局集团有限公司负责承建。工程采用工程量清单计价方式，合同价格形式为单价合同，目前处于合同履行阶段。现对来函涉及的工程计价争议事项答复如下：

本工程招标时，约定专业工程暂估价按招标清单填列。在施工过程中，发承包双方对暂估价是否计取措施项目费产生争议。发包人认为，本工程项目措施费合价包干，暂估价部分由总包单位施工，按照合同措施费包干约定，不予计取。承包人认为，原合同措施包干内容不含暂估价部分，暂估价也不属于变更工程，根据合同约定由承包人根据施工图纸或深化设计图纸上报工程预算，即暂估价的构成应包括分部分项工程费、措施项目费及其他项目费，因此暂估价应计取措施项目费。

我站认为，招标工程量清单计列的暂估工程价应包含完整的施工费用组成，即包含分部分项工程费、措施项目费及其他项目费等，本工程对此并未另有不同的约定，因此暂估价工程进行计价时应计取相应的措施项目费。

专此函复。

广东省建设工程标准定额站

2023 年 9 月 11 日

关于肇庆高新区北部（创新大街以北）划定区域产业园综合开发工程计价争议的复函

粤标定复函〔2023〕118号

中铁建投（肇庆）开发建设有限公司、中铁二十三局集团有限公司肇庆高新区产业园项目经理部：

你们通过广东省建设工程造价纠纷处理系统，申请解决关于肇庆高新区北部（创新大街以北）划定区域产业园综合开发工程争议的来函及相关资料收悉。

2020年11月签订的工程总承包合同显示，本工程位于肇庆市高新区，资金来源为自筹资金，中铁建投（肇庆）开发建设有限公司通过公开招标方式，确定由中铁二十三局集团有限公司等负责承建。工程采用工程量清单计价、定额组价方式，合同价格形式为总价合同，目前处于履约阶段。现对来函涉及的工程计价争议事项答复如下：

一、关于环保车土方外运定额子目适用问题的计价争议

本工程施工内容为土方开挖、回填、平整、放坡、余方外运，有约150万立方米的余方需利用既有市政道路外运，现处于事前绩效评估阶段，概算和预算均未报审。2022年10月12日，我站发布《关于印发广东省建设工程定额动态调整的通知（第17期）》（粤标定函〔2022〕191号）有关环智能保车运土石方定额子目，发承包双方对采用环保车土方外运是否应执行该补充定额产生争议。发包人认为，根据相关要求本工程土方外运实际采用环保车辆，但开工日期早于动态定额发布日期，且该通知未注明实施日期，是否适

用存疑。承包人认为，粤标定函〔2022〕191 号文件于 2022 年 10 月发布，该地块场地平整工程目前处于事前绩效评估阶段，概算和预算尚未报审，故环保车补充定额适用于本工程的工程计价。

我站认为，招标文件及合同对施工图预算编制依据约定采用《建设工程工程量清单计价规范》GB 50500—2013、《广东省建设工程计价依据 2018》，本工程概算和预算均未审批，且土方外运实际已按相关规定要求和经审批的施工方案采用了环保车辆，故本工程土石方外运施工图预算编制时，应执行《关于印发广东省建设工程定额动态调整的通知（第 17 期）》（粤标定函〔2022〕191 号）文件规定。

二、关于土方体积折算系数的计价争议

本工程土方填筑标准为松填方，发承包双方对松填土方体积计量、定额组价产生争议。发包人认为，定额按天然密实方计量计价，且有土方折算系数，依据《关于广东省建设工程定额动态管理系统定额咨询问题的解答（第 31 期）》（粤标定函〔2022〕186 号）相关解答应以松填方体积计量，松填方单价＝定额子目×0.73。承包人认为，定额章说明中"未经压实的积土"不等同于"松填方"，"松填方"经推土机推平修整至设计标高的过程，已产生一定的压实作用，根据定额说明土方折算系数，1 松填方＝天然密实方×0.92，故以松填方体积计量时，松填方单价＝定额子目×0.92。

我站认为，根据本工程相关资料，工程量清单"回填方（松填）"进行组价时，可套用定额"D1-1-61 推土机推土方运距 20m 以内"并按定额说明规定乘以系数 0.73。由于系数 0.73 已考虑天然密实方与虚方的土方体积折算关系，故该项目计算定额工程量时，应计算松填方与虚方的土方体积折算系数 1.2，即松填方 $1m^3$ 需要推土机推虚方 $1.2m^3$。

专此函复。

广东省建设工程标准定额站
2023 年 9 月 11 日

关于斗门区县道 X581 升级改造
工程计价争议的复函

粤标定复函〔2023〕119 号

珠海城投发展有限公司、太原市政建设集团有限公司：

　　你们通过广东省建设工程造价纠纷处理系统，申请解决斗门区县道 X581 升级改造工程计价争议的来函及相关资料收悉。

　　2019 年 11 月签订的施工合同显示，本工程位于珠海市斗门区，资金来源为财政资金，发包人珠海城投发展有限公司采用公开招标方式，确定由太原市政建设集团有限公司负责施工。工程采用工程量清单计价方式，合同价格形式为单价合同，目前处于竣工结算阶段。现对来函涉及的工程计价争议事项答复如下：

　　本工程招标时招标文件公布了最高投标限价，未提供各综合单价，招标文件未要求投标的综合单价不能超过最高投标限价的综合单价，合同及招标文件也未明确不平衡报价的定义。现发承包双方就已标价工程量清单中是否存在不平衡报价的调整产生争议。发包人认为，根据招标文件第 22.2 条报价风险约定"本工程不接受工程总价金额直接降幅及不平衡报价"，故投标报价高于招标控制价的项均按招标控制价进行调整。承包人认为，招标文件只公布了最高投标限价，并未提供各综合单价，应按已标价工程量清单综合单价执行。

　　我站认为，本工程招标文件约定不接受不平衡报价，但招标时只公布了最高投标限价，未提供各综合单价，也没有约定投标综合单价不能超过最高投标限价综合单价，且合同及招标文件也未明确不平衡报价的定义，故工程结算时应按已标价工程量清单综合单价执行，不作调整。

专此函复。

广东省建设工程标准定额站

2023 年 9 月 12 日

关于金湾航空城产业服务中心
工程计价争议复函

粤标定复函〔2023〕120号

珠海华金开发建设有限公司、广东建星建造集团有限公司：

你们通过广东省建设工程造价纠纷处理系统，申请解决金湾航空城产业服务中心工程施工计价争议的来函及相关资料收悉。

2018年1月5日签订的施工总承包合同显示，本工程位于珠海市金湾区，资金来源为财政投资，发包人珠海华金开发建设有限公司采用公开招标方式，确定由广东建星建造集团有限公司负责承建。工程采用工程量清单计价方式，合同价格形式为单价合同，目前处于竣工结算阶段。现对来函涉及的工程计价争议事项答复如下：

本工程招标文件第11.10条投标报价风险约定及合同专用条款第68.1条约定"本工程不接受工程总价金额直接降幅及不平衡报价"。现发承包双方就投标工程量清单中是否存在不平衡报价以及是否调整原合同综合单价产生争议。发包人认为，部分投标工程量清单综合单价高于发包人公布的预算综合单价，应视为不平衡报价，需进行调整。承包人认为，将部分投标工程量清单综合单价超过发包人公布的预算综合单价视为不平衡报价是不合理的，违背招标文件原意及合同约定。

我站认为，投标人在招标答疑时对认为发包人公布的偏低的预算综合单价提出调整要求，招标人答疑回复为"按招标文件、合同条款、图纸由施工单位自行报价"，故投标人是根据答疑回复结合项目特点与自身优势进行报价的，同时招标文件并未要求投标综合单价不能超过最高投标限价相应的综合

303

单价，且合同及招标文件也未明确不平衡报价的评定标准，故结算时投标综合单价不作调整。

专此函复。

广东省建设工程标准定额站

2023 年 9 月 12 日

关于白云云麓花园一期
工程计价争议的复函

粤标定复函〔2023〕121号

广州云锋建设投资有限公司、中建三局集团有限公司：

你们通过广东省建设工程造价纠纷处理系统，申请解决白云云麓花园一期工程计价争议的来函及相关资料收悉。

2022年3月签订的工程总承包合同显示，本工程位于广州市白云区，资金来源为企业自筹，发包人广州云锋建设投资有限公司采用公开招标的方式，确定中建三局集团有限责任公司（联合体牵头人）、联合体成员为中建三局集团华南有限公司、中建新越建设工程有限公司、中国建筑西南设计研究院有限公司、上海天华建筑设计有限公司、广东中煤江南工程勘测设计有限公司五家单位（以下简称承包人）承建。工程采用工程量清单计价方式，合同价格形式为单价合同，目前处于设计概算编制阶段。现对来函涉及的工程计价争议事项答复如下：

依据《铝合金门窗》GB/T 8478—2020，本工程的门窗外墙窗铝型材壁厚1.8mm、外墙门铝型材壁厚2.2mm，6mmLow-E＋12A＋6mm中空玻璃；编制期广州地区建设工程常用材料税前综合价格中门窗信息价为外墙窗铝型材壁厚1.4mm、外墙门铝型材壁厚2mm、5mm普通玻璃，发承包双方就铝合金门窗按抽料计算铝型材含量换算方法产生争议。承包人认为，经批准的初步设计图中门窗工程型材壁厚是依据国家规范要求确定的，施工合同约定采用广州地区建设工程常用材料税前综合价格（以下简称"广州综合价"），而广州综合价中没有型材壁厚2mm铝合金门、壁厚1.8mm铝合金窗的价格，建议采用按同一规格门窗的设计图示尺寸，分别计算壁厚不同的铝型材用量，按其用量差额调整门窗价格。发包人认为，承包人采用铝合金窗型材抽料计算含量换算调整铝合金门窗成品价格的方法是否可行待研究，未提出其他方案。

我站认为，发包人批准的设计图中铝合金门窗的型材壁厚，与施工合同约定所采用广州综合价中铝合金门窗型材壁厚不同时，可采用型材含量抽料分析法换算调整铝合金门窗价格。

专此函复。

广东省建设工程标准定额站
2023 年 9 月 12 日

关于新兴县中医院工程
计价争议的复函

粤标定复函〔2023〕122 号

新兴县中医院、广东精宏建设有限公司：

你们通过广东省建设工程造价纠纷处理系统，申请解决新兴县中医院易地新建项目涉及工程计价争议的来函及相关资料收悉。

2021 年 12 月 20 日签订的施工合同显示，本工程位于云浮市新兴县，发包人新兴县中医院通过公开招标方式，确定由广东精宏建设有限公司负责承建。工程采用工程量清单计价方式，合同价格形式为单价合同，目前处于合同履行阶段。现对来函涉及的工程计价争议事项答复如下：

本工程在灌注桩施工过程中，遇到破碎岩及斜岩层，合同工程量清单开列了"入岩增加费"项，发承包双方对遇到破碎岩及斜岩时"入岩增加费"的计算产生争议。发包人认为，破碎岩应根据岩体裂隙宽度确定，斜岩应按实际入岩体积，非岩部分不计算。承包人认为，破碎岩层和斜岩均比平整岩施工难度增加，工程量应按遇岩后桩体全体积计算，并参考《广东省房屋建筑与装饰工程综合定额 2018》A.1.3 章说明，打斜桩按相应项目人工费、机具费乘以系数 1.25 的规定，该清单单价中人工、机具费应乘以 1.25 系数进行调整。

我站认为，本工程招标时提供了岩土工程勘察报告（详细勘察），报告中载明岩土层结构及岩层存在不均匀坡度，且在招标文件中投标人须知第 10.1.6 条也约定了投标人报价时要充分考虑地质条件对价格的影响，故斜岩入岩增加费不另行考虑施工难度增加因素，工程量按实计算。依据《建设工程工程量清单计价规范》GB 50500—2013 与《广东省房屋建筑与装饰工程综合定额 2018》对岩石的分类，如果入岩的岩石饱和单轴抗压强度大于 15MPa，则计算入岩增加费，否则不另计。

专此函复。

广东省建设工程标准定额站

2023 年 9 月 12 日

关于马鞍岛环岛路工程计价争议的复函

粤标定复函〔2023〕123号

中山翠亨新区湘建环岛路项目建设有限公司、湖南建筑工程集团有限公司：

你们通过广东省建设工程造价纠纷处理系统，申请解决马鞍岛环岛路工程计价争议的来函及相关资料收悉。

本工程为PPP项目，位于中山市翠亨新区，中山翠亨投资有限公司为政府出资代表，中山翠亨新区工程管理中心为代表政府的实施机构。中山翠亨新区工程管理中心采用公开招标方式，确定由湖南建筑工程集团有限公司、湖南建融资产管理股份有限公司为中标的社会资本方，并与政府出资代表、中标的社会资本方签订《PPP项目协议》，政府出资代表与中标的社会资本方共同出资组建中山翠亨新区湘建环岛路项目建设有限公司。发包人中山翠亨新区湘建环岛路项目建设有限公司与承包人湖南建筑工程集团有限公司于2016年10月26日签订施工合同，合同显示资金来源为企业自筹，工程建安费以财政部门审定的施工图预算下浮6％结算，施工图预算执行《广东省建设工程计价依据2010》，目前处于施工图预算编制阶段。现对来函涉及的工程计价争议事项答复如下：

本工程排水工程基坑支护采用拉森钢板桩加内支撑结构，发承包双方在遇到Ⅱ级钢筋混凝土雨水管（混凝土基础）与球墨铸铁排水管（碎石基础）同槽施工时，对工程量清单单价组价时套用打拔拉森钢板桩定额子目产生计价争议。发包人认为，靠近Ⅱ级钢筋混凝土雨水管（混凝土基础）一边的拉森钢板桩应套用D1-3-18"管、基坑打拔拉森钢板桩 混凝土及钢筋混凝土管道基础支护"定额子目，靠近球墨铸铁排水管（碎石基础）一边的拉森钢板桩应套D1-3-17"管、基坑打拔拉森钢板桩 砂、碎石、石屑及散料天然基础基础支护"定额子目。承包人认为，同槽施工中的打拔拉森钢板桩均应套用

D1-3-18"管、基坑打拔拉森钢板桩 混凝土及钢筋混凝土管道基础支护"定额子目。

我站认为，《广东省市政工程综合定额2010》D1-3-18与D1-3-17管、基坑打拔拉森钢板桩定额子目的差异在于两者的管道基础结构形式不同，混凝土及钢筋混凝土管道基础的拉森钢板桩支护相较支护砂、碎石、石屑及散料天然基础需要更长的使用时间，则人工费及拉森钢板桩摊销的消耗量更多。但根据本项目的设计及经审批的施工方案，拉森钢板桩须在基坑全部回填后才能拆除，即同槽施工的各类型基础使用的拉森钢板桩支护时间应以最长时间为施工时间。因此，本工程同槽施工的拉森钢板桩应套用D1-3-18"管、基坑打拔拉森钢板桩 混凝土及钢筋混凝土管道基础支护"定额子目。

专此函复。

广东省建设工程标准定额站

2023年9月26日

关于狮山镇博爱湖片区道路建设工程—1号路改造提升工程计价争议的复函

粤标定复函〔2023〕124号

佛山市南海博爱投资建设有限公司，金中天建设集团有限公司：

你们通过广东省建设工程造价纠纷处理系统，申请解决关于狮山镇博爱湖片区道路建设工程—1号路改造提升工程计价争议的来函及相关资料收悉。

2020年8月13日签订的建设工程施工合同显示，本工程位于佛山市南海区，资金来源为自筹资金，发包人佛山市南海博爱投资建设有限公司采用公开招标方式，确定由金中天建设集团有限公司负责承建。工程采用工程量清单计价方式，合同价格形式为单价合同，目前工程处于结算阶段。现对来函涉及的工程计价争议事项答复如下：

本工程实施时，现场因周边工地倾倒建筑垃圾导致原设计方案的部分水泥搅拌桩无法施工，经设计变更改为地基换填处理，结算时需对取消的水泥搅拌桩进行扣减。本合同专用条款第12.1.1条结算条款约定，实际完成工程量对比备案预算工程量减少的，如果该项目投标文件中的综合单价高于招标备案的预算参考综合单价乘以结算系数的，则按承包人投标文件中的相应的清单项目的综合单价进行扣减结算；如果投标文件的综合单价低于招标备案的预算参考综合单价乘以结算系数的，则按招标备案的预算参考综合单价乘以结算系数进行扣减结算；若由于发包人征地拆迁、高压线等非施工方原因造成影响导致无法实施的部分，则按招标备案的预算参考综合单价乘以结算系数进行扣减结算。现发承包双方对变更取消的水泥搅拌桩如何执行该条款产生争议。发包人认为，应按投标单价扣减结算。承包人认为，应按招标备案的预算参考综合单价乘以结算系数进行扣减结算。

我站认为，虽然合同专用条款第 12.1.1 条结算条款约定在不同情形下采用投标价或者备案价进行计价，但经查询资料并问询双方发现，本工程经备案的预算综合单价在招标及签订合同时均未对外公开，也未告知承包人。因此，不能简单地推定上述条款是双方一致意思表示，建议双方遵循公平、公正、诚信原则协商解决。

专此函复。

广东省建设工程标准定额站

2023 年 9 月 26 日

第二部分

定额动态管理问题解答

关于广东省建设工程定额动态管理系统
定额咨询问题的解答
（第 31 期）

粤标定函〔2022〕186 号

各有关单位：

现对广东省建设工程定额动态管理系统收集有关市政工程专业的定额咨询问题做出如下解答，除合同另有约定外，已经合同双方确认的工程造价成果文件不作调整。

一、共性问题

1. 在粤标定函〔2020〕107 号中第 4 条解答，关于"施工企业为了确保已完工程质量，对已施工的钢结构焊缝按施工规范、行业规定或合同约定进行探伤检测，属于施工企业自检，不单独计取费用"，《广东省市政工程综合定额 2010》第三册《桥梁工程》P107-3.6.5 条定额说明"钢箱梁定额未包括载重预压和探伤，如发生时另外计算"，两种说法是否存在矛盾？由于设计要求焊缝 100％探伤检测，探伤检测费用较高，请问如该费用不能单独计算，则该探伤检测费用已包含在定额哪些费用里面。

答：定额是按照质量验收规范下，正常的施工工序设置子目，因此个别专业定额设置了满足工序要求的检测、试验、监测子目，例如管道的水压试验、消毒冲洗，管材的无损探伤与热处理，城轨的监测量控，钢结构的焊缝检测子目等，应按标准规范或设计要求进行计量计价。而施工企业为了确保已完工程质量进行的检测，属于施工企业自检，不单独计取费用。

二、《广东省市政工程综合定额 2010》适用问题

2. 定额 D1-1-81 机械打眼爆破平基石方子目中，硝铵炸药、雷管是否属于主要材料？

答：定额子目中材料价值占比较大的为主要材料。硝铵炸药、雷管属于定额 D1-1-81 机械打眼爆破平基石方子目的主要材料。

3. 定额 D1-1-199、200 抛石挤淤的毛石消耗量为 1.02，是否考虑了挤压时的压实与扩大因素？

答：未考虑挤压时的压实与扩大因素，系数 1.02 考虑的是抛石消耗，因此毛石按设计抛石体积计算即可。

4. 高压旋喷桩和深层搅拌水泥桩如设计水泥用量与定额不同时，水泥用量按实调整，损耗率如何考虑？

答：水泥损耗率按 2% 计算。

三、《广东省市政工程综合定额 2018》适用问题

5. 定额 D1-3-35、36 抛石挤淤的毛石消耗量为 1.1705，是否考虑了挤压时的压实与扩大因素？

答：已经考虑了挤压时的压实与扩大因素，因此抛石按设计图示尺寸以体积计算即可。

6. 大型钢支撑采用钢管做横撑，计算支撑工程量时，支撑采用的法兰盘、固定端、活动接头等的重量是否需单独计算？

答：大型钢支撑（坑槽宽度 7m 外）安装拆除工程量按设计图示尺寸以"t"计算。设计图纸中连梁、横撑、法兰盘、固定端、活动接头等合并计算工程量。

7. 素混凝土桩（CFG 桩）的空桩如何计算？

答：空桩部分按相应子目的人工费及钻机、桩机台班乘以系数 0.50，扣除相应的材料费和机械费中的轮胎式装载机费用。

8. 定额 D1-1-87 机械打眼爆破槽、坑石方子目中，硝铵炸药、雷管是否属于主要材料？

答：定额子目中材料价值占比较大的为主要材料。硝铵炸药、雷管属于定额 D1-1-87 机械打眼爆破槽、坑石方子目的主要材料。

9. 拉森钢板桩支护开挖沟槽时，临沟槽内侧钢板桩厚度所占位置的土方

开挖及回填方量是否计算？

答：在计算土方开挖及回填土方时，管道沟槽沟底宽度、放坡及工作面按设计规定计算。设计没有明确的，按定额规定计算。

10. 盘扣式脚手架如何套用定额？

答：本定额脚手架子目已综合考虑各种扣件的不同连接方式，在未有定额补充修正之前，盘扣式脚手架执行相应现行脚手架子目。

11. 定额"D7-7-7 模板 平台、顶板"子目中是否已经考虑施工支架的费用？实际钢支撑用量与定额含量不同时，是否可以套用桥梁册"满堂式钢管支架"子目作为模板的支撑措施？

答：定额已综合考虑施工支架的费用。实际钢支撑用量与定额含量不同时，不可再套用"满堂式钢管支架"子目。

12. 土方天然密实度体积与松填体积折算系数为 0.92，推土机推土的计算单位为天然密实方，按章说明"推土机、铲运机推铲未经压实的积土时，相应定额子目乘以系数 0.73"的规定，推土机推未经压实的积土时，是按相应定额子目×0.73 计算，还是按定额子目×0.92×0.73 计算？

答：章说明"推土机、铲运机推铲未经压实的积土时，相应定额子目乘以系数 0.73"已考虑土方体积折算系数，计算工程量时无需再计算土方体积折算系数。

13. 铣刨混凝土废弃料外运按运土还是运石计算？

答：铣刨沥青混凝土路面，废渣外运按运土方相应定额子目计算；铣刨混凝土路面，废渣外运按运石方相应定额子目计算。

14. 燃气管道迁改工程，按定额册说明"燃气带气工艺改造项目，按 2018 年综合定额的人工费和机具费乘以系数 1.30"规定，是否应理解为按整个燃气改造项目的定额人工费和机具费乘以系数 1.30？还是仅带气接驳点作业的定额人工费和机具费乘以系数 1.30？

答：册说明第九条"燃气带气工艺改造项目，按 2018 年综合定额的人工费和机具费乘以系数 1.30"是专指工艺改造项目（是指门站里面的设备），不适用于管道改造项目，管道改造项目不管是否存在带气作业，均不可以乘以系数 1.3。

15. 定额中泥水平衡顶进的管径是按混凝土管的外径还是内径考虑？

答：根据《混凝土和钢筋混凝土排水管》GB/T 11836—2009，指的是公称内径。

广东省建设工程标准定额站

2022 年 9 月 28 日

关于广东省建设工程定额动态管理系统定额咨询问题的解答

（第 32 期）

粤标定函〔2023〕34 号

各有关单位：

现对广东省建设工程定额动态管理系统收集有关市政工程、管廊工程专业的定额咨询问题做出如下解答，除合同另有约定外，已经合同双方确认的工程造价成果文件不作调整。

一、共性问题

1. 打拔钢板桩按设计图示入土深度（即从自然地面到桩底）以"t"计算。如有破除路面结构，计算钢板桩工程量时是否需扣除路面结构厚度。

答：开挖沟槽时已拆除路面面层及基层，钢板桩需保护沟槽以外路面的，钢板桩入土深度从路面算起。

二、《广东省市政工程综合定额 2018》适用问题

2. 浆砌片石、块石、预制块项目的工作内容已包含勾缝的工作内容，勾缝时是否再套用勾凹凸缝相关项目。

答：工作内容中的"勾缝"仅指勾平缝，勾凹凸缝时执行相应项目。

3. 水泥搅拌桩桩顶的级配碎石褥垫层应如何计价。

答：执行道路基层相关项目。

4. 陆上打拔拉森钢板桩或槽型钢板桩，设计图纸是按采用静压法沉桩，是否把定额中"履带式液压单斗振动打桩机"替换成"静压植桩机"，定额中

只调整施工机械，含量不作调整。

答：本综合定额的施工机具消耗量是按正常合理的施工机械、现场校验仪器仪表配备情况和大多数施工企业的装备程度综合取定。实际情况与定额不符时，除各章另有说明外，均不作调整。

5. 绿色施工安全防护措施项目费工作内容构成表中，临时设施维护及拆除包含办公、生活场地临时设施、临时道路、场内绿化、场地硬化的维护、拆除。请问施工现场新建的施工便道和施工便桥的拆除费用是否已含在"绿色施工安全防护措施项目费中临时设施维护及拆除费用"？

答：绿色施工安全防护措施项目费不包含施工便道和施工便桥，施工便道和施工便桥应在措施其他项目费用中计算。

6. 根据定额说明"定额中的钢筋埋深按以下规定计算：1. 钢筋直径规格为 20mm 以下的，按钢筋直径的 15 倍计算，并大于或等于 100mm；2. 钢筋直径规格为 20mm 以上的，按钢筋直径的 20 倍计算。当设计埋深长度与定额取定不同时，定额中的人工和材料可以相应调整。"假设植筋直径 14mm，则定额中钢筋埋深为 210mm，设计图纸的埋深是 350mm，请问定额中的人工和材料调整系数该如何确定？

答：当设计埋深长度与定额取定不同时，定额中的人工和材料可以按埋深长度比例进行调整。

7. 抛石挤淤子目（D1-3-35、D1-3-36）是否包含淤泥的清理工作？

答：该子目不包含淤泥清理工作，一般情况下，抛石挤淤是不需要清理淤泥。如因场地限制，需对挤出地面的淤泥进行清理，可按实际清运数量进行计算，套用淤泥外运子目。

三、《广东省市政工程综合定额 2010》适用问题

8. 按系数计算的安全文明施工措施费里内容是否包现场围挡外墙设置公益广告费用？

答：安全文明施工措施费率系数已综合考虑。

四、《广东省城市地下综合管廊工程综合定额 2018》适用问题

9.《广东省城市地下综合管廊工程综合定额 2018》第二册《安装工程》，册说明适用于管廊本体及管廊构筑物的安装工程，对于入廊管线（如市政给水管、燃气管、电力电缆、通信线路等），应执行什么专业定额。

答：对入廊管线（如市政给水管、燃气管、电力电缆、通信线路等）应套用相应的专业定额（如《广东省市政工程综合定额 2018》《广东省安装工程综合定额 2018》等）。

广东省建设工程标准定额站

2023 年 3 月 27 日

关于广东省建设工程定额动态管理系统定额咨询问题的解答（第 33 期）

粤标定函〔2023〕41 号

各有关单位：

现对广东省建设工程定额动态管理系统收集有关房屋建筑与装饰专业的定额咨询问题做出如下解答，除合同另有约定外，已经合同双方确认的工程造价成果文件不作调整。

一、《广东省建筑与装饰工程综合定额 2010》适用问题

1. 基础模板采用砖胎模基础的，其基础工作面是否应按定额 A.1 土石方工程工程量计算规则第 1.1.2 条款的表一"基础施工工作面宽度表"计算？

答：基础模板采用砖胎模时，工作面按第 1.1.2 条款的表一计算，砖胎模不另增加工作面。

2. 计算钻孔灌注桩空桩时，是否套用相应钻孔桩成孔、灌注子目不计算混凝土主材？

答：套用相应钻孔桩成孔、灌注子目，扣除混凝土材料费，浇筑混凝土人工按扣除 6.5 工日/$10m^3$ 计算。

二、《广东省房屋建筑与装饰工程综合定额 2018》适用问题

3. 土石方工程章说明《岩石分类表》中的岩石分类以"代表性岩石"还是"岩石饱和单轴抗压强度（MPa）"的描述为准？

答：岩石分类应按岩石饱和单轴抗压强度（MPa）确定。

4. 定额 A1-2-47 锚杆土钉机械成孔子目是否包含土方外运，或能否单独计算。

答：已综合考虑土方场内清运费用，土方外运另行计算。

5. 桩基础施工完成后，为保证地面上所形成孔洞的安全而回填的能否计算，如计算，应在分部分项还是措施项目中计算？

答：设计图纸要求对桩基础施工完成后在场地上形成孔洞进行回填的，其费用可列入措施其他项目中计算。

6. 承台以及阀板的砖胎模属于分部分项工程费还是措施费？

答：根据《广东省房屋建筑与装饰工程定额 2018》A.1.4 砌筑工程章说明第二条第 9 点说明：设计图示的砖模按实体项目考虑；经审定的施工方案明确采用砖胎模时，按措施项目考虑。

7. 预应力钢绞线锚杆（锚索）应如何计价？

答：预应力钢绞线锚杆（锚索）钻孔应套锚杆土钉钻孔子目，灌浆套锚杆土钉灌浆子目，预应力钢绞线锚杆（锚索）制作安装套预应力钢绞线的相应制作安装子目。

8. 钢筋出厂定尺长度所引起的非设计连接工程量如何计算？

答：钢筋出厂定尺长度所引起的非设计连接工程量按 A.1.5 混凝土及钢筋混凝土工程工程量计算规则第二条第（三）点计算，其余非设计连接的钢筋接头不另计。

9. 定额 A1-9-101 门窗套、筒子板贴不锈钢板饰面板带木龙骨子目是否包含不锈钢板的折边费用？

答：定额子目已综合考虑不锈钢板的折边费用。

10. 定额平面铝板/铝塑板幕墙是否考虑背面加强筋及防脱密封胶？设计为超常规尺寸或弧形面、异形尺寸、折弯圆弧角等形式时，定额如何调整？

答：平面铝板/铝塑板幕墙定额子目不包含加强筋及防脱密封胶，背面加强筋及防脱密封胶按专项设计要求计算；定额已综合考虑平面铝板/铝塑板幕墙尺寸，弧形幕墙套用相应幕墙子目，人工费乘以系数 1.10。

11. 定额 A.1.16 章其他装饰工程中工程量计算规则"机锣凹线、装饰线、压条，按设计图示长度以'm'计算"，当装饰线为弧线时应按图示的中心线计算还是以外边线计算？

答：应按中心线长度计算。

12. 当屋面上的楼梯间一面墙与外墙面平齐，另外三面墙在屋面板上，与外墙平齐的楼梯间高于女儿墙时，应如何计算脚手架工程量？

答：屋面上楼梯间的四面墙的脚手架均应并入主体工程量内，其步距按定额 A.1.21 脚手架工程工程量计算规则第一条第 1 点中不同情况的规定计算。

13. 定额中预算包干费的费率为 7％，编制招标控制价时，能否根据项目工作内容和场地特点，按低于 7％的费率进行设置。

答：建设工程应根据工程的实际情况，在招标文件或施工合同中明确预算包干费的内容和费用标准。工程结算时，按照合同约定计算。

14. 建议增加预拌砂浆与传统砂浆标注对应表？

答：详见附件《广东省住房和城乡建设厅关于明确预拌砂浆设计标注有关问题的通知》（粤建散函〔2015〕453 号）。

附件：广东省住房和城乡建设厅关于明确预拌砂浆设计标注有关问题的通知（粤建散函〔2015〕453 号）

广东省建设工程标准定额站
2023 年 4 月 6 日

广东省住房和城乡建设厅

粤建散函〔2015〕453 号

广东省住房和城乡建设厅关于明确预拌砂浆
设计标注有关问题的通知

各地级以上市及顺德区住房城乡建设主管部门，散装水泥管理办公室，各有
关单位：

为贯彻落实《广东省促进散装水泥发展和应用规定》（省人民政府令第
156 号）、《广东省住房和城乡建设厅关于在我省城市城区开展限期禁止现场搅
拌砂浆工作的通知》（粤建散〔2014〕66 号）有关在设计文件中注明使用预拌
砂浆的要求，进一步规范我省预拌砂浆设计和应用方面的管理，解决预拌砂
浆生产、设计使用脱节问题，现就我省禁止现场搅拌砂浆区域的建设工程预
拌砂浆设计标注有关事项通知如下：

一、各设计单位应根据预拌砂浆的规范、标准及相关文件的要求，并考
虑不同的基体、基层、砌体材料及施工工艺、环境条件等因素，选择与之配
套的预拌砂浆。

设计单位应在施工图及设计文件中明确标注预拌砂浆的品种和等级，提
交施工图审查机构审查。在施工过程中如有变更使用预拌砂浆情况，设计单
位须提供变更说明。

二、各设计单位须根据国家标准《预拌砂浆》GB/T 25181—2010 和行业
标准《预拌砂浆应用技术规程》JGJ/T 223—2010 等规定，按强度等级进行设
计，不再按照材料的比例设计。凡施工图及所选用标准图集中涉及的砌筑、

抹灰和地面等砂浆，应按《预拌砂浆》GB/T 25181—2010 规定标注。采用其他标准的，均应按照下表对应关系转换为《预拌砂浆》GB/T 25181—2010 的相应标注。

预拌砂浆标注对应表

品种	《预拌砂浆》GB/T 25181—2010 标注	其他标准标注
砌筑砂浆	DM M5、WM M5	M5 混合砂浆、M5 水泥砂浆； Mb5 混凝土块体(砖)专用砌筑砂浆
	DM M7.5、WM M7.5	M7.5 混合砂浆、M7.5 水泥砂浆； Mb7.5 混凝土块体(砖)专用砌筑砂浆
	DM M10、WM M10	M10 混合砂浆、M10 水泥砂浆； Mb10 混凝土块体(砖)专用砌筑砂浆； Ms10 蒸压灰砂普通砖、蒸压粉煤灰普通砖专用砌体砂浆
	DM M15、WM M15	M15 混合砂浆、M15 水泥砂浆； Mb15 混凝土块体(砖)专用砌筑砂浆； Ms15 蒸压灰砂普通砖、蒸压粉煤灰普通砖专用砌体砂浆
	DM M20、WM M20	M20 水泥砂浆； Mb20 混凝土块体(砖)专用砌筑砂浆； Ms20 蒸压灰砂普通砖、蒸压粉煤灰普通砖专用砌体砂浆
	DM M25、WM M25	M25 水泥砂浆； Ms25 蒸压灰砂普通砖、蒸压粉煤灰普通砖专用砌体砂浆
	DM M30、WM M30	M30 水泥砂浆
抹灰砂浆	DP M5、WP M5	1∶1∶6 混合砂浆
	DP M10、WP M10	1∶1∶4 混合砂浆
	DP M15、WP M15	1∶3 水泥砂浆
	DP M20、WP M20	1∶2 水泥砂浆、1∶2.5 水泥砂浆、1∶1∶2 混合砂浆
地面砂浆	DS M15、WS M15	1∶3 水泥砂浆
	DS M20、WS M20	1∶2 水泥砂浆
	DS M25、WS M25	1∶1 水泥砂浆

备注：D＝Dry-mixed＝干混、W＝Wet-mixed＝湿拌、M＝Masonry＝砌筑、P＝Plastering＝抹灰、S＝Surface＝地面

三、各施工图审查机构应严格审查，未按上述要求进行标注的，不得通过施工图设计文件的审查。

四、各级散装水泥主管机构具体负责监督落实，对工程项目进行检查，对不按规定落实的予以通报批评，并逐级上报省散装水泥管理办公室。

五、本通知自印发之日起实施。

广东省住房和城乡建设厅

2015 年 3 月 9 日

公开方式：主动公开

第三部分

定额动态调整管理

关于印发广东省建设工程定额动态
调整的通知（第16期）

粤标定函〔2022〕190号

各有关单位：

近期，我站组织专家研究分析了广东省建设工程定额动态管理系统收集的《广东省房屋建筑与装饰工程综合定额2018》旋挖成孔灌注桩（旋挖桩入岩增加费）与市场实际存在一定差异的反馈意见。为加强定额动态管理，经广泛调研与测算，现将旋挖成孔灌注桩（旋挖桩入岩增加费）项目调整后的内容印发给你们。本调整内容与省现行工程计价依据配套使用，请遵照执行。执行中遇到的问题，请通过"广东省工程造价信息化平台——建设工程定额动态管理系统"及时反映。

附件：《广东省房屋建筑与装饰工程综合定额2018》动态调整内容

广东省建设工程标准定额站

2022年10月10日

附件：

《广东省房屋建筑与装饰工程综合定额 2018》动态调整内容

页码	部位或子目编号	原内容	调整为
95	章说明 第十五条	钻、冲孔桩、旋挖成孔灌注桩入岩增加费，极软岩和软岩不作入岩计算，较硬岩、坚硬岩作入岩计算，较软岩按入岩相应子目乘以系数0.70。	钻孔桩、冲孔桩、旋挖成孔灌注桩入岩增加费，极软岩和软岩不作入岩计算，较硬岩、坚硬岩作入岩计算，较软岩按入岩相应子目乘以系数0.70。

（3）旋挖成孔灌注桩

工作内容：1. 测量放线。

2. 旋挖，焊接牙轮、截齿、更换钻头、清渣，成孔。

计量单位：10m³

定额编号				A1-3-116	A1-3-117	A1-3-118	A1-3-118-1
子目名称				旋挖桩入岩增加费			
				设计桩径（mm）			
				1000 内	1500 内	2000 内	2500 内
基价（元）				30486.29	27190.26	25871.40	22870.71
其中	人工费（元）			1202.72	886.78	585.37	433.61
	材料费（元）			8774.22	6784.75	6273.35	4103.54
	机具费（元）			17294.53	16497.37	16110.87	15554.78
	管理费（元）			3214.82	3021.36	2901.81	2778.78
分类	编码	名称	单位	单价（元）	消耗量		
人工	00010010	人工费	元	—	1202.72	886.78	585.37	433.61
材料	03135071	低合金钢耐热焊条综合	kg	12.75	1.120	0.980	0.798	0.679
	03139621	牙轮掌片	个	3025.50	2.623	2.047	1.919	1.228
	03139631	截齿	个	153.42	4.898	3.397	2.622	2.253
	99450760	其他材料费	元	1.00	72.60	57.88	54.97	33.91
机具	990106030	履带式单斗液压挖掘机 斗容量1（m³）	台班	1439.74	0.710	0.520	0.350	0.259
	990212040	履带式旋挖钻机 孔径1500（mm）	台班	2998.37	5.422	5.248	—	—
	990212060	履带式旋挖钻机 孔径2000（mm）	台班	3994.92	—	—	3.904	3.798
	990901015	交流弧焊机 容量30（kV·A）	台班	94.70	0.160	0.140	0.114	0.097

关于印发广东省建设工程定额动态调整的通知（第 17 期）

粤标定函〔2022〕191 号

各有关单位：

为适应我省建设工程绿色施工需要，加强定额动态管理，经测算，我站组织测算了《广东省城市轨道交通工程综合定额 2018》《广东省市政工程综合定额 2018》《广东省城市地下综合管廊工程综合定额 2018》的"环保智能自卸汽车运土方、淤泥流砂""环保智能自卸汽车运石方"定额子目，现印发给你们。本补充定额子目与我省现行工程计价依据配套使用，请遵照执行。在执行中遇到的问题，请通过"广东省工程造价信息化平台——建设工程定额动态管理系统"及时反映。

附件：环保智能自卸汽车运输土石方补充定额子目编制说明

广东省建设工程标准定额站
2022 年 10 月 12 日

附件：

环保智能自卸汽车运输土石方补充定额
子目编制说明

1. 环保智能自卸汽车是指符合《汽车、挂车及汽车列车外廓尺寸、轴荷及质量限值》GB 1589—2016、《机动车运行安全技术条件》GB 7258—2017、《超限运输车辆行驶公路管理规定》（中华人民共和国交通运输部令 2016 年第 62 号）、《交通运输部关于修改〈超限运输车辆行驶公路管理规定〉的决定》（中华人民共和国交通运输部令 2021 年第 12 号）、《广东省住房和城乡建设厅等部门关于进一步加强渣土运输车辆管理的通知》及其附件《全密闭渣土运输车辆技术指引》等标准，搭载的发动机符合《车用压燃式、气体燃料点燃式发动机与汽车排气污染物排放限值及测量方法（中国Ⅲ、Ⅳ、Ⅴ阶段）》GB 17691—2005 第Ⅴ阶段的柴油发动机。

2. 本补充定额子目已包括等待装、运、卸土石方及空车回程等的台班消耗量，不包括弃土场消纳处置费。

3. 本补充定额子目机械台班单价参照《广东省建设工程施工机具台班费用编制规则 2018》"990402060 环保智能自卸汽车"计取；管理费参照《广东省城市轨道交通工程综合定额 2018》《广东省市政工程综合定额 2018》《广东省城市地下综合管廊工程综合定额 2018》"附录二 管理费分摊费率表"中相关专业册管理费分摊费率计取。

4. 本补充定额子目适用于广东省城市轨道交通工程、市政工程、城市地下综合管廊工程中采用环保智能自卸汽车运输土石方工程，执行各专业综合定额相应土石方工程章说明及章工程量计算规则。其中，城市轨道交通工程采用环保智能自卸汽车运输土石方的，外运费用单独套用本补充定额子目，土石方的挖、装费用可借用原定额中"M.1.5.5～M.1.5.7"有关子目，取消其自卸汽车相关基价后进行计取。

5. 本补充定额子目已综合考虑环保智能自卸汽车不同规格、参数的施工机具台班消耗，当实际规格、参数与本补充定额子目施工机具存在差异时，本补充子目施工机具及其台班消耗量不予换算。

《广东省城市轨道交通工程综合定额2018》补充子目

M.1.5 土石方及泥浆运输

M.1.5.10 环保智能自卸汽车运土方、淤泥流砂

工作内容：等待装、运、卸土方、淤泥流砂，空回。

计量单位：1000m³

分类	定额编号				M1-1-129-1	M1-1-129-2	M1-1-129-3	M1-1-129-4
	子目名称				环保智能自卸汽车运土方		环保智能自卸汽车运淤泥、流砂	
					运距1km	每增加1km	运距1km	每增加1km
	基价（元）				13270.34	2193.71	14574.11	3010.41
其中	人工费（元）				—	—	—	—
	材料费（元）				—	—	—	—
	机具费（元）				11101.17	1835.13	12191.83	2518.33
	管理费（元）				2169.17	358.58	2382.28	492.08
分类	编码	名称	单位	单价（元）	消耗量			
机具	990402060	环保智能自卸汽车 装载质量25（t）	台班	1531.83	7.247	1.198	7.959	1.644

M.1.5.11 环保智能自卸汽车运石方

工作内容：等待装、运、卸石方，空回。

计量单位：1000m³

分类	定额编号		M1-1-129-5	M1-1-129-6
	子目名称		环保智能自卸汽车运石方	
			运距1km	每增加1km
	基价（元）		19699.51	4066.98
其中	人工费（元）		—	—
	材料费（元）		—	—
	机具费（元）		16479.43	3402.19
	管理费（元）		3220.08	664.79

334

分类	编码	名称	单位	单价(元)	消耗量	
机具	990402060	环保智能自卸汽车装载质量25(t)	台班	1531.83	10.758	2.221

《广东省市政工程综合定额2018》补充子目

D.1.1.1　土方
3　机械土方
（9）环保智能自卸汽车运土方、淤泥流砂

工作内容：等待装、运、卸土方、淤泥流砂，空回。

计量单位：1000m³

定额编号				D1-1-56-1	D1-1-56-2	D1-1-56-3	D1-1-56-4
子目名称				环保智能自卸汽车运土方		环保智能自卸汽车运淤泥、流砂	
				运距1km以内	每增加1km	运距1km以内	每增加1km
基价（元）				12501.03	1937.17	13729.22	2665.12
其中	人工费（元）			—	—	—	—
	材料费（元）			—	—	—	—
	机具费（元）			11101.17	1720.25	12191.83	2366.68
	管理费（元）			1399.86	216.92	1537.39	298.44
分类	编码	名称	单位	单价（元）	消耗量		
机具	990402060	环保智能自卸汽车 装载质量25（t）	台班	1531.83	7.247	1.123	7.959	1.545

D.1.1.2　石方工程
12　环保智能自卸汽车运石方

工作内容：等待装、运、卸石方，空回。

计量单位：1000m³

定额编号	D1-1-127-1	D1-1-127-2
子目名称	环保智能自卸汽车运石方	
	运距1km以内	每增加1km
基价（元）	18557.49	3677.68

其中		人工费(元)			—	—
		材料费(元)			—	—
		机具费(元)			16479.43	3265.86
		管理费(元)			2078.06	411.82
分类	编码	名称	单位	单价(元)	消耗量	
机具	990402060	环保智能自卸汽车装载质量 25(t)	台班	1531.83	10.758	2.132

《广东省城市地下综合管廊工程综合定额2018》补充子目

G.1.1.1 土方工程

14 环保智能自卸汽车运土方、淤泥流砂

工作内容：等待装、运、卸土方、淤泥流砂，空回。

计量单位：1000m³

定额编号					G1-1-114-1	G1-1-114-2	G1-1-114-3	G1-1-114-4
子目名称					环保智能自卸汽车运土方		环保智能自卸汽车运淤泥、流砂	
					运距1km以内	每增加1km	运距1km以内	每增加1km
基价(元)					13212.61	2510.52	14510.72	3296.32
其中	人工费(元)				—	—	—	—
	材料费(元)				—	—	—	—
	机具费(元)				11101.17	2109.33	12191.83	2769.55
	管理费(元)				2111.44	401.19	2318.89	526.77
分类	编码	名称	单位	单价(元)	消耗量			
机具	990402060	环保智能自卸汽车 装载质量25(t)	台班	1531.83	7.247	1.377	7.959	1.808

G.1.1.2 石方工程

12 环保智能自卸汽车运石方

工作内容：等待装、运、卸石方，空回。

计量单位：1000m³

定额编号	G1-1-233-1	G1-1-233-2
子目名称	环保智能自卸汽车运石方	
	运距1km以内	每增加1km
基价(元)	19613.82	4049.29

其中		人工费(元)			—	—
		材料费(元)			—	—
		机具费(元)			16479.43	3402.19
		管理费(元)			3134.39	647.10
分类	编码	名称	单位	单价(元)	消耗量	
机具	990402060	环保智能自卸汽车装载质量25(t)	台班	1531.83	10.758	2.221

关于印发广东省建设工程定额动态调整的通知（第 18 期）

粤标定函〔2022〕196 号

各有关单位：

近期，我站研究分析了广东省建设工程定额动态管理系统收集的意见，现将有关《广东省建设工程计价依据 2018》的房屋建筑与装饰工程、安装工程、市政工程和园林绿化工程定额咨询问题解答中的定额调整内容印发给你们。本调整内容与我省现行工程计价依据配套使用，请遵照执行。执行中遇到问题，请及时通过"广东省工程造价信息化平台——建设工程定额动态管理系统"反映。

附件：《广东省建设工程计价依据 2018》动态调整内容

广东省建设工程标准定额站
2022 年 10 月 14 日

附件：

《广东省建设工程计价依据 2018》动态调整内容

页码	部位或子目编号	原内容	调整为
		《广东省通用安装工程综合定额 2018》	
		第五册 建筑智能化工程	
82	C5-2-61	28250010 光缆 消耗量［102.000］	28250010 光缆 消耗量—
83	C5-2-66	28250010 光缆 消耗量［102.000］	28250010 光缆 消耗量—
84	C5-2-71	28250010 光缆 消耗量［102.000］	28250010 光缆 消耗量—
85	C5-2-76	28250010 光缆 消耗量［102.000］	28250010 光缆 消耗量—
		《广东省房屋建筑与装饰工程综合定额 2018》	
15	工程量计算规则	注：…… 3. 砖胎模不计工作面。	注：…… 3. 基础模板采用砖胎模时,砖胎模不另增加工作面。
63	章说明	1. 深层搅拌水泥桩项目按一喷二搅或二喷二搅综合考虑编制,实际施工为二喷四搅或四喷四搅时,定额人工费和机具费乘以系数 1.43 计算。	删除该条说明。
658	工作内容	1. 隔热涂料外墙保温罩面漆:清扫基层、调运及滚涂防水涂膜稀浆、喷涂聚氨酯硬泡体。	1. 隔热涂料外墙保温罩面漆:清理基层,刷保温隔热涂料。
1284	工程量计算规则	9. 建筑面积计算范围外的独立柱、柱高超过 1.2m 时,按柱身周长加 3.6m 后乘以高度,套单排脚手架,在外轴线上的附墙柱的脚手架已综合考虑。	9. 建筑面积计算范围外的独立柱,柱高超过 1.2m 时,按柱身周长加 3.6m 后乘以高度,套单排脚手架。在外轴线上凸出宽度 600mm 以内的附墙柱或附墙装饰线的脚手架工程量已综合考虑;在外轴线上凸出宽度 600mm 以外的,按凸出外边线的长度并入外墙外边线总长度计算综合脚手架。
		《广东省市政工程综合定额 2018》	
	绿色施工安全防护措施费	5. 施工现场围挡和临时占地围挡:包括砌围墙、钢板墙、铁皮围挡、玻璃钢围栏、移动式围栏等。施工现场围挡高度:中心城区主要路段不低于2.5m;其他路段不低于1.8m;或按当地造价主管部门发布的计价文件要求计算。	5. 施工现场围挡和临时占地围挡:包括砌围墙、钢板墙、铁皮围挡、玻璃钢围栏、移动式围栏等。

页码	部位或子目编号	原内容	调整为
	措施其他项目费用标准	五、赶工措施费：……招标控制价、施工图预算的赶工措施费按下表计算；工程结算按合同约定，合同对赶工措施费没有约定的，按下表确定。	五、赶工措施费：……招标控制价、施工图预算的赶工措施费按下表计算；工程结算按合同约定。
		第一册	
17	工程量计算规则	六、…… 管道结构宽度：无管座按管道外径计算；有管座的按管座外缘计算。构筑物按基础外缘计算。设挡土板每侧增加 10cm 工作面。砂、石等基础、垫层不属于管座。	六、…… 管道结构宽度：无管座按管道外径计算；有管座的按管座外缘计算。构筑物按基础外缘计算。设挡土板或钢板桩的每侧增加 10cm 工作面，采用拉森钢板桩支护的每侧增加 15cm 工作面。砂、石等基础、垫层不属于管座。
34-35	D1-1-43～D1-1-50	子目名称：大型支撑基坑土方	子目名称：大型支撑下挖土方
63	说明	十二、水平定向钻孔中的管径，单管按管外径计算；群管按群管所围成的外径计算。	十二、水平导向钻进中的管径，单管按公称直径计算；群管按群管所围成的外径计算。
95	工程量计算规则	七、抛石挤淤按设计抛石量按设计图示尺寸以"m³"计算。	七、抛石挤淤按设计图示尺寸以"m³"计算。
97	工程量计算规则	二十一、钢板桩	二十一、钢板桩 **增：** 3. 水上工作平台打拔拉森钢板桩、液压振动锤打拔超深拉森钢板桩按设计图示尺寸以"t"计算。
107	D1-3-26	基价(元) 1227.10 人工费(元) 84.15 机具费(元) 86.20 管理费(元) 21.48 00010010 人工费 消耗量 84.15 990113020 平地机 功率 90(kW) 消耗量 0.047 990120040 钢轮内燃压路机工作质量 15(t) 消耗量 0.035 990120020 钢轮内燃压路机工作质量 8(t) 消耗量 0.033	基价(元) 1059.87 人工费(元) 9.46 机具费(元) 12.39 管理费(元) 2.75 00010010 人工费 消耗量 9.46 990113020 平地机 功率 90(kW) 消耗量 0.007 990120040 钢轮内燃压路机工作质量 15(t) 消耗量 0.008 **删除：**990120020 钢轮内燃压路机工作质量 8(t) 消耗量 0.033 **（勘误后子目详见附表1）**

页码	部位或子目编号	原内容	调整为
107	D1-3-27	基价(元)1083.95 　人工费(元)85.14 　机具费(元)103.25 　管理费(元)23.76	基价(元)928.66 　人工费(元)19.03 　机具费(元)31.46 　管理费(元)6.37
		00010010 人工费 消耗量 85.14 990113020 平地机 功率90(kW)消耗量 0.056 990120040 钢轮内燃压路机工作质量15(t)消耗量 0.042 990120020 钢轮内燃压路机工作质量8(t)消耗量 0.040	00010010 人工费 消耗量 19.03 990113020 平地机 功率90(kW)消耗量 0.018 990120040 钢轮内燃压路机工作质量15(t)消耗量 0.02 **删除**:990120020 钢轮内燃压路机工作质量8(t)消耗量 0.040 **(勘误后子目详见附表1)**
	D1-3-28	基价(元)1428.60 　人工费(元)85.14 　机具费(元)103.25 　管理费(元)23.76	基价(元)1273.31 　人工费(元)19.03 　机具费(元)31.46 　管理费(元)6.37
		00010010 人工费 消耗量 85.14 990113020 平地机 功率90(kW)消耗量 0.056 990120040 钢轮内燃压路机工作质量15(t)消耗量 0.042 990120020 钢轮内燃压路机工作质量8(t)消耗量 0.040	00010010 人工费 消耗量 19.03 990113020 平地机 功率90(kW)消耗量 0.018 990120040 钢轮内燃压路机工作质量15(t)消耗量 0.02 **删除**:990120020 钢轮内燃压路机工作质量8(t)消耗量 0.040 **(勘误后子目详见附表1)**
124	补D1-3-64	定额子目:补 D1-3-64(粤标定函〔2020〕164号) 基价(元)13663.10 　管理费(元)1533.62	定额子目:D1-3-64-1 基价(元)13570.79 　管理费(元)1441.31
216	D1-4-29	工作内容:拆除、清底、场内运输、旧料清理成堆。 基价(元)280.94 　机具费(元)— 　管理费(元)31.46	工作内容:拆除、清底、场内运输、废渣清理成堆。 基价(元)621.42 　机具费(元)302.35 　管理费(元)69.59
			增:机具 990106030 履带式单斗液压挖掘机斗容量1(m³)单位 台班 单价 1439.74 消耗量 0.21

页码	部位或子目编号	原内容	调整为
217	D1-4-32	工作内容:拆除、清底、场内运输、旧料清理成堆。	工作内容:拆除、清底、场内运输、废渣清理成堆。
		子目名称:拆除人行道 普通黏土砖 平铺	子目名称:拆除人行道砖
		基价(元)246.38 机具费(元)— 管理费(元)27.59	基价(元)564.15 机具费(元)282.19 管理费(元)63.17
			增:机具 990106030 履带式单斗液压挖掘机斗容量1(m³)单位 台班 单价 1439.74 消耗量 0.196
217	D1-4-33～ D1-4-34		删除这两个定额子目
334	D1-9-4	基价(元)105.04 人工费(元)25.25 材料费(元)14.84 机具费(元)54.85 管理费(元)10.10	基价(元)239.09 人工费(元)50.50 材料费(元)51.98 机具费(元)115.66 管理费(元)20.95
		00010010 人工费 消耗量 25.25 99450760 其他材料费 消耗量 1.00 990401020 载货汽车 装载质量 5(t) 消耗量 0.090 01290003 钢板 综合 消耗量 0.233 01290205 镀锌钢板 综合 消耗量 0.467 03135001 低碳钢焊条 综合 消耗量 0.377 14390070 氧气 消耗量 0.084 14390100 乙炔气 消耗量 0.033 17010435 黑铁管 综合 消耗量 2.127 990901015 交流弧焊机 容量 30(kV·A) 消耗量 0.075	00010010 人工费 消耗量 50.50 99450760 其他材料费 消耗量 3.49 990401020 载货汽车 装载质量 5(t) 消耗量 0.218 增: 36270080 移动式钢护栏 单位 m 单价 85 消耗量 0.560 删除: 01290003 钢板 综合 消耗量 0.233 01290205 镀锌钢板 综合 消耗量 0.467 03135001 低碳钢焊条 综合 消耗量 0.377 14390070 氧气 消耗量 0.084 14390100 乙炔气消耗量 0.033 17010435 黑铁管 综合 消耗量 2.127 990901015 交流弧焊机 容量 30(kV·A) 消耗量 0.075 (勘误后子目详见附表2)

页码	部位或子目编号	原内容	调整为
334	注	3. 移动式钢护栏、移动式塑料注水围挡已综合考虑了施工使用工期内移动和运输。	3. 移动式钢护栏、移动式塑料注水围挡已综合考虑了施工使用工期内移动和运输，如护栏放置在同一位置后没有移动的，第一天和最后一天按移动式计算，其余时间按固定放置计算，累计护栏主材费不能超过新购置的材料费。
	子目		新增"D1-9-6 移动护栏固定放置 钢护栏"和"D1-9-7 移动护栏固定放置 塑料注水围挡"两个子目。 （新增子目详见附表3）

第二册

页码	部位或子目编号	原内容	调整为
43	D2-3-1	基价（元）2522.75 材料费（元）1879.08	基价（元）1772.17 材料费（元）1128.50
		04050005 碎石 20～40	删除该材料
	D2-3-2	基价（元）288.41 材料费（元）235.21	基价（元）194.42 材料费（元）141.22
		04050005 碎石 20～40	删除该材料
	D2-3-3	基价（元）2357.08 材料费（元）161.20	基价（元）1606.50 材料费（元）1128.50
		04050005 碎石 20～40	删除该材料
	D2-3-4	基价（元）288.41 材料费（元）235.21	基价（元）194.42 材料费（元）141.22
		04050005 碎石 20～40	删除该材料
72	D2-4-3～D2-4-6	08000005 天然石材饰面板 m²	36050090 花岗岩人行道砖 m²

页码	部位或子目编号	原内容	调整为
		第三册	
145	说明	五、现浇混凝土梁、板等模板子目中均已包括底模内容,但未包括支架部分。如发生时可套用本章相应项目。	五、现浇混凝土梁、板等模板子目中未包括支架部分。如发生时可套用本章相应项目。
		第七册	
68	D7-2-30	基价(元) 4446.48 　人工费(元) 3716.63 　材料费(元) 47.58 　机具费(元) 142.05 　管理费(元) 540.22	基价(元) 5696.58 　人工费(元) 1408.00 　材料费(元) 3633.54 　机具费(元) 404.32 　管理费(元) 253.72
		00010010 人工费 消耗量 3716.63 01090001 热轧圆钢 综合 消耗量 1.025 　99450760 其他材料费 消耗量 1.39	00010010 人工费 消耗量 1408.00 　01090001 热轧圆钢 综合 消耗量 1025.000 　99450760 其他材料费 消耗量 105.83 **增:** 　990406010 机动翻斗车 装载质量 1(t) 消耗量 0.691 　990504020 电动双筒慢速卷扬机牵引力 50(kN) 单位 台班 单价 319.14 消耗量 0.170
	D7-2-31	基价(元) 10448.74 　人工费(元) 4204.06 　机具费(元)— 　管理费(元) 588.57	基价(元) 7898.80 　人工费(元) 1705.00 　机具费(元) 262.27 　管理费(元) 275.42
		00010010 人工费 消耗量 4204.06	00010010 人工费 消耗量 1705.00 **增:** 　990406010 机动翻斗车 装载质量 1(t) 消耗量 0.691 　990504020 电动双筒慢速卷扬机牵引力 50(kN) 单位 台班 单价 319.14 消耗量 0.170

页码	部位或 子目编号	原内容	调整为
		《广东省园林绿化工程综合定额2018》	
188	E1-4-43	计量单位:m²	计量单位:m³
		《广东省传统建筑保护修复工程综合定额2018》	
119	W1-2-270	基价(元)308.61元 材料费(元)108.93元	基价(元)486.50元 材料费(元)286.82元
		36050003 寸方大阶砖 370×370-G 消耗量 3.350	36050003 寸方大阶砖 370×370-G 消耗量 9.570

附表 1

5 填砂、石屑、砂（碎）石

工作内容：放样、取运料、摊铺、洒水、找平。

定额编号					D1-3-26	D1-3-27	D1-3-28
子目名称					填中砂	填石屑	填砂(碎)石
基价(元)					1059.87	928.66	1273.31
其中	人工费(元)				9.46	19.03	19.03
	材料费(元)				1035.27	871.80	1216.45
	机具费(元)				12.39	31.46	31.46
	管理费(元)				2.75	6.37	6.37
分类	编码	名称	单位	单价(元)	消耗量		
人工	00010010	人工费	元	—	9.46	19.03	19.03
材料	04030015	中砂	m³	78.68	13.000	—	11.670
	04050005	碎石 20～40	m³	96.60	—	—	2.950
	04070045	石屑	m³	66.15	—	13.000	—
	34110010	水	m³	4.58	1.590	1.640	1.580
	99450760	其他材料费	元	1.00	5.15	4.34	6.05
机具	990113020	平地机 功率90(kW)	台班	969.68	0.007	0.018	0.018
	990120040	钢轮内燃压路机 工作质量15(t)	台班	700.51	0.008	0.020	0.020

附表 2

D.1.9.2 封闭式、移动式施工护栏

工作内容：平整场地，浇筑混凝土或砌砖，粉刷，立杆制作、安装，钢板安装，材料运输，维护，拆除。

计量单位：见表

定额编号				D1-9-2	D1-9-3	D1-9-4	D1-9-5
子目名称				封闭式		移动式	
				混凝土基础	砖基础	钢护栏	塑料注水围挡
				高 2.5m 内			
				10m·月	10m·月	100m·天	100m·天
基价(元)				214.54	136.77	239.09	212.65
其中	人工费(元)			115.19	50.70	50.50	37.88
	材料费(元)			81.21	79.68	51.98	116.22
	机具费(元)			3.21	—	115.66	47.75
	管理费(元)			14.93	6.39	20.95	10.80
分类	编码	名称	单位	单价(元)	消耗量		
人工	00010010	人工费	元	—	115.19	50.70	50.50	37.88
材料	01290303	镀锌钢板	m²	—	[2.444]	[2.444]	—	—
	80010800	预拌砂浆	m³	—	—	(0.060)	—	—
	80210180	预拌混凝土	m³	—	(0.133)	—	—	—
	01000010	型钢 综合	t	3365.23	0.015	0.015	—	—
	01010125	螺纹钢筋 φ10～φ25	t	3547.15	0.001	0.001	—	—
	03019001	圆钉 综合	kg	5.36	0.180	—	—	—
	04130001	标准砖 240×115×53	千块	310.92	—	0.076	—	—
	05030060	板枋材 综合	m³	1592.08	0.015	—	—	—
	13010130	酚醛调和漆	kg	7.17	—	—	0.032	—
	13010170	红丹漆	kg	10.60	—	—	0.047	—

分类	编码	名称	单位	单价(元)	消耗量			
材料	14050050	溶剂油	kg	3.94	—	—	0.041	—
	34110010	水	m³	4.58	0.111	0.111	—	—
	35050050	塑料注水围挡	个	70.00	—	—	—	1.646
	36270080	移动式钢护栏	m	85.00	—	—	0.560	—
	99450760	其他材料费	元	1.00	1.83	1.51	3.49	1.00
机具	990401020	载货汽车 装载质量5(t)	台班	530.56	—	—	0.218	0.090
	991003030	电动空气压缩机 排气量1(m³/min)	台班	56.30	0.057	—	—	—

注：1. 封闭式护栏如采用不同类型板材，可换算主材价格，使用超过1年时，按12个月计算。

2. 移动式塑料注水围挡按规格长1350mm×高700mm×上宽140mm×下宽280mm编制，规格不同时，可换算材料价，其他不变。

3. 移动式钢护栏、移动式塑料注水围挡已综合考虑了施工使用工期内移动和运输，如护栏放置在同一位置后没有移动的，第一天和最后一天按移动式计算，其余时间按固定放置计算，累计护栏主材费不能超过新购置的材料费。

4. 移动式塑料注水围挡不考虑注水，如有实际发生注水，水费另计，其他不变。

附表 3

D.1.9.2 封闭式、移动式施工护栏

工作内容：平整场地，浇筑混凝土或砌砖，粉刷，立杆制作、安装，钢板安装，材料运输，维护，拆除。

计量单位：100m·天

定额编号						D1-9-6	D1-9-7
子目名称						移动护栏固定放置	
						钢护栏	塑料注水围挡
基价(元)						106.36	108.18
其中	人工费(元)					50.5	18.94
	材料费(元)					49.49	86.85
	机具费(元)					—	—
	管理费(元)					6.37	2.39
分类	编码	名称	单位	单价(元)		消耗量	
人工	00010010	人工费	元	—		50.5	18.94
材料	13010130	酚醛调和漆	kg	7.17		0.032	—
	13010170	红丹漆	kg	10.60		0.047	—
	14050050	溶剂油	kg	3.94		0.041	—
	35050050	塑料注水围挡	个	70.00		—	1.230
	36270080	移动式钢护栏	m	85.00		0.560	—
	99450760	其他材料费	元	1.00		1.00	0.75

注：1. 封闭式护栏如采用不同类型板材，可换算主材价格，使用超过 1 年时，按 12 个月计算。

2. 移动式塑料注水围挡按规格长 1350mm×高 700mm×上宽 140mm×下宽 280mm 编制，规格不同时，可换算材料价，其他不变。

3. 移动式钢护栏、移动式塑料注水围挡已综合考虑了施工使用工期内移动和运输，如护栏放置在同一位置后没有移动的，第一天和最后一天按移动式计算，其余时间按固定放置计算，累计护栏主材费不能超过新购置的材料费。

4. 移动式塑料注水围挡不考虑注水，如有实际发生注水，水费另计，其他不变。

关于印发广东省建设工程定额动态调整的通知（第 19 期）

粤标定函〔2023〕35 号

各有关单位：

近期，我站组织专家研究分析了广东省建设工程定额动态管理系统收集的反馈意见，现将《广东省市政工程综合定额 2018》相关调整内容印发给你们，调整内容与我省现行工程计价依据配套使用，请遵照执行。执行中遇到的问题，请通过"广东省工程造价信息化平台——建设工程定额动态管理系统"及时反映。

附件：《广东省市政工程综合定额 2018》动态调整内容

广东省建设工程标准定额站

2023 年 3 月 27 日

附件：

《广东省市政工程综合定额 2018》动态调整内容

页码	部位或子目编号	原内容	调整为
		第一册《通用项目》	
18	折算比例表	排水管道、焊接钢管	排水管道
99	D1-3-1	基价(元) 200749.21 机具费(元) 20753.38 管理费(元) 9058.69	基价(元) 200750.92 机具费(元) 20754.90 管理费(元) 9058.88
		990808010 真空泵 抽气速度 204(m³/h)台班 310.215	990808010 真空泵 抽气速度 204(m³/h)台班 197.14 **增：** 990801020 电动单级离心清水泵 出口直径 100(mm)台班 197.14
	D1-3-2	基价(元) 5982.96 机具费(元) 3112.99 管理费(元) 669.97	基价(元) 5983.12 机具费(元) 3113.13 管理费(元) 669.99
		990808010 真空泵 抽气速度 204(m³/h)台班 46.532	990808010 真空泵 抽气速度 204(m³/h)台班 29.570 **增：** 990801020 电动单级离心清水泵 出口直径 100(mm)台班 29.570
118	注		**增：** 1. 插拔型钢子目已含 3 个月型钢的摊销使用期，超出摊销使用期，型钢按 10 元/(t·天)费用计算。累计增加的材料费不能超过新购置型钢材料费的 70%。
6	目录	6 预应力锚杆(索)、土钉	6 锚杆(索)、土钉
98	工程计算规则	二十四、预应力锚杆、预应力锚索、土钉 1. 预应力锚杆、锚索钻孔、灌浆按设计入土长度以"m"计算。 2. 预应力锚杆、锚索制作安装按设计图示尺寸以"t"计算。锚索制作安装工程量为锚固长度与工作长度之和。 3. 预应力锚索锚墩、承压板制作安装以"个"计算。	二十四、锚杆、锚索、土钉 1. 锚杆、锚索钻孔、灌浆按设计入土长度以"m"计算。 2. 锚杆、锚索制作安装按设计图示尺寸以"t"计算。锚索制作安装工程量为锚固长度与工作长度之和。 3. 锚索锚墩、承压板制作安装以"个"计算。

页码	部位或子目编号	原内容	调整为
	节	6 预应力锚杆(索)、土钉	6 锚杆(索)、土钉
197	D1-3-248 D1-3-249	预应力锚杆	锚杆
	D1-3-250~ D1-3-252	预应力锚索	锚索
198	D1-3-254	基价(元) 772.99 机具费(元) 49.89 管理费(元)33.05	基价(元) 807.00 机具费(元) 80.09 管理费(元)36.86
			增： 990128010 风动凿岩机 气腿式 台班 0.312 991003070 电动空气压缩机 排气量 10(m³/min)0.060
	第二册《道路工程》		
56	D2-3-47	基价(元) 125.03 材料费(元)16.48	基价(元) 122.38 材料费(元) 13.83
		14350630 脱模剂 kg 0.572	14350630 脱模剂 kg 0.057
	第三册《桥涵工程》		
8	册说明	1. 单跨 100m 以内的城镇桥梁工程。	删除
	第五册《排水工程》		
201	说明	九、当井深不同时,除本章中列有增(减)调整子目外,其余均按 D.5.3.2 砖砌井筒的相应子目调整。(粤标定函〔2020〕75 号)	九、砖砌圆形雨、污水检查井项目的井室高度按下表所示高度考虑,当设计井室高度与下表所示高度不同时,应套用相应的井室高度调整项目,其余均按 D.5.3.2 砖砌井筒的相应项目调整。

页码	部位或子目编号	原内容	调整为		
201	说明		项目名称	井径（mm）	井室高度（mm）
			砌砖圆形雨水检查井	$\phi 1000\sim\phi 1500$	1800
			砌砖圆形污水检查井	$\phi 1000$	2200
				$\phi 1250$	2500
				$\phi 1500$	2700
445	措施其他项目费用标准	六、其他费用，如：施工临时道路（含临时消防车道）、大型预制梁设施、围堰、危险性较大的分部分项工程安全管理措施等，根据工程和施工现场，需要发生的其他费用，按实际发生或经批准的施工组织设计方案计算。	六、其他费用，如：施工临时道路（含临时消防车道）、大型预制梁设施、围堰、现浇模板、脚手架（综合脚手架除外）、危险性较大的分部分项工程安全管理措施等，根据工程和施工现场，需要发生的其他费用，按实际发生或经批准的施工组织设计方案计算。		

关于印发广东省建设工程定额
动态调整的通知（第 20 期）

粤标定函〔2023〕46 号

各有关单位：

近期，我站组织专家研究分析了广东省建设工程定额动态管理系统收集的反馈意见，现将有关调整内容印发给你们。本调整内容与我省现行工程计价依据配套使用，请遵照执行。执行中遇到的问题，请通过"广东省工程造价信息化平台——建设工程定额动态管理系统"及时反映。

附件：《广东省建设工程计价依据》动态调整内容

广东省建设工程标准定额站

2023 年 4 月 12 日

附件：

《广东省建设工程计价依据》动态调整内容

页码	部位或子目编号	原内容	调整为
		《广东省房屋建筑与装饰工程综合定额 2018》	
		A.1.3 桩基础工程	
111	A1-3-42	子目名称：钢桩尖制作	子目名称：钢桩尖制安
		A.1.7 金属结构工程	
341	A1-7-24～27	35090235 钢支撑 kg —	35090237 钢支撑 t —
		A.1.14 天棚工程	
859	A1-14-3	80010640 预拌水泥砂浆 1∶2.5	删除
896	工作内容	安装天棚面层、钉收边线	安装天棚面层
		A.1.20 模板工程	
1230	A1-20-37	子目名称：圈梁模板 支模高度 3.6m	子目名称：圈梁模板
		A.1.21 脚手架工程	
1279	说明	二、脚手架 2. 综合脚手架包括脚手架、平桥、斜桥、平台、护栏、挡脚板、安全网等，高层脚手架 50.5m 至 200.5m 还包括托架和拉杆费用。 4. 综合脚手架全部周转材料在施工现场的加权平均使用天数为综合脚手架的有效使用天数。脚手架搭拆和使用的时间规律如下图示例： 脚手架搭拆和使用的时间规律示例图	2. 综合脚手架搭拆包括脚手架、平桥、斜桥、平台、护栏、挡脚板、安全网、托架和拉杆等。 4. 综合脚手架全部周转材料在施工现场搭拆的使用天数为综合脚手架的有效使用天数。

页码	部位或子目编号	原内容	调整为
1281	说明	四、单独装饰工程脚手架 2. 外走廊、阳台的外墙、走廊柱及独立柱的砌筑、捣制、装饰和外墙内面装饰的脚手架,高度在 3.6m 以内的按活动脚手架子目执行,高度超过 3.6m 的按单排脚手架子目执行。	2. 外走廊、阳台的外墙、走廊柱及独立柱的砌筑、捣制、装饰和外墙内面装饰的脚手架,设计室内地坪至板底(或山墙高度的 1/2 处)的高度在 3.6m 以内的按活动脚手架子目执行;高度超过 3.6m,执行综合脚手架搭拆定额子目乘以系数 0.8,已综合考虑其使用费。
			新增: 七、建筑及单独装饰外墙综合脚手架定额子目按照双排脚手架考虑,每增加一排立杆的费用按其建筑、装饰综合脚手架搭拆相应步距的子目,以及综合脚手架使用费子目乘以系数 0.3 计算增加费。
1283	工程量计算规则	一、 2. 外墙综合脚手架使用工程量,按脚手架搭设面积乘以脚手架在施工现场的有效使用天数以 100m² · 10 天为单位计算。 外墙综合脚手架有效使用天数的计算:	
		(1)具有经审核的施工组织设计文件	删除
		±0.00 以下工程脚手架有效使用天数＝(地下工程工期－土方开挖工期)/2	±0.00 以下工程脚手架有效使用天数＝(地下工程工期－基坑支护及基坑土方开挖工期)×40％
		±0.00 以上工程脚手架有效使用天数＝(主体工程工期＋开始拆架至工程竣工的间隔期)×0.5＋封顶至开始拆架的间隔期	±0.00 以上单项工程建筑与外立面装饰综合脚手架有效使用天数＝地上工程工期×60％
		(2)没有经审核的施工组织设计文件,按主体工程工期占地上工程工期 60％;装饰工程工期占 30％;封顶至拆架间隔期占 10％综合考虑。	删除

続表

页码	部位或子目编号	原内容	调整为
1283	工程量计算规则	±0.00 以下工程脚手架有效使用天数＝地下工程工期/4 ±0.00 以上工程建筑脚手架有效使用天数＝地上工程工期×0.40	删除
		±0.00 以上工程装饰脚手架有效使用天数＝地上工程工期×0.15	±0.00 以上单项工程外立面装饰脚手架有效使用天数＝地上单项工程外立面工期
1287	工程量计算规则	三、建筑物脚手架托架的使用工程量按照托架搭拆的总长度以"10m·10天"为单位计算,有效使用天数同支托的外脚手架,托架的搭拆不再单独计算。	三、建筑物脚手架托架的使用工程量按照托架搭拆层外墙外边线的凹凸(包括凸出阳台)总长度以"10m·10天"为单位计算,有效使用天数同支托的外脚手架,托架的搭拆不再单独计算。
			新增: 五、建筑及单独装饰脚手架,外墙综合脚手架搭设多排脚手架时,每增加一排立杆工程,按实际搭设部位、高度,执行外墙综合脚手架计算规则。
1295	A1-21-22	建筑用综合脚手架使用费	建筑用综合脚手架使用费(详见附件 1)
		基价(元) 315.11 人工费(元) 116.15 材料费(元) 168.28 机具费(元) 11.06 管理费(元) 19.62	基价(元) 159.65 人工费(元) 52.27 材料费(元) 92.94 机具费(元) 5.53 管理费(元) 8.91
		00010010 人工费 消耗量 116.15 03210280 钢脚手直角扣件 消耗量 2.315 35030010 脚手架钢管 消耗量 39.238 99450760 其他材料费 消耗量 16.45 990401025 载货汽车 装载质量 6(t) 消耗量 0.020	00010010 人工费 消耗量 52.27 03210280 钢脚手直角扣件 消耗量 1.273 35030010 脚手架钢管 消耗量 20.618 99450760 其他材料费 消耗量 8.23 990401025 载货汽车 装载质量 6(t) 消耗量 0.010

页码	部位或子目编号	原内容	调整为
1295	A1-21-23	建筑用脚手架托架	建筑用脚手架托架使用费(详见附件1)
		基价(元)144.96 　材料费(元) 73.51	基价(元)134.82 　材料费(元)63.37
		35030230 高层脚手架托架 $\phi51\times3.5$ 消耗量 12.470 35030240 高层脚手架拉杆 $\phi51\times3.5$ 消耗量 4.428	删除: 　35030230 高层脚手架托架 $\phi51\times3.5$ 消耗量 12.470 　35030240 高层脚手架拉杆 $\phi51\times3.5$ 消耗量 4.428 　增: 　29210100 钢拉杆 单位 kg 单价 3.35 消耗量 1.299 　01000001 型钢 综合 单位 kg 单价 3.37 消耗量 17.07
1297	A1-21-28	建筑用单排脚手架使用费	删除
1326	A1-21-126	装修用综合脚手架使用费	装饰用综合脚手架使用费(详见附件2)
		基价(元) 267.11 　人工费(元) 87.26 　材料费(元) 160.54 　机具费(元) 5.07 　管理费(元) 14.24	基价(元) 130.93 　人工费(元) 43.63 　材料费(元) 74.72 　机具费(元) 5.07 　管理费(元) 7.51
		00010010 人工费 消耗量 87.26 03210280 钢脚手直角扣件 消耗量 1.852 35030010 脚手架钢管 消耗量 29.535 35030210 脚手板(钢笆网) 消耗量 9.24 35030220 挡脚板(钢笆网) 消耗量 13.87 99450760 其他材料费 消耗量 13.16	00010010 人工费 消耗量 43.63 03210280 钢脚手直角扣件 消耗量 1.019 35030010 脚手架钢管 消耗量 16.244 35030210 脚手板(钢笆网) 消耗量 1.04 35030220 挡脚板(钢笆网) 消耗量 0.277 99450760 其他材料费 消耗量 8.23

页码	部位或子目编号	原内容	调整为
1326	A1-21-127	装修脚手架托架	装饰脚手架托架使用费（详见附件2）
		基价(元) 155.37 材料费(元) 105.37	基价(元) 94.45 材料费(元) 44.45
		35030210 脚手板(钢笆网) 消耗量 34.56 35030220 挡脚板(钢笆网) 消耗量 3.24 35030230 高层脚手架托架 $\phi51\times3.5$ 消耗量 8.636 35030240 高层脚手架拉杆 $\phi51\times3.5$ 消耗量 2.826	35030210 脚手板(钢笆网) 消耗量 0.691 35030220 挡脚板(钢笆网) 消耗量 0.065 删除：35030230 高层脚手架托架 $\phi51\times3.5$ 消耗量 8.636 35030240 高层脚手架拉杆 $\phi51\times3.5$ 消耗量 2.826 增： 29210100 钢拉杆 单位 kg 单价 3.35 消耗量 0.909 01000001 型钢 综合 单位 kg 单价 3.37 消耗量 11.949
	材料	35030050 脚手架钢管 $\phi51\times3.5$	17010470 钢管规格：$\phi48.3\times3.6$
《广东省建筑与装饰工程综合定额 2010》			
1152	A21-29	子目名称:圈梁模板 支模高度3.6m	子目名称:圈梁模板

附件1:

工作内容: 1. 正常施工期间的加固维修和安全管理。

2. 脚手架用各种材料的周转摊销。

3. 脚手架钢管及管件的损耗。

计量单位: 见表

定额编号					A1-21-22	A1-21-23
子目名称					建筑用综合脚手架使用费	建筑用脚手架托架使用费
					100m² · 10 天	10m · 10 天
基价					159.65	134.82
其中	人工费(元)				52.27	56.38
	材料费(元)				92.94	63.37
	机具费(元)				5.53	5.53
	管理费(元)				8.91	9.54
分类	编码	名称	单位	单价(元)	消耗量	
人工	00010010	人工费	元	—	52.27	56.38
材料	03210280	钢脚手直角扣件	个	3.30	1.273	—
	05030370	松杂直边板	m³	1211.42	0.005	—
	35030010	脚手架钢管	kg	3.42	20.618	—
	35030030	脚手架钢管底座	个	7.05	0.278	—
	35030210	脚手板(钢笆网)	m²	1.50	1.040	0.929
	35030220	挡脚板(钢笆网)	m²	1.50	0.277	0.065
	29210100	钢拉杆	kg	3.35	—	1.299
	01000001	型钢 综合	kg	3.37	—	17.070
	99450760	其他材料费	元	1.00	8.23	—
机具	990401025	载货汽车 装载质量6(t)	台班	552.75	0.010	0.010

附件 2：

工作内容：1. 正常施工期间的加固维修和安全管理。

2. 脚手架用各种材料的周转摊销。

3. 脚手架钢管及管件的损耗。

计量单位：见表

定额编号				A1-21-126	A1-21-127
子目名称				装饰用综合脚手架使用费	装饰脚手架托架使用费
				100m²·10 天	10m·10 天
基价				130.93	94.45
其中	人工费（元）			43.63	38.25
	材料费（元）			74.72	44.45
	机具费（元）			5.07	5.07
	管理费（元）			7.51	6.68
分类	编码	名称	单位	单价(元)	消耗量	
人工	00010010	人工费	元	—	43.63	38.25
材料	03210280	钢脚手直角扣	个	3.3	1.019	—
	05030370	松杂直边板	m³	1211.42	0.003	—
	35030010	脚手架钢管	kg	3.42	16.244	—
	35030030	脚手架钢管底	个	7.05	0.278	—
	35030210	脚手板（钢笆网）	m²	1.50	1.040	0.691
	35030220	挡脚板（钢笆网）	m²	1.50	0.277	0.065
	29210100	钢拉杆	kg	3.35	—	0.909
	01000001	型钢 综合	kg	3.37	—	11.949
	99450760	其他材料	元	1.00	8.23	
机具	990401025	载货汽车 装载质量 4(t)	台班	506.6	0.010	0.010

关于印发广东省建设工程定额
动态调整的通知（第 21 期）

粤标定函〔2023〕105 号

各有关单位：

近期，我站组织专家研究分析了广东省建设工程定额动态管理系统收集的反馈意见，现将《广东省市政工程综合定额2018》相关调整内容印发给你们，调整内容与我省现行工程计价依据配套使用，请遵照执行。执行中遇到的问题，请通过"广东省工程造价信息化平台——建设工程定额动态管理系统"及时反映。

附件：《广东省市政工程综合定额2018》动态调整内容

广东省建设工程标准定额站
2023 年 8 月 21 日

附件：

《广东省市政工程综合定额2018》动态调整内容

页码	部位或子目编号	原内容	调整为
		《广东省市政工程综合定额2018》	
		第一册《通用项目》	
174			增： 注:1. 对于陆上护筒埋设深度超过5m时,每吨按低碳钢焊条0.2kg、振动沉拔桩机激振力300(kN)0.26台班、汽车式起重机提升质量12(t)0.05台班、交流电焊机容量30(kV·A)0.02台班计算,并扣除原子目中的黏土及汽车式起重机机具费。 2. 陆上钢护筒埋设、拆除子目中的钢护筒消耗量是按埋设深度为5m内考虑的,当5m<埋设深度≤10m时,钢护筒消耗量为0.2,当10m<埋设深度≤15m时,钢护筒消耗量为0.27,当埋设深度>15m时,钢护筒消耗量为0.4。
197	D1-3-249	基价(元) 7466.34 机具费(元) 118.46 管理费(元) 350.05	基价(元) 7430.37 机具费(元) 86.52 管理费(元) 346.02
		990503010 电动单筒慢速卷扬机牵引力10(kN) 0.138	990701015 钢筋调直机 直径40(mm) 0.104
	D1-3-251	基价(元) 11141.26 机具费(元) 1201.71 管理费(元) 652.16	基价(元) 10764.24 机具费(元) 866.91 管理费(元) 609.94
		990503010 电动单筒慢速卷扬机牵引力10(kN) 1.454	990701015 钢筋调直机直径40(mm) 1.126
		第二册《道路工程》	
	D2-3-36～D2-3-37	80250350 沥青混凝土 [102.000]	删除

页码	部位或子目编号	原内容	调整为
		第三册《桥涵工程》	
127	D3-6-1	基价(元) 5525.81 机具费(元) 138.23 管理费(元) 250.13	基价(元) 5434.54 机具费(元) 59.43 管理费(元) 237.66
		990503030 电动单筒慢速卷扬机 牵引力 50(kN) 0.330	990701015 钢筋调直机 直径 40 (mm) 0.300
128	D3-6-3	基价(元) 5008.88 机具费(元) 116.03 管理费(元) 180.14	基价(元) 4917.16 机具费(元) 36.84 管理费(元) 167.61
		990503030 电动单筒慢速卷扬机 牵引力 50(kN) 0.320	990701015 钢筋调直机 直径 40 (mm) 0.240
	D3-6-4	基价(元) 4824.05 机具费(元) 126.42 管理费(元) 134.25	基价(元) 4760.57 机具费(元) 71.61 管理费(元) 125.58
		990503030 电动单筒慢速卷扬机 牵引力 50(kN) 0.190	删除
		第五册《排水工程》	
39	D5-1-62	基价(元) 3070.54 机具费(元) 210.46 管理费(元) 448.18	基价(元) 2823.02 机具费(元) 0 管理费(元) 411.12
		990304004 汽车式起重机 提升质量 8(t) 0.200 990401030 载货汽车 装载质量 8(t) 0.042	删除
	D5-1-63	基价(元) 1846.31 机具费(元) 205.41 管理费(元) 265.37	基价(元) 2006.39 机具费(元) 341.52 管理费(元) 289.34
		990304004 汽车式起重机 提升质量 8(t) 0.200	990304004 汽车式起重机 提升质量 8(t) 0.348

页码	部位或子目编号	原内容	调整为
39	D5-1-64	基价(元) 1369.19 机具费(元) 21.48 管理费(元) 194.11	基价(元) 1745.59 机具费(元) 341.52 管理费(元) 250.47
		990304004 汽车式起重机 提升质量 8(t)—	990304004 汽车式起重机 提升质量 8(t) 0.348
	D5-1-65	基价(元) 1215.76 机具费(元) 21.48 管理费(元) 171.24	基价(元) 1535.91 机具费(元) 293.69 管理费(元) 219.18
		990304004 汽车式起重机 提升质量 8(t)—	990304004 汽车式起重机 提升质量 8(t) 0.296
40	D5-1-66	基价(元) 1537.25 机具费(元) 389.34 管理费(元) 219.44	基价(元) 1424.76 机具费(元) 293.69 管理费(元) 202.6
		990304004 汽车式起重机 提升质量 8(t) 0.400	990304004 汽车式起重机 提升质量 8(t) 0.296
	D5-1-67	基价(元) 1500.97 机具费(元) 440.89 管理费(元) 214.07	基价(元) 1361.01 机具费(元) 321.89 管理费(元) 193.11
		990304012 汽车式起重机 提升质量 12(t) 0.400 990401030 载货汽车 装载质量 8(t) 0.042	990304012 汽车式起重机 提升质量 12(t) 0.290 990401030 载货汽车 装载质量 8(t) 0.034
	D5-1-68	基价(元) 1619.14 机具费(元) 215.51 管理费(元) 231.53	基价(元) 1767.34 机具费(元) 341.52 管理费(元) 253.72
		990304004 汽车式起重机 提升质量 8(t) 0.200 990401030 载货汽车 装载质量 8(t) 0.050	990304004 汽车式起重机 提升质量 8(t) 0.348 990401030 载货汽车 装载质量 8(t) 0.034

页码	部位或子目编号	原内容	调整为
381	D5-5-1	基价(元) 5124.82 机具费(元) 138.23 管理费(元) 221.83	基价(元) 5032.15 机具费(元) 59.43 管理费(元) 207.96
		990503030 电动单筒慢速卷扬机 牵引力 50(kN) 0.330	990701015 钢筋调直机 直径 40 (mm) 0.300
382	D5-5-3	基价(元) 5029.26 机具费(元) 116.03 管理费(元) 200.52	基价(元) 4936.13 机具费(元) 36.84 管理费(元) 186.58
		990503030 电动单筒慢速卷扬机 牵引力 50(kN) 0.320	990701015 钢筋调直机 直径 40 (mm) 0.240
	D5-5-4	基价(元) 4839.24 机具费(元) 126.42 管理费(元) 149.44	基价(元) 4774.78 机具费(元) 71.61 管理费(元) 139.79
		990503030 电动单筒慢速卷扬机 牵引力 50(kN) 0.190	删除
383	D5-5-9	基价(元) 7984.71 机具费(元) 52.91 管理费(元) 613.34	基价(元) 7937.96 机具费(元) 13.16 管理费(元) 606.34
		990503030 电动单筒慢速卷扬机 牵引力 50(kN) 0.170	990701015 钢筋调直机 直径 40 (mm) 0.170

第七册《隧道工程》

	D7-2-14	基价(元) 9163.02 材料费(元) 3542.21	基价(元) 5845.85 材料费(元) 225.04
		04010015 复合普通硅酸盐水泥 5.628 04030025 粗砂 7.2 04050035 碎石 20 6.84	删除

页码	部位或子目编号	原内容	调整为
	D7-2-15	基价(元) 12693.82 材料费(元) 5950.93	基价(元) 9376.65 材料费(元) 2633.76
		04010015 复合普通硅酸盐水泥 5.628 04030025 粗砂 7.2 04050035 碎石 20 6.84	删除
	D7-7-7	模板 平台、顶板	模板 平台、顶板(板厚 60cm)
	D7-7-7-1	—	**增**(子目见附件 1): 板厚每增加 10cm(板厚 100cm 以内)
	D7-7-7-2	—	**增**(子目见附件 1): 板厚每增加 10cm(板厚 150cm 以内)

《广东省市政工程综合定额 2010》

页码	部位或子目编号	原内容	调整为
185			**增**: 注:1. 对于陆上护筒埋设深度超过 5m 时,每吨按低碳钢焊条 0.2kg、振动沉拔桩机激振力 300(kN)0.26 台班、汽车式起重机提升质量 12(t)0.05 台班、交流电焊机容量 30(kV·A)0.02 台班计算,并扣除原子目中的黏土及汽车式起重机机具费。 2. 陆上钢护筒埋设、拆除子目中的钢护筒消耗量是按埋设深度为 5m 内考虑的,当 5m<埋设深度≤10m 时,钢护筒消耗量为 0.2,当 10m<埋设深度≤15m 时,钢护筒消耗量为 0.27,当埋设深度>15m 时,钢护筒消耗量为 0.4。
178	D7-8-45	模板 平台、顶板	模板 平台、顶板(板厚 60cm)
	D7-8-45-1	—	**增**(子目见附件 2): 板厚每增加 10cm(板厚 100cm 以内)
	D7-8-45-2	—	**增**(子目见附件 2): 板厚每增加 10cm(板厚 150cm 以内)

附件1：

（4）钢筋混凝土平台、顶板

工作内容：配模、立模、拆模。

计量单位：10m²

定额编号				D7-7-7	D7-7-7-1	D7-7-7-2
子目名称				模板		
				平台、顶板（板厚）		
				60cm 以内	每增加 10cm	
					100cm 以内	150cm 以内
基价（元）				1229.25	114.51	136.57
其中	人工费（元）			623.33	75.50	86.30
	材料费（元）			333.38	16.57	22.37
	机具费（元）			162.52	10.41	13.88
	管理费（元）			110.02	12.03	14.02
分类	编码	名称	单位	单价（元）	消耗量	
人工	00010010	人工费	元	—	623.33	75.50	86.30
材料	02190060	尼龙帽 φ1.5	个	0.69	1.460	—	—
	03010430	六角螺栓 综合	kg	5.58	2.230	—	—
	03014081	螺栓顶托	十套	2.48	0.043	—	—
	03019001	圆钉 综合	kg	5.36	0.560	—	—
	05030060	板枋材 综合	m³	1592.08	0.100	—	—
	14070050	机油 综合	kg	6.96	1.100	—	—
	35010010	钢模板	kg	4.44	5.700	—	—
	35020001	钢模零配件	kg	5.03	9.800	—	—
	35090220	钢模支撑	kg	3.88	16.920	4.230	5.710
	99450760	其他材料费	元	1.00	9.71	0.16	0.22
机具	990304016	汽车式起重机提升质量16(t)	台班	1156.64	0.113	0.009	0.012
	990706010	木工圆锯机直径 500(mm)	台班	28.17	0.590	—	—
	991003020	电动空气压缩机排气量 0.6 (m³/min)	台班	41.09	0.370	—	—

附件 2：

（4）钢筋混凝土平台、顶板

工作内容：配模、立模、拆模。

计量单位：10m²

定额编号				D7-8-45	D7-8-45-1	D7-8-45-2
子目名称				模板		
				平台、顶板（板厚）		
				60cm 以内	每增加 10cm	
					100cm 以内	150cm 以内
基价			一类	779.58	63.87	78.26
			二类	773.87	63.32	77.62
			三类	770.04	62.95	77.19
			四类	766.55	62.62	76.80
其中	人工费（元）			289.17	34.99	40.04
	材料费（元）			314.76	19.33	26.09
	机械费（元）			136.88	5.83	7.78
	管理费（元）		一类	38.77	3.71	4.35
			二类	33.06	3.17	3.71
			三类	29.23	2.80	3.28
			四类	25.73	2.47	2.89
编码	名称	单位	单价（元）	消耗量		
0001001	综合工日	工日	51.00	5.670	0.686	0.785
0219051	尼龙帽 φ1.5	个	2.45	1.460		
0305089	六角螺栓带螺母（综合）	kg	6.34	2.230		
0309361	螺栓顶托	十个	5.43	0.043		
0351001	圆钉（综合）	kg	4.36	0.560		
0503031	板枋材	m³	1313.52	0.100		
1205001	机油（综合）	kg	3.37	1.100		
3201011	钢模板	kg	4.67	5.700		

编码	名称	单位	单价(元)	消耗量		
3202001	钢模零配件	kg	5.65	9.800		
3001281	钢模支撑	kg	4.57	16.920	4.23	5.71
9909106	履带式起重机 提升质量 15(t)	台班	648.27	0.140	0.009	0.012
9921111	木工圆锯机 直径 500(mm)	台班	25.05	0.590		
9943056	电动空气压缩机 排气量 0.6(m³/min)	台班	84.71	0.370		

关于印发广东省建设工程定额
动态调整的通知（第 22 期）

粤标定函〔2023〕106 号

各有关单位：

近期，我站组织专家研究分析了广东省建设工程定额动态管理系统收集的反馈意见，现将《广东省建设工程施工机具台班费用编制规则2018》高压旋喷钻机调整内容印发给你们。本调整内容与我省现行工程计价依据配套使用，除合同另有约定外，已经合同双方确认的工程造价成果文件不作调整，请遵照执行。执行中遇到的问题，请通过"广东省工程造价信息化平台——建设工程定额动态管理系统"及时反映。

附件：《广东省建设工程施工机具台班费用编制规则2018》动态调整内容

广东省建设工程标准定额站

2023 年 8 月 21 日

附件：

《广东省建设工程施工机具台班费用编制规则2018》动态调整内容
（适用于房屋建筑与装饰、市政、管廊工程综合定额）

编码				990220080	990220085	990220090	990220095
子 目 名 称		单位		高压旋喷钻机			高压旋喷钻机
				单管	双重管	三重管	
台班单价		元		480.90	514.26	547.62	471.77
费用组成	折 旧 费	元	1.00	108.78	118.28	127.78	102.13
	检 修 费	元	1.00	13.06	14.20	15.34	12.26
	维 护 费	元	1.00	27.42	29.81	32.20	25.74
	安 拆 费	元	1.00				
	人 工	工日	230.00	1.00	1.00	1.00	1.00
	燃料动力 汽油	kg	6.38				
	柴油	kg	5.65				
	电	kW·h	0.77	132.00	158.40	184.80	132.00
	水	m³	4.58				
	燃料动力费	元		101.64	121.97	142.30	101.64
	其 他 费 用	元					

（适用于城市轨道交通工程综合定额）

编码				990220080	990220085	990220090	990220095
子 目 名 称		单位		高压旋喷钻机			高压旋喷钻机
				单管	双重管	三重管	
台班单价		元		470.90	504.26	537.62	351.77
费用组成	折 旧 费	元	1.00	108.78	118.28	127.78	102.13
	检 修 费	元	1.00	13.06	14.20	15.34	12.26
	维 护 费	元	1.00	27.42	29.81	32.20	25.74
	安 拆 费	元	1.00				
	人 工	工日	110.00	2.00	2.00	2.00	1.00

费用组成	燃料动力	汽油	kg	6.38				
		柴油	kg	5.65				
		电	kW·h	0.77	132.00	158.40	184.80	132.00
		水	m³	4.58				
	燃料动力费		元		101.64	121.97	142.30	101.64
	其 他 费 用		元					

关于印发广东省建设工程定额
动态调整的通知（第 23 期）

粤标定函〔2023〕107 号

各有关单位：

近期，我站组织专家研究分析了广东省建设工程定额动态管理系统收集的反馈意见，现将《广东省房屋建筑与装饰工程综合定额2018》高压旋喷桩子目调整内容印发给你们。本调整内容与我省现行工程计价依据配套使用，除合同另有约定外，已经合同双方确认的工程造价成果文件不作调整，请遵照执行。执行中遇到的问题，请通过"广东省工程造价信息化平台——建设工程定额动态管理系统"及时反映。

附件：《广东省房屋建筑与装饰工程综合定额2018》动态调整内容

广东省建设工程标准定额站

2023 年 8 月 21 日

附件：

《广东省房屋建筑与装饰工程综合定额2018》动态调整内容

页码	部位或子目编号	原内容	调整为
3	目录	A.1.2.2 高压旋喷桩 　1. 高压旋喷桩 　2. 高压旋喷桩—空桩 　3. 高压旋喷桩—水平旋喷	A.1.2.2 高压旋喷桩 　1. 高压旋喷桩—喷浆 　2.（删除） 　3. 高压旋喷桩—钻孔
63	说明	三、高压旋喷桩 　1. 高压旋喷桩定额已综合接头处的复喷工料,单位长度设计水泥用量不同时可以换算。 　2. 桩上部空孔部分套用空桩子目计算。 　3. 本章打桩工程除高压水平旋喷桩外,均按打直桩编制,设计要求打斜桩时,斜率小于1∶6时,相应定额人工费、机具费乘以系数1.25;斜率大于1∶6时,相应定额人工费、机具费乘以系数1.43。	三、高压旋喷桩 　1. 高压旋喷桩已综合考虑接头处的复喷费用。 　2. 当设计要求水泥掺量不同时,水泥可根据设计要求进行调整,其他不变。 　3. 如发生添加剂,按设计用量另行计算。 　4. 设计桩顶标高至自然地坪标高之间的距离均按空桩计算,空桩按相应定额的人工费及机具费乘以系数0.5,扣除材料费。
67	工程量计算规则	二、高压旋喷桩 　1. 实桩部分按设计有效桩长计算,即设计桩顶标高至桩底标高的长度以"m"计算。 　2. 空桩部分按自然地坪标高到设计桩顶标高的长度以"m"计算。	二、高压旋喷桩 　1. 高压旋喷桩钻孔:按钻孔前自然地坪标高与设计桩底标高之间的距离以"m"计算。 　2. 高压旋喷桩喷浆:按设计图示尺寸以"m³"计算。
73	A1-2-13	计量单位:10m 基价(元) 2472.78 　人工费(元) 616.96 　材料费(元) 824.94 　机具费(元) 786.89 　管理费(元) 243.99	计量单位:10m³ 基价(元) 3063.03 　人工费(元) 871.53 　材料费(元) 1486.17 　机具费(元) 471.85 　管理费(元) 233.48 （子目附后）
73	A1-2-14	计量单位:10m 基价(元) 3582.87 　人工费(元) 1086.40 　材料费(元) 998.23 　机具费(元) 1115.54 　管理费(元) 382.70	计量单位:10m³ 基价(元) 3512.24 　人工费(元) 934.45 　材料费(元) 1535.01 　机具费(元) 750.02 　管理费(元) 292.76 （子目附后）

页码	部位或子目编号	原内容	调整为
73	A1-2-15	计量单位:10m	计量单位:10m³
		基价(元) 4700.08 　人工费(元) 1198.41 　材料费(元) 1561.55 　机具费(元) 1475.41 　管理费(元) 464.71	基价(元) 4597.54 　人工费(元) 1008.04 　材料费(元) 1939.29 　机具费(元) 1256.61 　管理费(元) 393.60
			(子目附后)
74	A1-2-16 A1-2-17 A1-2-18	2. 高压旋喷桩—空桩	(删除)
75	A1-2-19	3. 高压旋喷桩—水平旋喷	3. 高压旋喷桩—钻孔 (子目附后)

A.1.2.2 高压旋喷桩

1. 高压旋喷桩—喷浆

工作内容：配制水泥浆，插入旋喷管、分层旋喷水泥浆、移位，泥浆清理，机具清洗及操作范围内料具搬运。

计量单位：10m³

定额编号						A1-2-13	A1-2-14	A1-2-15
子目名称						高压旋喷桩喷浆		
						单管法	双重管法	三重管法
						水泥掺量25%	水泥掺量25%	水泥掺量30%
基价(元)						3063.03	3512.24	4597.54
其中	人工费(元)					871.53	934.45	1008.04
	材料费(元)					1486.17	1535.01	1939.29
	机具费(元)					471.85	750.02	1256.61
	管理费(元)					233.48	292.76	393.6
分类	编码	名称	单位	单价(元)		消耗量		
人工	00010010	人工费	元	—		871.53	934.45	1008.04
材料	04010015	复合普通硅酸盐水泥 P·O 32.5	t	319.11		4.590	4.590	5.508
	34110010	水	m³	4.58		3.070	13.680	37.550
	99450760	其他材料费	元	1.00		7.39	7.64	9.65
机具	990220080	高压旋喷钻机(单管)	台班	480.90		0.435	—	—
	990220085	高压旋喷钻机(双重管)	台班	514.26		—	0.550	—
	990220090	高压旋喷钻机(三重管)	台班	547.62		—	—	0.710
	990610010	灰浆搅拌机拌筒容量200(L)	台班	253.21		0.435	0.550	—
	990610020	灰浆搅拌机拌筒容量400(L)	台班	260.41		—	—	0.710
	990619025	液压注浆机 HYB 60/50-1	台班	130.18		0.434	0.549	—
	990803020	电动多级离心清水泵出口直径100(mm) 扬程120m 以下	台班	174.70		0.434	0.549	—
	990803040	电动多级离心清水泵出口直径150(mm) 扬程180m 以下	台班	301.69		—	—	0.708

分类	编码	名称	单位	单价(元)	消耗量		
机具	990805020	污水泵 出口直径 100(mm)	台班	114.79	—	—	0.708
	990806010	泥浆泵 出口直径 50(mm)	台班	46.54	0.434	0.549	—
	990806020	泥浆泵 出口直径 100(mm)	台班	217.96	—	—	0.708
	990901015	交流弧焊机容量 30(kV·A)	台班	94.70	—	—	0.630
	991003050	电动空气压缩机排气量 6(m³/min)	台班	242.77	—	0.556	0.717

380

3. 高压旋喷桩—钻孔

工作内容：清理场地、放样定位，钻机就位、钻孔、移位。

计量单位：10m

定额编号					A1-2-19
子目名称					高压旋喷桩钻孔
基价(元)					369.39
其中	人工费(元)				125.95
	材料费(元)				6.19
	机具费(元)				183.47
	管理费(元)				53.78
分类	编码	名称	单位	单价(元)	消耗量
人工	00010010	人工费	元	—	125.95
材料	34110010	水	m³	4.58	1.133
	99450760	其他材料费	元	1.00	1.00
机具	990220095	高压旋喷钻机	台班	471.77	0.266
	990806020	泥浆泵 出口直径 100(mm)	台班	217.96	0.266

关于印发广东省建设工程定额
动态调整的通知（第 24 期）

粤标定函〔2023〕108 号

各有关单位：

近期，我站组织专家研究分析了广东省建设工程定额动态管理系统收集的反馈意见，现将《广东省市政工程综合定额2018》高压旋喷桩子目调整内容印发给你们。本调整内容与我省现行工程计价依据配套使用，除合同另有约定外，已经合同双方确认的工程造价成果文件不作调整，请遵照执行。执行中遇到的问题，请通过"广东省工程造价信息化平台——建设工程定额动态管理系统"及时反映。

附件：《广东省市政工程综合定额2018》动态调整内容

广东省建设工程标准定额站
2023 年 8 月 21 日

附件：

《广东省市政工程综合定额2018》动态调整内容

页码	部位或子目编号	原内容	调整为
89	说明	十一、高压旋喷桩分为钻孔子目与喷浆子目,应分别进行计算。钻孔长度按原地标高至设计桩底标高差计算。喷浆水泥消耗量不同时可按设计规定进行调整。	十一、高压旋喷桩 1. 高压旋喷桩已综合考虑接头处的复喷费用。 2. 当设计要求水泥掺量不同时,水泥可根据设计要求进行调整,其他不变。 3. 如发生添加剂,按设计用量另行计算。 4. 设计桩顶标高至自然地坪标高之间的距离均按空桩计算,空桩按相应定额的人工费及机具费乘以系数0.5,扣除材料费。
95	工程量计算规则	九、高压旋喷桩 1. 高压旋喷桩钻孔按打桩前自然地坪标高与设计桩底标高之间的距离以"m"计算。 2. 高压旋喷桩喷浆按设计图示尺寸以"m³"计算。	九、高压旋喷桩 1. 高压旋喷桩钻孔:按钻孔前自然地坪标高与设计桩底标高之间的距离以"m"计算。 2. 高压旋喷桩喷浆:按设计图示尺寸以"m³"计算。
114	D1-3-42	基价(元) 3851.21 人工费(元) 871.53 材料费(元) 1726.77 机具费(元) 1015.02 管理费(元) 237.89	基价(元) 2998.95 人工费(元) 871.53 材料费(元) 1486.17 机具费(元) 471.85 管理费(元) 169.40
			(子目附后)
114	D1-3-43	基价(元) 4219.67 人工费(元) 934.45 材料费(元) 1699.14 机具费(元) 1303.84 管理费(元) 282.24	基价(元) 3431.89 人工费(元) 934.45 材料费(元) 1535.01 机具费(元) 750.02 管理费(元) 212.41
			(子目附后)

页码	部位或 子目编号	原内容	调整为
114	D1-3-44	基价(元) 4933.99 　人工费(元) 1008.04 　材料费(元) 1548.96 　机具费(元) 1997.94 　管理费(元) 379.05	基价(元) 4489.51 　人工费(元) 1008.04 　材料费(元) 1939.29 　机具费(元) 1256.61 　管理费(元) 285.57
			(子目附后)
115	D1-3-45	基价(元) 363.04 　人工费(元) 125.95 　材料费(元) 6.19 　机具费(元) 190.94 　管理费(元) 39.96	基价(元) 354.63 　人工费(元) 125.95 　材料费(元) 6.19 　机具费(元) 183.47 　管理费(元) 39.02
			(子目附后)

11．高压旋喷桩

（1）高压旋喷桩—喷浆

工作内容：配制水泥浆，插入旋喷管、分层旋喷水泥浆、移位，泥浆清理，机具清洗及操作范围内料具搬运。

计量单位：10m³

定额编号				D1-3-42	D1-3-43	D1-3-44
子目名称				高压旋喷桩喷浆		
				单管法	双重管法	三重管法
				水泥掺量 25%	水泥掺量 25%	水泥掺量 30%
基价（元）				2998.95	3431.89	4489.51
其中	人工费（元）			871.53	934.45	1008.04
	材料费（元）			1486.17	1535.01	1939.29
	机具费（元）			471.85	750.02	1256.61
	管理费（元）			169.4	212.41	285.57
分类	编码	名称	单位	单价（元）	消耗量	
人工	00010010	人工费	元	—	871.53	934.45	1008.04
材料	04010015	复合普通硅酸盐水泥 P·O 32.5	t	319.11	4.590	4.590	5.508
	34110010	水	m³	4.58	3.070	13.680	37.550
	99450760	其他材料费	元	1.00	7.39	7.64	9.65
机具	990220080	高压旋喷钻机（单管）	台班	480.90	0.435	—	—
	990220085	高压旋喷钻机（双重管）	台班	514.26	—	0.550	—
	990220090	高压旋喷钻机（三重管）	台班	547.62	—	—	0.710
	990610010	灰浆搅拌机拌筒容量200(L)	台班	253.21	0.435	0.550	—
	990610020	灰浆搅拌机拌筒容量400(L)	台班	260.41	—	—	0.710
	990619025	液压注浆机 HYB60/50-1	台班	130.18	0.434	0.549	—
	990803020	电动多级离心清水泵出口直径100(mm) 扬程120m以下	台班	174.70	0.434	0.549	—
	990803040	电动多级离心清水泵出口直径150(mm) 扬程180m以下	台班	301.69	—	—	0.708

分类	编码	名称	单位	单价(元)	消耗量		
机具	990805020	污水泵 出口直径 100(mm)	台班	114.79	—	—	0.708
	990806010	泥浆泵 出口直径 50(mm)	台班	46.54	0.434	0.549	—
	990806020	泥浆泵 出口直径 100(mm)	台班	217.96	—	—	0.708
	990901015	交流弧焊机容量 30(kV·A)	台班	94.70	—	—	0.630
	991003050	电动空气压缩机排气量 6(m³/min)	台班	242.77	—	0.556	0.717

(2) 高压旋喷桩—钻孔

工作内容：清理场地、放样定位，钻机就位、钻孔、移位。

计量单位：10m

定额编号					D1-3-45
子目名称					高压旋喷桩钻孔
基价(元)					354.63
其中	人工费(元)				125.95
	材料费(元)				6.19
	机具费(元)				183.47
	管理费(元)				39.02
分类	编码	名称	单位	单价(元)	消耗量
人工	00010010	人工费	元	—	125.95
材料	34110010	水	m³	4.58	1.133
	99450760	其他材料费	元	1.00	1.00
机具	990220095	高压旋喷钻机	台班	471.77	0.266
	990806020	泥浆泵 出口直径100(mm)	台班	217.96	0.266

关于印发广东省建设工程定额
动态调整的通知（第 25 期）

粤标定函〔2023〕109 号

各有关单位：

　　近期，我站组织专家研究分析了广东省建设工程定额动态管理系统收集的反馈意见，现将《广东省城市地下综合管廊工程综合定额2018》高压旋喷桩子目调整内容印发给你们。本调整内容与我省现行工程计价依据配套使用，除合同另有约定外，已经合同双方确认的工程造价成果文件不作调整，请遵照执行。执行中遇到的问题，请通过"广东省工程造价信息化平台——建设工程定额动态管理系统"及时反映。

　　附件：《广东省城市地下综合管廊工程综合定额2018》动态调整内容

广东省建设工程标准定额站

2023 年 8 月 21 日

附件：

《广东省城市地下综合管廊工程综合定额 2018》动态调整内容

页码	部位或子目编号	原内容	调整为
3	目录	2. 高压旋喷桩 （1）高压旋喷桩 （2）水平高压旋喷桩	2. 高压旋喷桩 （1）高压旋喷桩—喷浆 （2）高压旋喷桩—钻孔
94	说明	六、高压旋喷桩 1. 高压旋喷桩定额已综合接头处的复喷工料，单位长度设计水泥用量不同时可以换算，其他不变。 2. 高压旋喷桩空桩执行相应定额子目，扣除材料费，人工费和机械费乘以系数 0.50。	六、高压旋喷桩 1. 高压旋喷桩已综合考虑接头处的复喷费用。 2. 当设计要求水泥掺量不同时，水泥可根据设计要求进行调整，其他不变。 3. 如发生添加剂，按设计用量另行计算。 4. 设计桩顶标高至自然地坪标高之间的距离均按空桩计算，空桩按相应定额的人工费及机具费乘以系数 0.5，扣除材料费。
97	工程量计算规则	十二、高压旋喷桩 1. 实桩部分按设计有效桩长计算，即设计桩顶标高至桩底标高的长度以"m"计算。 2. 空桩部分按自然地坪标高到设计桩顶标高的长度以"m"计算。 3. 水平旋喷桩按设计有效桩长以"m"计算。	十二、高压旋喷桩 1. 高压旋喷桩钻孔：按钻孔前自然地坪标高与设计桩底标高之间的距离以"m"计算。 2. 高压旋喷桩喷浆：按设计图示尺寸以"m³"计算。
112	G1-2-40	计量单位：10m 基价（元）2651.29 　人工费（元）583.00 　材料费（元）1020.84 　机具费（元）786.89 　管理费（元）260.56	计量单位：10m³ 基价（元）3085.07 　人工费（元）871.53 　材料费（元）1486.17 　机具费（元）471.85 　管理费（元）255.52 （子目附后）

页码	部位或子目编号	原内容	调整为
112	G1-2-41	计量单位:10m	计量单位:10m³
		基价(元) 3819.74 　人工费(元) 1026.63 　材料费(元) 1270.12 　机具费(元) 1115.54 　管理费(元) 407.45	基价(元) 3539.86 　人工费(元) 934.45 　材料费(元) 1535.01 　机具费(元) 750.02 　管理费(元) 320.38
			(子目附后)
112	G1-2-42	计量单位:10m	计量单位:10m³
		基价(元) 4892.51 　人工费(元) 1140.48 　材料费(元) 1779.08 　机具费(元) 1475.41 　管理费(元) 497.54	基价(元) 4634.68 　人工费(元) 1008.04 　材料费(元) 1939.29 　机具费(元) 1256.61 　管理费(元) 430.74
			(子目附后)
113	G1-2-43	(2)水平高压旋喷桩	(2)高压旋喷桩—钻孔 (子目附后)

2. 高压旋喷桩
(1) 高压旋喷桩—喷浆

工作内容：配制水泥浆，插入旋喷管、分层旋喷水泥浆、移位，泥浆清理，机具清洗及操作范围内料具搬运。

计量单位：10m³

定额编号				G1-2-40	G1-2-41	G1-2-42
子目名称				高压旋喷桩喷浆		
				单管法	双重管法	三重管法
				水泥掺量 25%	水泥掺量 25%	水泥掺量 30%
基价(元)				3085.07	3539.86	4634.68
其中	人工费(元)			871.53	934.45	1008.04
	材料费(元)			1486.17	1535.01	1939.29
	机具费(元)			471.85	750.02	1256.61
	管理费(元)			255.52	320.38	430.74
分类	编码	名称	单位	单价(元)	消耗量	
人工	00010010	人工费	元	—	871.53	934.45	1008.04
材料	04010015	复合普通硅酸盐水泥 P·O 32.5	t	319.11	4.590	4.590	5.508
	34110010	水	m³	4.58	3.070	13.680	37.550
	99450760	其他材料费	元	1.00	7.39	7.64	9.65
机具	990220080	高压旋喷钻机(单管)	台班	480.90	0.435	—	—
	990220085	高压旋喷钻机(双重管)	台班	514.26	—	0.550	—
	990220090	高压旋喷钻机(三重管)	台班	547.62	—	—	0.710
	990610010	灰浆搅拌机拌筒容量 200(L)	台班	253.21	0.435	0.550	—
	990610020	灰浆搅拌机拌筒容量 400(L)	台班	260.41	—	—	0.710
	990619025	液压注浆机 HYB60/50-1	台班	130.18	0.434	0.549	—
	990803020	电动多级离心清水泵出口直径 100(mm)扬程 120m 以下	台班	174.70	0.434	0.549	—
	990803040	电动多级离心清水泵出口直径 150(mm)扬程 180m 以下	台班	301.69	—	—	0.708
	990805020	污水泵 出口直径 100(mm)	台班	114.79	—	—	0.708

分类	编码	名称	单位	单价(元)	消耗量		
机具	990806010	泥浆泵 出口直径 50(mm)	台班	46.54	0.434	0.549	—
	990806020	泥浆泵 出口直径 100(mm)	台班	217.96	—	—	0.708
	990901015	交流弧焊机容量 30(kV・A)	台班	94.70	—	—	0.630
	991003050	电动空气压缩机排气量 6(m³/min)	台班	242.77	—	0.556	0.717

（2）高压旋喷桩—钻孔

工作内容：清理场地、放样定位，钻机就位、钻孔、移位。

计量单位：10m

定额编号					G1-2-43
子目名称					高压旋喷桩钻孔
基价（元）					374.47
其中		人工费（元）			125.95
		材料费（元）			6.19
		机具费（元）			183.47
		管理费（元）			58.86
分类	编码	名称	单位	单价（元）	消耗量
人工	00010010	人工费	元	—	125.95
材料	34110010	水	m³	4.58	1.133
	99450760	其他材料费	元	1.00	1.00
机具	990220095	高压旋喷钻机	台班	471.77	0.266
	990806020	泥浆泵 出口直径 100(mm)	台班	217.96	0.266

关于印发广东省建设工程定额
动态调整的通知（第 26 期）

粤标定函〔2023〕110 号

各有关单位：

近期，我站组织专家研究分析了广东省建设工程定额动态管理系统收集的反馈意见，现将《广东省城市轨道交通工程综合定额 2018》高压旋喷桩子目调整内容印发给你们。本调整内容与我省现行工程计价依据配套使用，除合同另有约定外，已经合同双方确认的工程造价成果文件不作调整，请遵照执行。执行中遇到的问题，请通过"广东省工程造价信息化平台——建设工程定额动态管理系统"及时反映。

附件：《广东省城市轨道交通工程综合定额2018》动态调整内容

广东省建设工程标准定额站
2023 年 8 月 21 日

附件：

《广东省城市轨道交通工程综合定额2018》动态调整内容

页码	部位或子目编号	原内容	调整为
5	目录	M.3.21 高压旋喷水泥桩	M.3.21 高压旋喷桩—喷浆
5	目录	M.3.22 水平高压旋喷桩	M.3.22 高压旋喷桩—钻孔
145	说明	九、高压旋喷桩已综合接头处的复喷工料，单位长度设计水泥用量不同时可以换算，其他不变。若上部空孔，按相应定额子目扣除材料费。	九、高压旋喷桩 1. 高压旋喷桩已综合考虑接头处的复喷费用。 2. 当设计要求水泥掺量不同时，水泥可根据设计要求进行调整，其他不变。 3. 如发生添加剂，按设计用量另行计算。 4. 设计桩顶标高至自然地坪标高之间的距离均按空桩计算，空桩按相应定额的人工费及机具费乘以系数0.5，扣除材料费。
147	工程量计算规则	十二、高压旋喷桩。 1. 实桩部分按设计有效桩长计算，即设计桩顶标高至桩底标高的长度以"m"计算。 2. 空桩部分按自然地坪标高到设计桩顶标高的长度以"m"计算。	十二、高压旋喷桩 1. 高压旋喷桩钻孔：按钻孔前自然地坪标高与设计桩底标高之间的距离以"m"计算。 2. 高压旋喷桩喷浆：按设计图示尺寸以"m³"计算。
148		十三、水平高压旋喷桩按有效桩长以"m"计算，即设计桩顶标高至桩底标高的长度计算。	（删除）
173	M1-3-60	计量单位：10m 基价(元) 2296.63 　人工费(元) 583.00 　材料费(元) 932.04 　机具费(元) 558.53 　管理费(元) 223.06	计量单位：10m³ 基价(元) 3234.73 　人工费(元) 871.53 　材料费(元) 1698.91 　机具费(元) 413.24 　管理费(元) 251.05 （子目附后）

页码	部位或 子目编号	原内容	调整为
173	M1-3-61	计量单位:10m 基价(元) 3342.69 　人工费(元) 1026.63 　材料费(元) 1130.47 　机具费(元) 823.98 　管理费(元) 361.61	计量单位:10m³ 基价(元) 3668.28 　人工费(元) 934.45 　材料费(元) 1747.76 　机具费(元) 672.14 　管理费(元) 313.93
			(子目附后)
173	M1-3-62	计量单位:10m 基价(元) 4478.57 　人工费(元) 1140.48 　材料费(元) 1771.98 　机具费(元) 1123.69 　管理费(元) 442.42	计量单位:10m³ 基价(元) 4773.83 　人工费(元) 1008.04 　材料费(元) 2194.58 　机具费(元) 1149.61 　管理费(元) 421.60
			(子目附后)
174	M1-3-63	M.3.22 水平高压旋喷桩	M.3.22 高压旋喷桩—钻孔 (子目附后)

M.3.21 高压旋喷桩—喷浆

工作内容：配制水泥浆，插入旋喷管、分层旋喷水泥浆、移位，泥浆清理，机具清洗及操作范围内料具搬运。

计量单位：10m³

定额编号				M1-3-60	M1-3-61	M1-3-62
子目名称				高压旋喷桩喷浆		
				单管法	双重管法	三重管法
				水泥掺量 25%	水泥掺量 25%	水泥掺量 30%
基价(元)				3234.73	3668.28	4773.83
其中	人工费(元)			871.53	934.45	1008.04
	材料费(元)			1698.91	1747.76	2194.58
	机具费(元)			413.24	672.14	1149.61
	管理费(元)			251.05	313.93	421.60
分类	编码	名称	单位	单价(元)	消耗量	
人工	00010010	人工费	元	—	871.53	934.45	1008.04
材料	04010030	复合普通硅酸盐水泥 P·O 42.5	t	365.46	4.590	4.590	5.508
	34110010	水	m³	4.58	3.070	13.680	37.550
	99450760	其他材料费	元	1.00	7.39	7.64	9.65
机具	990220080	高压旋喷钻机(单管)	台班	470.90	0.435	—	—
	990220085	高压旋喷钻机(双重管)	台班	504.26	—	0.550	—
	990220090	高压旋喷钻机(三重管)	台班	537.62	—	—	0.710
	990610010	灰浆搅拌机 拌筒容量 200(L)	台班	132.54	0.435	0.550	—
	990610020	灰浆搅拌机 拌筒容量 400(L)	台班	139.51	—	—	0.710
	990619025	液压注浆机 HYB60/50-1	台班	130.18	0.434	0.549	—
	990803020	电动多级离心清水泵 出口直径 100(mm) 扬程 120m 以下	台班	171.50	0.434	0.549	—
	990803040	电动多级离心清水泵 出口直径 150(mm) 扬程 180m 以下	台班	294.83	—	—	0.708
	990805020	污水泵 出口直径 100(mm)	台班	113.51	—	—	0.708

分类	编码	名称	单位	单价(元)	消耗量		
机具	990806010	泥浆泵 出口直径 50(mm)	台班	45.65	0.434	0.549	—
	990806020	泥浆泵 出口直径 100(mm)	台班	214.59	—	—	0.708
	990901015	交流弧焊机 容量 30(kV·A)	台班	93.01	—	—	0.630
	991003050	电动空气压缩机排气量 6(m³/min)	台班	236.00	—	0.556	0.717

M.3.22 高压旋喷桩—钻孔

工作内容：清理场地、放样定位，钻机就位、钻孔、移位。

计量单位：10m

定额编号						M1-3-63
子目名称						高压旋喷桩钻孔
基价(元)						336.84
其中		人工费(元)				125.95
		材料费(元)				6.19
		机具费(元)				150.65
		管理费(元)				54.05
分类	编码	名称		单位	单价(元)	消耗量
人工	00010010	人工费		元	—	125.95
材料	34110010	水		m³	4.58	1.133
	99450760	其他材料费		元	1.00	1.00
机具	990220095	高压旋喷钻机		台班	351.77	0.266
	990806020	泥浆泵 出口直径100(mm)		台班	214.59	0.266